U0840111

总主编 / 高贵武

中国主持传播研究

Research on Host Communication in China

主编 ◉ 杨小锋

中国传媒大學 出版社
·北 京·

中国主持传播论坛学术委员名单

（按姓氏首字母排序）

彭　松　华中科技大学
强海峰　河南大学
邱　蔚　浙江传媒学院
施　斌　吉林大学
时统宇　中国社会科学院
宋常云　山西传媒学院
宋锦燕　四川广播电视台
宋　立　中原工学院
宋晓阳　中国传媒大学
孙　璐　浙江传媒学院
王　彪　西藏民族大学
王海燕　山东青年政治学院
王黎明　内蒙古艺术学院
王　丽　华中师范大学
王琍琍　安徽艺术学院
王　婷　深圳大学
王韦皓　西南石油大学
王　杨　山东青年政治学院
王一婷　浙江传媒学院
王宇红　中国传媒大学
魏　伟　北京外国语大学
徐树华　中国传媒大学
薛文婷　北京体育大学
荀　瑶　黑龙江大学
阎　菲　哈尔滨师范大学
杨小锋　四川师范大学
姚　静　西安体育学院
叶昌前　深圳大学
于　琳　江西师范大学
战　迪　深圳大学
张爱凤　广州大学
张静涛　宁夏教育电视台
张　龙　中国传媒大学
张世轩　重庆广播电视台
张骁将　山东艺术学院
张妍妍　南昌航空大学
张毓强　中国传媒大学
赵娅军　山西传媒学院
郑　伟　首都师范大学科德学院
仲梓源　中国传媒大学
周东华　西北大学
周　隽　南京艺术学院
周子云　中华女子学院
朱晓彧　陕西师范大学
朱俊河　上海体育大学
曾志华　中国传媒大学

目 录

专题策划丨整合·突破:数智时代的主持传播

特别策划丨中国播音主持学科自主知识体系建设

前沿话题

青年论坛

会议综述

专题策划丨整合·突破：数智时代的主持传播

在媒体变化中发掘自身潜能

◎ 敬一丹*

各位领导、各位嘉宾：

大家好！

作为主持人在以学者为主的论坛和大家交流，我想和大家分享的只是我的实践，也可以说是研究的素材，今天论坛的关键词是"数智时代"，我们聚焦于数智这样的词汇，让我想到当年的几个时间节点，那个时候根本就不会想到有今天这样令同行们高度关注的问题，那是怎样的时间节点呢？

比如说 1986 年，我完成硕士论文《论节目主持人的语言特点》，1989 年，我成为中央电视台的节目主持人，2015 年，我告别《焦点访谈》退休，这几个时间节点都没有，也不可能有，在今天这样的背景下令人如此高度关注的问题。

论坛已经是第七届了，回望一届又一届的论坛，如果梳理一下可以看出我们关注点的转变，可以看出我们思考的脉络，这种思考既有业界的，也有学界的。

我在这里想和大家交流的是，变化给我们主持人带来什么？首先，变化激发了我们的一种能力，这种能力就是主持人的应对能力。现在变化已经是常态，是进行时，我们站在今天都没法预见明天将有什么样的变化，我们都能够感受到，谈起变化的时候面对一些词汇，比如过去我们常常说创新、说发展，现在越来越多说到生存，过去说宏观，后来说坚持、说格局，仔细想想，说到这些词的时候，我们内心的感受。说到节目，现在在数智时代的背景下，我们还要说商务，还要说经营。我听到在工作岗位上工作的小同事说到商务的时候还很意外，现在说到任何一个节目，好像他们都会联想到和商务相关的话题。从现象可以看出，从第一媒体到传统媒体，甚至是行业，应变已经是刚需，如果没有应变意识和能力的话，真的是关系到生存。

我曾经做过广播人，我也经历过电视初起的时候对广播的影响，我体会过什么叫低谷，也体会过什么叫巅峰，后来又经历了新媒体的挑战和媒体融合的过程，种种的变化让我认识到，积极的心理构建、可行的职业设计，不仅仅是在毕业之际、就业之初，更是在变化中进行的，一次一次重新认识，边行走边审视，一边奔跑，一边调整呼吸，在持

* 中央广播电视总台播音指导。

续的过程中韧性提高了,韧性面对刚需。我今天很高兴看到会场后面有我们的同学。我们说到职业生涯设计的时候,越来越感觉到这不仅仅是年轻人的话题,在一个人的整个职业生涯中,在我们面对专业的过程中它是持续的。

其次,变化更能让人发现自己的潜能。如果长期在稳定的环境中,个体专业潜能很有可能没有机会发现,这种发现既有被动发现,也有自己的主动发现,而新变化有更多的可能发现和发掘内在的潜力。我一直主持新闻类节目,我甚至一度觉得我只能主持新闻类节目,而对文化类节目只是偶尔尝试。2001 年,中央电视台开办《直播中国》,这个节目是直播形式的,当然也创了先河,在这样的节目里我获得一种新的感受,作为这个节目的主持人之一,我特别渴望在主持《焦点访谈》之余去主持《直播中国》,那种内在的感受是新鲜的,也是一种自我发现。我一边享受这个节目的影响,一边享受这个节目的制作过程,可以说在那个时候就埋下一粒种子,但是种子没有什么机会发芽,我更多时候是回去主持《焦点访谈》。

想做文化节目的愿望蛰伏多年,多年以后终于遇到新媒体环境,对我来说遇到了惊蛰,好像有一种东西苏醒,有一种重新的认识,于是我就开始进入节气的传播链。一开始非常偶然,中央电视台有新媒体——央视新闻,央视新闻有个节目叫《夜读》,小编对我说:给我们读一首诗呗!恰好第二天是什么节气,我就读了《节气》,我以为这是一次偶然,后来再读一个节气,一个节气一个节气读下来,我读完了朱伟先生的《微读节气》。朱伟先生是一位书生,他从典籍里吸取有关节气的内容在微博里传播。大家想想这个传播链,典籍经过现代文人的摘取,然后在微博里传播,出版人看到了,觉得是一种非常有意思的传播,然后做了书——《微博节气》。我用语言的方式、音频的方式,在中央电视台的新媒体上进行传播,这样的书读了一本又一本,其中包括气象节目主持人宋英杰先生的书,还有很多我特别喜欢的有关节气的书,读着读着,我发现仅仅用音频传播是不够的,有没有机会用视频的方式呢?但是过去又真没有,直到我们中央电视台有了央视频。央视频希望我做一个节目,给我很大空间,做什么都行,那我就做一个有关节气的节目吧。

非常偶然的机会,灵感在长城上被触发,我感觉如果在长城上说节气的话,就把两个世界级的文化遗产交叉起来,世界物质文化遗产和世界非物质文化遗产的交叉点上有很大发挥空间,在这个交叉点上我特别有传播欲望,在长城上我特别想说节气。我非常珍惜这种被唤起的感觉,于是在央视频做了《节气长城》。当时的野心是想从山海关到嘉峪关,那场景多丰富啊,因为疫情没有走出河北,所以基本上变成了河北和北京一带长城与节气交叉的节目,节目终于在疫情当中做完了。

做完这个节目以后，很有意思的是中央电视台《地理中国》把我们的小屏节目进行了一番整合，变成了大屏节目，作为春节特别节目播出。当我回到演播室录大屏节目时，这种感觉又熟悉又新鲜，小屏变成大屏了，它终于变成了电视节目。其实我在大屏工作那么多年，当我从小屏节目回到大屏节目时，内心就有一种特殊的满足感。我在传播链中得到这种满足，作为主持人，我感受到什么叫媒体人，媒体人可以用语言也可以用镜头、可以在小屏也可以在大屏、可以用声音也可以用文字来表达。如果不是新媒体实践，我不会有这番感受。

我曾经想退休是不是职业生涯的结束，但是我没有想到新媒体的出现使得我有了新的职业经验，比如说我的传播意识、对象感、语言表达方式都在发生变化。为了更理性地看这段实践，我在母校中国传媒大学主办的研讨会上，就这个节目进行研讨，俞虹老师和张龙老师都在会上对这个节目做出了肯定，专家们的肯定不是针对我个人，而是对传统媒体人从事新媒体实践的一种肯定。我们校长甚至说，这样的做法是把论文写在大地上。

如果我不曾做广播节目播音员，如果我不曾做电视节目主持人，如果我没有遇到新媒体这样的传播链，就不会有这样一番感受。这种发现，这种新的感受让我对新媒体有一种渐渐走近的享受感。现在实践内容还在微博等小众信息传播渠道上进行传播。

最后，变化让我们更有作为。我们现在到底面对怎样的空间？用传统的眼光来看，我们的空间似乎被挤压，但是不是有另外一些空间在我们面前呢？有为，才能有位；有作为，才能有空间。当下不缺主持人，各位老师很多来自高校，据说现在开播音主持专业的高校已经有很多，俞虹老师告诉我说全国有 240 多所，还有无数年轻人在不同的背景下进入播音主持行业，主持人不仅仅来自播音单位。我们不缺主持人，我们需要有个性的主持人，有根底的主持人。

我们也不缺传播渠道，现在有太多传播渠道。我记得以前我们节目结束的时候是这样说的，“谢谢收看今天的节目，下次再见”。后来结束语越来越长，“感谢您收看《焦点访谈》，更多信息请您上电视网”，后来加上央视新闻客户端，然后越来越长。一开始说第一个微博客户端的时候很新鲜，后来一大串结束语都是传播渠道，所以我想说我们不缺传播渠道，我们缺更扎实的内容。

前两天我去一个地方，地方官员对我说，他现在看我们的节目好像没什么内容，其实人家够客气了，人家也够坦率，还有一种态度就是不看。我们缺传播渠道吗？有那么多传播渠道，但是我们准备好内容了吗？我甚至有的时候觉得是技术在等内容，而我们主持人制造内容、传播内容,对我们来说是什么呢? 这是本专业。现在我们需要培养真正的主持人,制造靠谱的内容,记录时代的千变万化,培养人注重内容、注重记录的习惯,这是我们当下该做的事、具有长久价值的事。

谢谢大家!

建设智媒体，开启沉浸式的智能传播

◎ 李　鹏*

我们正在迎来人工智能(AI)发展新阶段，特别是2022年底以ChatGPT为代表的新一代对话机器人出现，为人工智能时代带来了新的可能和新的希望，特别是AIGC，代表人工智能技术从感知、理解世界到生成、创造世界的跃迁，正推动人工智能进入大模型阶段，迎来下一个时代。以《四川日报》为例，我们积极运用大模型技术，加速媒体数智化转型，在建设智媒体上做进一步探索与创新。2023年9月15日，《四川日报》全媒体集体上线20位记者数字孪生形象，从此我们多了20位数字主播，一般性的视频化内容生成，都可以交给数字记者、数字孪生大军来承担，而记者可以去采写制作特别重要和有深度的视频内容，大大地解放了生产力。这是四川日报报业集团数智化进程中的新动态，我们从2015年以来一直把数智赋能作为推进融合发展的特色。

一、建设智媒体，打造新型传播平台

2019年1月25日，习近平总书记在中央政治局集体学习时强调，"从全球范围看，媒体智能化进入快速发展阶段。我们要增强紧迫感和使命感，推动关键核心技术自主创新不断实现突破，探索将人工智能运用在新闻采集、生产、分发、接收、反馈中，用主流价值导向驾驭'算法'，全面提高舆论引导能力"。这是对媒体深度融合转型高屋建瓴的指导，我们一直以此为指引，不遗余力探索打造智媒体。智媒体是什么？我们尝试给出定义。智媒体就是用人工智能等新技术重构新闻信息生产与传播全流程的媒体，技术驱动是智媒体的本质特征，人机协同是智媒体的重要标志，智能传播是智媒体的目标追求。

*　四川日报报业集团总编辑。

(一)智能技术:人工智能创造传播新体验

1.智能采集,线索监控提高媒体效率

在线索监控环节,大数据和AI极大提高了效率。相较于以往靠人工监控重点网站的方式,AI机器人监控不仅可以扩大监控数据源,还可以根据编辑记者的需求实时调整,量身定制个性化线索。2019年,川观新闻的编辑团队和技术团队深度合作,在线索监控机器人项目上做了大量实践,获得了技术专利,取得了较好效果。

2.智能生产,生成式人工智能已成智媒体标配

人工智能生成内容最常见的就是“机器新闻写作”,它使新闻写作业务走上了自动化、智能化的道路。2016年12月20日,封面新闻推出的小封机器人发布第一条稿件,至今写稿的范围涉及体育、财经、生活、娱乐、科技等领域。现在我们创造突破次元壁的AIGC新体验,充分依托人工智能、深度学习、卷积神经网络学习等先进技术打造的川观新闻数字记者,拥有如同真人的情感表情、形象气质、语音语调、口唇动作和肢体动作。

3.智能分发,从兴趣算法到主流媒体算法

主流媒体把社会主义核心价值观与用户兴趣相结合,将具有价值观判断的媒体算法贯穿内容传播全场景,让智能推荐、主流价值判断、热点聚合与用户画像进行匹配,实现主流信息智能传播。《四川日报》通过实施“2345计划”赋能媒体,打造智媒编辑部,实现新闻信息的智能化生产与传播,更好赋能省域治理。“2”是民情、问政,两大品牌践行网上群众路线;“3”是四川云“21183+N”,赋能三级省域治理体系;“4”是川观智库,提供四类高质量智力服务;“5”是川观算法,首创主流价值五层算法体系。

川观算法首创主流价值五层算法体系,把主流价值融入“12235”共五层算法体系,更好地实现优质信息找人,让智能算法与主流信息传播有机融合、相得益彰。“1”是一个党媒知识图谱,基于治国理政、党史等主流内容的识别技术和智能校对技术;“2”是两组标签体系,用户标签体系和内容标签体系;“2”是两个模型,观点算法模型和效果评估模型;“3”是三个引擎,智能推荐引擎、智能搜索引擎、人机交互引擎;“5”是五种算法能力,热点挖掘算法、热点聚合算法、内容理解算法、内容风控算法、价值观判定算法。

4.智能反馈:改进内容生产优化传播效果

川观 10.0 以“小观”数字人为依托,推出全新“小观智能助手”,用户可与“小观”直接进行语音对话。在川观新闻首页点击“小观”入口,可以快速唤醒“小观”智能助手。通过识别用户意图,自动帮用户完成点击和打开等操作,自动推荐新闻和执行搜索,成为用户的资讯助手和操作助手,满足用户所需所想,完善用户智享体验,智能化人机协同程度非常高。

(二)智慧内容:守正创新的内容传播者

1.做守正创新的内容

这是主流媒体要特别强调的一点,虽然有人工智能的赋能和加持,但是我们专业团队引导主流舆论的职责使命,要求我们不断生产守正创新的内容。“守正”守的是马克思主义在意识形态领域的指导地位,守的是坚定正确的政治方向、舆论导向、价值取向;创新是勇于突破表达方式,善于运用新技术赋能内容生产与传播,提升传播力与影响力。这是对智能媒体的总体要求。

2.价值观引领是灵魂所在

没有价值观引领的媒体不是智媒体,甚至谈不上真正的媒体,最多算一个信息堆积的“杂货铺”。编辑部的审核把关能力决定了智慧媒体水平的高低。在加强推荐算法和人机协同的同时,组建一支训练有素的专业编辑把关队伍对主流媒体至关重要,这样的队伍在生产和传播各个环节都能够把握好政治方向和政策导向,实现价值观引领的意图,为社会提供负责任的正能量内容。比如全力唱响经济“光明论”,围绕“稳预期、强信心、促发展”做好拼经济报道,采用蹲点调研、一线探访等方式走进一线,搭建“拼经济 抓发展”调研行、“全力以赴拼经济搞建设”等专题专栏,推出“工业灯塔十城行”系列报道,大力宣传各地各部门拼经济图景,被全国上百家媒体转载,全网阅读量破亿次。这是主流媒体的职责和使命。

3.议程设置是智慧媒体的重要手段

在智能传播时代,只有强化议程设置的极端重要性,才能在众声喧哗的互联网舆论旋涡中发出强烈声音,起到舆论压舱石的作用。主流媒体要注意找准公众关注的热点、焦点、痛点和难点问题,及时调整内容议题,增强舆论引导的针对性和精准性。

要在热点事件中引导舆论。面对热点话题主动作为,回应社会关注、回答公众关切,在充分报道中引导舆论。比如 2022 年 7—8 月,四川连续高温干旱,电力供应形势严峻,生产日报全媒体推出《水电大省为何缺电》等多篇报道,《九宫格海报 节约每 1 度电 从我做起》等多期漫画,引导全社会节约用电。一个月发布报道 70 余篇,全网传播量过亿。

要在敏感事件中发声定调。面对敏感事态积极跟进,还原事件真相,在理性呈现中发声定调。在新冠疫情防控各个阶段,四川日报全媒体及时发布疫情防控信息、防疫举措,科普防疫知识,策划推出“四川最新通知:不举办坝坝宴,严格管控茶馆、麻将馆”等 17 个亿级话题。“川观辟谣”采用海报、微视频、云直播等形式,及时拨云见日。

要在突发事件中抵达现场。面对突发新闻第一时间反应,快速传播一手信息,在新闻真相中引领舆论走向。2022 年 9 月 5 日,四川泸定发生 6.8 级地震,四川日报全媒体连续 12 天在《四川日报》头版推出《非常时期需要非常付出当有非常作为》等评论文章,及时发布抗震救灾一线故事,《这就是“飞夺泸定桥式救援”》等融合报道爆款出圈,全网传播量破 10 亿次,被评价为“形成正向舆论压倒性态势”。

4.突出思想深度与人文温度

在智慧媒体的内容生产中,思想深度和人文温度最能体现主流媒体的品质和灵魂。不管技术多么进步,机器都无法取代人的思考和智慧,无法取代人文关怀和温暖。主力军进入主战场,打造智媒体,必须要突出思想深度,要加强人文内容生产,善于运用可亲可感的内容和语态,体现人文温度,实现共情传播。要创新中华文化宣传阐释方式,勇担新时代文化使命,守正创新做好中华优秀传统文化宣传阐释工作,立足本地文化特色不断推出优质策划,提升文化传播效果。四川日报全媒体开设“西岭雪”文艺评论频道,重启“四川日报·川观文学奖”,开启为期 10 年的《汉语大字典》修订工程全媒体全程记录,推出“汉字中国 100 讲”系列短视频、“文化传承发展百人谈”大型人文融媒报道,创新制作方言电音 MV《我怎么这么好看》,全网传播量超 10 亿次,获中国新闻奖融合创新奖。

(三)智库服务:助力国家治理体系建设

1.智库媒体,不是媒体智库

主流媒体的融合转型是整体性、系统性的,智库媒体是智库型媒体,指整个媒体都要转型生产智库产品。而媒体智库就是媒体办的智库，智库只是媒体的一部分，这在当下和未来的媒体现代化进程中是远远不够的。必须系统重构，全力打造智库媒体，整个媒体机构都要具备开展智库研究、撰写智库报告、形成智库成果的能力，都要把服务经济社会各个方面的发展作为重要使命和责任。

2.深度融入国家治理体系

媒体智库化，要以智库建设服务大局、连接群众，助推国家治理体系和治理能力现代化。川观智库联动四川日报全媒体资源和外部高端专家资源，为四川各级党委政府和企事业单位提供具有媒体特色的全链条解决方案。一是“广联结”，川观智库与决策层、基层和国内外高端专家综合联结的广度和深度，是其他智库所不能比的。二是“高增值”，川观智库产品天然地具有传播属性，决定了川观智库产品较其他智库产品具有更高的附加值。

3.思想+技术是智库媒体的两翼

在大数据时代，建设智库媒体除了要有思想的高度、深度、宽度，还必须充分运用新技术，尤其是加强数据运用能力，建设数据系统，打造以“数据资源汇聚、数据应用引领”为标志的数据智库、舆情产品体系。川观智库依托四川云和技术研发团队，强化数据驱动，通过“技术引领+专业内容”提升智库水平。

四是构建产品体系推动智库化。四川日报全媒体着力构建“1+N”产品体系，“1”即以川观智库发展研究中心为主体做强川观智库产品，“N”即四川日报全媒体各中心建立若干智库单元，“+”即建立完善激励政策、沟通机制、考核办法、业务培训等。川观智库已初步形成具有媒体特色的四大产品形态，即“问”“参”“论”“评”。

“问”系列：把脉问题提出建议。川观智库已邀请中央财经委员会办公室原副主任杨伟民、中国人民大学原校长刘伟、北京大学教授周其仁等一大批知名专家学者帮助地方把脉经济社会发展中遇到的问题，深度调研，并提出解决建议。如在疫情冲击背景下，时任中国人民大学副校长刘元春受邀为地方提供决策建议，探讨如何尽快畅通产业循环、市场循环、经济社会循环。

“参”系列：定制培训提供参考。川观智库可针对目标用户关注的前沿问题，开发通识类产品和精品培训课程，供政企决策参考。如川观智库组织的“公园城市建设高级研修班”，邀请中国工程院院士、同济大学副校长吴志强，中国旅游研究院院长戴斌，国家发展改革委员会国际合作中心执行总监吴维海等国内顶尖专家，聚焦“十四五”时期公园城市建设相关课题,为学员授课,帮助学员深化对公园城市建设理念的理解,进而更好推动工作。

“论”系列:打造论坛整合资源。川观智库拥有策划和举办大型论坛、研讨会的丰富经验,充分整合四川日报全媒体各方资源赋能地方发展。如四川日报社、遂宁市委、电子科技大学联合主办,川观智库等承办的“创新驱动 1+1——贯彻习近平总书记创新发展重要论述 深入推进创新驱动引领高质量发展”研讨会,邀请国内外知名专家学者、地方政府和部门负责人等嘉宾交流碰撞,还与合作伙伴揭牌成立了三个“创新发展理论实践基地”。

“评”系列:三方评估,发布指数。川观智库可围绕政企单位对专项工作、活动和政策绩效、竞争策略效果等需求开展第三方评估评比,编制发布指数报告,助力提升决策的科学性和有效性。如编制《四川城市治理指数报告》,旨在通过数据把握城市发展脉搏,构建起由高质量发展指数、川渝协作度指数、数字政府完善度指数等共同组成的指数体系。

二、川观迭代,开启沉浸式智能社交传播

(一)智能化:升级人机交互技术

在智能化方向上,川观新闻以“小观”数字人为依托,推出全新“小观”智能助手,“小观”可与用户进行语音对话,成为用户的资讯助手和操作助手,完善用户智享体验。比如推荐意图识别,用户只需要在“小观”个人主页说出想看的新闻类型,“小观”识别用户意图后,就可向其推荐符合兴趣的新闻。通过与“小观”的语音对话,用户能够直接打开 App 内热门功能,比如活动中心、积分商城、数字报、运营活动、问政四川、查找记者、打开频道、打开川观答题等。川观新闻 10.0 还持续推进川观算法搜索技术的智能化迭代。

(二)视频化:营造沉浸式传播体验

传统报纸只会做文图,但进入智能互联网时代后,视频传播成为主流的信息传播形式,视频生成的门槛也在逐步降低,国内报业集团正快速进军视频化领域。四川日报全媒体大力推进视频化转型战略,借鉴视频流模式,全面进行视频的沉浸式传播改造,升级川观新闻视听阅读新体验。我们以“C 视频”品牌为抓手,创新推出川观新闻

和C视频“双端一体”的App战略，川观新闻主客户端和C视频客户端同步运行，用户可以一键切换到C视频客户端，同时聚焦原创视频栏目打造，确保周期性、高质量的产出。

四川日报全媒体引入三方优质资源，持续加强川观视频号建设，与用户共享视频号，共同创造新的未来。同时在社交化方向上发力，构建运营社区，以运营为新的切口，进一步增强用户活跃度与用户黏性，构建具有四川特色的党媒公益生态。公益方面，推出“追光公益”平台，打造端内积分、端外解锁的“新闻+”志愿服务体系，用户线上众筹解锁，川观新闻在真实世界完成公益项目。与四川省慈善联合总会进行战略合作，联合全省公益力量，形成政府支持、党媒运作、企业参与、民众共治的党媒公益供给链。

川观新闻10.0上线了“攀登计划”会员体系，不断丰富用户权益，通过更多的运营活动，与用户一起成长。用户每一次阅读新闻、观看视频、发表评论，参与川观答题、追光计划、积分兑换等活动，都可以获得成长值，拥有专属勋章体系，展示在首页、出现在评论区，与更多人分享荣耀，解锁专属权益，并可参与“攀登计划”明星读者评选、“攀登计划”月度锦鲤等线上线下活动，获得令人惊喜的礼品。

川观新闻新增了“川观话题”互动产品，强化用户互动，改善用户投票和评论体验感。推出川观话题类文章，包含标题+图文+投票区+评论区，投票可支持选择性投票和PK型投票。此外它还将围绕政经、民情、教卫、文旅等领域，开发更多垂直类精品栏目与应用产品，增强本土生活服务和政务服务供给，成为广大群众工作、生活的好帮手。

主流媒体的转型是全世界媒体的课题，我们进入了智能互联网的主战场，将面对更快速的技术演进，更激烈的互联网竞争，需要用更主动、更全面、更深层次的变革，建设适应未来的智媒体，进一步巩固提升主流舆论场引导力。

“象”由心生:主持传播中的人格化

◎ 高贵武*

各位专家学者及年轻学友:

大家上午好!

非常荣幸,时至第七届中国主持传播论坛,我们终于邀请到了敬一丹老师和俞虹老师做现场分享。敬老师的分享是贯穿她职业生涯的来自主持传播一线的直接经验,俞老师的分享是她对自己和学界这六年研究硕果的全面总结,力度之大,值得消化。

敬一丹老师和俞虹老师今天分享的话题,与我今天的主题非常接近。且俞老师提道,“在主持人这一职业角色中,最重要的是作为一个‘人’所体现出来的价值和素养”。借着俞老师的这一研究焦点,我来谈谈我对“当今主持人面临哪些问题”,以及“我们应如何去面对和克服这些问题”的思考与看法。由此我分享的主题是:“‘象’由心生:主持传播中的人格化。”

在数字时代,人工智能技术的高速发展使得主持传播的传播主体和传播渠道更加丰富多元,特别是在“象”的层面上涌现了许多新兴事物。在最初提到主持人和主持传播的时候,我们由其“象”联想到人类和人类主播,但时至今日,发展出了一系列非人类主播和非人类传播活动。从“象”的层面来剖析,今天的主持传播形式和格局发生了翻天覆地的变化。但尽管如此,参考俞虹老师对主持人最原初的定义,我们仍需再度明确:人格化才是主持传播最核心的本质性存在。前面的几位老师也提到,当代传播中除了人之外,还有非人的东西,在我们第一次面对这些非人的东西时,以及第一次正式审视它们的存在时,会不由自主地先后进行两次追问。首先是它与人是否“像”以及它跟人之间到底有多像?其次就是更为持续且深入的追问:到底什么是人?什么又是主持人?

鉴于此,我今天的分享主要从以下五个方面展开。第一,人格化之于传播的意涵与价值。主要分析人格化在传播形式中的含义、价值。第二,多学科视野中的人格概念。主要从生理学、心理学、社会学、法学、文学、哲学、伦理学等角度思考人格的概念及意涵。第三,人格的本质性内涵与开放性外延。提出人格的本质性内涵实为“人

---

* 中国人民大学新闻学院教授。

性”，人格的开放性外延包含抽象与具象、精神与物质等多个层面。第四，人格的层次性演化及其物质性呈现。从形、名、性等维度探讨人格化的“形”与“神”的体现及融合。第五，人格数字化与数字化人格。在今天的媒介环境中，数字时代中的疑难杂症往往在技术中孕育，当下我们有着众多的数字传播主体，同时正催生出更多的数字化人格。

一、人格化之于传播的意涵与价值

一方面，技术和新媒体的崛起仍是研究传播与媒介不可回避的话题。另一方面，人格化传播越来越成为当下重要的传播样态和传播方式。例如在诸多报道中，借助一个符号，或是化用一个简单形象，甚至赋予动物、植物某些人格色彩并由此进入传播之中，这都是人格化传播的体现，可见人格化传播已经成为当今世界重要的传播样态和传播方式。

它的重要性主要体现在，除了在传播中采取各式各样的人格化符号或是形象来记录传播之外，由于技术的推动，我们今天亦能直接看到虚拟的、数字的、孪生的，甚至是在元宇宙中存在的非人的传播主体也开始进入传播中，并发挥着举足轻重的作用，且逐步渗透到越来越多的传播领域。由此可见，当下人格化传播已经成为越来越普遍、越来越重要的传播样态和传播方式。

二、多学科视野中的人格概念

什么是人格？通俗的理解就是人的性格、气质、能力等特征的总和。什么又是传播中的人格化？“就是以生活中具体的人同听众、观众说话的形式播节目。”如果从更为学术的角度来探究人格化，我们可以把它理解为将人格特性赋予无生命物体、抽象事物和自然界的各种现象。可借此联想传播中提到的符号、形象，甚至由技术产生的非人主体等。从实践的角度来看，人格化的传播已然成为当今传播中非常重要、非常受欢迎的传播样态。从理论角度深入分析，人格化传播往往作为一种媒介渗透到生活中，且作为社会交往中重要的连接通道或机制，它在传播中的价值便在于它是媒介的媒介。具体而言，即我们需要借助主持人或者人格化传播样态去和传播活动中的受众进行互动，让我们期望传播的东西（信息）以一种更便捷、更易于理解、更受欢迎的方式抵达受众，因此我们可将其理解为媒介中的媒介。

然而,尽管人格化的事物到处可见,相关阐释也是"高屋建瓴",但事实真是如此吗?其实不尽然,实际上受众对它的实质核心并无更完全的观照和把握。为了在不同语境中、不同学科中发现人格一词的真实意味,我们不得不从其他学科中整理出有关人格的表述。例如生物学把人的生物形体作为基本对象,主要研究人的生物体征和内在生物构成及其关系,也即从生物体或是生物对象的角度来认识和理解人格。故而从生物学的角度来说,人格相当于一个肉体,或者是一个有生命的肉体。在心理学上,人格包括人的性格、气质等外在特征与内在心理结构及其关系。此外,从社会学的角度来说,人格被理解为人的资格和人的尊严。如果一个人在社会上缺少了尊严,缺少了做人的资格,或者不具备做人的资格,可能在严格的意义上来说就不能被称为人。在法学上,公民的人格尊严不容侵犯,法学对人格的研究和社会学有相似之处。从文学角度来讲,人格是自己或者他人眼中对于"我是谁"的一种描述。最后从哲学与伦理学角度来看,人格则是通过人的外在表现与人的内在规定及其关系来体现的。一言以概之,在不同学科视野中,人格的定义不尽相同,而若想对人格有更为完整的理解,则必须要上升至哲学和伦理的高度重新发现人格所涉及的内在特征与外在表现的更为多元的本质层面和外延层面。

三、人格的本质性内涵与开放性外延

若想从其他学科中为人格寻求所指来研究传播的话,我们应从两个方面来定义人格,首先从本质性内涵上,其次从开放性外延上。通过参考各学科对人格的研究,可以发现人格的本质性内涵就是"人之人性"的体现,即不管是生物学、社会学、哲学还是法学对人格的阐释,最终都体现出俞老师所强调的"人之所以成为人"的本性,它和人性近似于一个含义,因此,我们在提到人格的时候似乎可以将其等同于人性。此外,我们也可以发现在许多学科的视野中,人格的本意一定包括外在表现和内在特质两个方面,而且其外在表现可以映射内在特质。

发展至今,人格化的内容与形式越来越多,并且正源源不断地借助于更多的符号、形式、形态,或是非人主体的方式来呈现。但若论及人格的存在本质与直接体现,我们会发现目前的人格化并不是完全的人格和人格的直接体现,它与真正的人格体现仍有一定距离。具体来看,有的具备人格的外在形式,有的则包括抽象的内在内容,但是在总体上并不能将二者融合起来完美体现。人的生命存在是身与心的结合,且心的三大功能相较于身而言更为重要,心在本质上是一个知、情、意相统一的存在。因此,如果我们对人格的理解转而一味偏向具象的内容，或者偏向物质的外在的某些东西，那么我们对人格的理解一定是失衡的、不当的和不完整的。

四、人格的层次性演化及其物质性呈现

根据各学科对人格的定义，我们发现在今天的人格化传播中，人格主要可以分为两个层次。第一个层次指向外在、指向具象、指向物质，另外一个层次指向内在、指向抽象、指向精神。例如对于人而言，他首先应有署名的形象，哪怕是一个符号，一个声音，这些因素反映人的存在，并最终表现为此次分享的题目中所提到的“象”，这个“象”指向人格内涵层面上一种外在体现或形象，或称为物质的具象的东西。除此之外，人格还会体现为某种特性以及属人的实践等，即一个人的素质如何，品行如何，最终会通过行动在实践当中体现出来。因此，我们认为人格或人格化在传播中是一个由“象”到“心”的演进过程，且从“象”的角度来讲是外在的、具象的或者潜表的，从“心”的角度来说才是内在的、抽象的、实质的。

主持传播作为一种比较有特点、有个性的传播形式，其主要在大众中传播，作为一种传播形式，它跟人的所有传播价值和意义是相通的。从主持传播的角度来说，人格或者人格化的程度同样作为媒介中的媒介存在于主持传播活动中。在人格化传播中，人（主持人）之言语一定会体现“象”由心生的过程，“象”作为言语的载体，或者说作为言语的承载器，它的内核、精神和灵魂一定是“心”，其内容务必是作为人的东西，即某些涉及人心的东西、人性的东西和人格的东西。尤其是俞老师强调的“作为主持人的真正的价值体现和意义体现”，它不是简单有形、有声、有名，或是有其他符号表现就足矣，最重要的是它需要回到心的维度，通过某些形的体现和“象”的存在来映照出人（主持人）的心，体现出新的价值所指，唯此才能真正体现俞老师所指出的主持人的价值所在。

五、人格的数字化与数字化的人格

人格是一个立体的、全面的，一个能够彰显人的本质核心和价值所在的体现。但是在今天的传播世界中，我们看到的更多是借由人格中的“形”所产生的传播主体，缺少了参照人格中的“心”所生成的传播主体和传播实践，特别是当非人的传播主体进入传播之中后，其最大的问题和答案便在于此。面对今天的 AI 与 ChatGPT，抑或是更

多利用数字技术打造的传播主体,我们可能会焦虑、会恐惧甚至会对自己的未来发展产生疑惑。但是一旦我们用诸如此类的逻辑来分析今天的非人格主体和用数字技术打造出来的数字传播主体时,就能发现它的缺陷与不足。发展至今,非人的传播主体并不能跟人相提并论或是直接取代人,其缺陷与不足的主要表征在于其人格的片面与凋敝。

在当下的传播格局中,人偶、实物、虚拟、图画、卡通、AI、元宇宙、ChatGPT 等的出现,一方面源自技术的加持,另一方面则是对于人的理想缺失的补偿,它映射与回应我们在实际人类主体传播中存在的不足和缺陷。当今社会在评价很多主持人的时候,会冠之以“道具”“空壳”“工具人”“花瓶”等称呼,原因在于他们仅具有人格中的“形”,并不具备人格中的“心”。从这个角度来讲,数智化打造出来的人格,在某种程度上能够补偿受众在现实生活中的缺失,例如人们喜欢初音未来,是因为她身上具备现实女性主持人身上所不具备的某些东西,从而获得了这份理想补偿,最终产生情感投射。

在今天,人格数字化充其量只不过是借助新兴技术手段去计算和打造“理想人格”。人工智能或 ChatGPT 主要利用大数据统计技术得以实现,但是不论统计数据库有多大,问题首先在于它难以覆盖社会的“全面数据”,其最后所得出来的人格、问题或答案,一定是平均所有数据之后方才得出的结论。从这个角度来讲,它在一定程度上补偿了我们在现实之中理想人格的缺失,但实际体现出来的仍只是形(数据)的东西。从人格的内涵来看,不管从个体、从自我还是从生命存在的角度来讲,人及人心的存在是无规律的、多样的、无法被完全数据化的,这是人格数字化和数字化人格共同面临的问题与挑战。

回到传播学研究的现实中来考察数字化,不难发现,通过技术手段、大模型、大数据和统计所得出来的平均人格最终归结和体现为人的终极去向——人的价值,即数字化人格和其他由技术打造的人格的最终走向都是体现人的价值。正如海德格尔曾言,“某物的本质是被看作某物所是的那个什么”。也即证明人是人的核心在于体现他作为人的本质。如果身处社会中的主持人在这一层面无法自证的话,社会成员及媒体为其冠上“花瓶”“工具”等称呼也实属无可厚非。此外,卡西尔也曾言明:“人的本质不是机器一样组合起来的身体,而只是一个在思维的东西,也就是说,一个精神、一个理智或者一个理性。”

人格的数字化和数字化的人格,一方面既体现出现实中理想缺失的补偿性满足,另一方面也说明真正彰显人格的东西、真正的人性和真正属人的东西其实也是数字和技术一直在模拟和追求的东西。刘易斯·芒福德曾就技术与文明展示多番论述,他的思考或许能帮助我们重思今天的这一时代之问，“机器体系的成功反而加强了对机器体系所不包含的价值观的认可”。在技术的笼罩下，我们发现技术本身并不包含价值观念，它缺少“心”的存在，尤其缺少在“心”的层面上对人格的观照和发现。另外芒福德也曾警示，“当人们退化成机器人的时候，机器就能够名正言顺地替代人”。因此，我们不能将自己退化成机器，从而失去对“心”的感受和要求，而应从“心”的角度出发，从人的角度出发。

作为人，我们应始终明确“即使是最好的机器也不过是生命有机体的拙劣模仿”，“如果人不能够做到比机器更强的话，那么他就被降格到了机器的水平”。在未来，如果我们不想把自己降格到“形”的层面和机器的水平，我们唯一能做就是从“心”的角度出发，去追问、去完成，或是去真正体现人性和人格所在，这才是人格或人格化传播的核心要旨。

以上就是我的一点粗浅思考，欢迎大家批评指正，谢谢！

“创造连接”与“价值加权”:数智时代的主持传播知识体系转向

◎董 健*

尊敬的各位老师、亲爱的同仁们:

大家上午好!

非常荣幸能有这样的机会跟各位共同探讨交流。看到这次论坛的主题画面——一只熊猫在演播台主持,我深感,我们播音员和主持人,都是国宝级的人物,承载着传递信息、沟通文化的重任。

我们的教学理念,是培养出懂中国、知世界、擅传播的意见领袖。这个论坛具有国家层面的战略意义,对于人才培养的思考有着重要的启示。它对我们这个行业起到了极大的提振作用,激发我们不断进取,追求卓越。接下来,我将进入今天的主题发言。

我的发言题目是《“创造连接”与“价值加权”:数智时代的主持传播知识体系转向》。在过去的几十年里,我们见证了科技的飞速发展,尤其是人工智能领域的突破。这让我们不约而同地思考一个问题:在数智时代,主持传播的知识体系应该如何适应并引领这种变革?

回溯至20世纪50年代,人工智能之父图灵提出了一个挑战性的命题——机器能否像人一样思考?为了验证这一点,他设计了一个著名的“图灵测试”,即让人与机器在匿名的条件下进行对话,如果不能分辨对方是机器还是人,则视为测试成功。如今,尽管已过去大半个世纪,我们仍在探索如何利用数据连接虚拟与现实,实现人机智慧的共享,为未来注入无限可能。

随着虚拟现实、数字孪生和元宇宙等技术的崛起,人类社会的各个领域都在经历深刻的变革,传媒业尤为如此。以智能化媒体和沉浸媒介为例,这些新概念不断涌现,引领着传媒行业迈向新的里程碑。在今天,人工智能技术在播音主持这样的行业和领域已经获得了下沉的机会,使得我们的行业进入新的十字路口,如何从技术属性出发,对主持人传播角色进行恰切的理论探讨,如何从个体成长和公共利益的角度出发,激

* 上海戏剧学院电影学院教授。

发主持人在众媒生态中的价值？这是我们当前亟须思考和解决的问题。

以虚拟现实为例，这种技术为观众提供了沉浸式体验，使他们能够身临其境地感受主持人的魅力。这就要求主持人不仅具备传统的沟通技巧，还需掌握与虚拟现实技术相融合的全新表达方式。同样，在元宇宙的世界里，主持人需要成为连接不同虚拟空间的“导航者”，引导参与者穿梭于各种场景，体验前所未有的互动。

为了应对这些挑战，主持人需要不断地学习新技术、拓展自己的知识边界。同时，他们还需要深入了解观众的需求和心理，以便更好地与他们建立情感连接。在这个过程中，主持人的角色将不再局限于传递信息，而是成为价值创造的引领者。他们将通过自己的专业素养和人格魅力，为观众提供有深度、有温度的互动体验，从而在数智时代独树一帜。

接下来，我将从三个方面对主持人的身份拓展和传播逻辑进行阐释。第一是传播格局的范式重构。在智媒时代，如果要用范式重构传播格局，我觉得要先来回顾一下人类传播技术发展的历程。第一个阶段大家都知道，它是平面媒体阶段。第二个是电子媒体阶段。广播曾在 19 世纪风靡一时；电视则在 20 世纪后半叶，以生动、丰富的视听符号实现了对已有全部文化类型的兼容，成为一种具有代表性的“打包文化”。第三个是现在所说的网络媒体阶段，它瓦解了一对多和点对面式的信息传播格局。出现这样的情况，我们的众媒时代不可避免地到来了。人类思考和行为模式已经在很大程度上受到了数字技术尤其是智能写作和算法推荐的影响。这种变化带来的是主持人身份的扩展和角色地位的转变。主持人需要认识到的是，万物互联和众媒共存的特点，以及虚拟真实和沉浸体验的趋势。同时，他们还需要理解人机耦合和人机共存的关系，以便更好地适应这个时代的传播需求。

在智媒时代，传播并不会从根本上改变人本价值和人本追求。主持人人性化、人际化进一步彰显，主持人与受众的连接形式更多、连接点位更密、连接频率更高。

作为未来的媒介工作者，特别是主流媒体的传播者，我们应该充分利用智媒时代的传播力量，成为核心价值的定义者、构建者，而不是胁从者或者破坏者。当然这个定义和构建其实是很艰难的过程，因为我们打开了互联网窗口之后，传统媒体与新媒体、公共媒体与自媒体、商业媒体与公益媒体交织发展，一方面突破了传媒的概念，另一方面还重塑了信息、情感和文化传播模式。在众媒时代主持人与受众的连接频率更高了，媒介形象更新了，播音主持人也拥有了更广阔的舞台和更强大的表现能力。这样的传播生态对传播内容叙事和表现，以及对传播体系的改革和再造提出了更高的要求。

第二是在可供性视角下对主持人身份进行探索。在可供性分析框架下,我倾向于将文化视为技术发展的结果。在新媒介生态的背景下,信息生产的固续、复制、延伸、检索四大可供性,塑造了众媒时代的"情感公众"。我们都知道传统播音主持的工作被定义为新闻性,在当下的机制下,传统媒体主持人的权威被消解,该如何定位自己的新身份呢?我认为既然我们的专业叫播音与主持艺术专业,它应该除了新闻性之外,还要加强艺术性,我想这是播音主持专业的历史性和实践性决定的。因为播音主持传播的主体是信息内容,但是信息内容并不依赖主持人而产生,比如一条新闻和短讯,它不是主持人生产的一个观念或者一个理念,它可能完全是坐在主持人对面的嘉宾生产的,我们主持人只是需要通过多样的方法和方式将其传播出去。这对播音主持人的传播手段和方式提升,对播音主持人的艺术化改造,包括表达技巧、情感调动、修辞手法等提出了更高的要求。主持人无形当中提高了信息内容的审美水平,能产生信息价值以外的情感价值,这种情感价值其实属于播音主持人的一个创作核心,它不能用任何其他元素,包括技术元素去替代。

即便现在部分播音员主持人具备信息生产能力,从信息终端走向上游,我们也不能仅将播音员主持人的根本属性定义为新闻性。相反,我们应该为其加上艺术性。如果我们仅将其定义为新闻性,那么我们实际上是将播音员主持人的工作范畴变窄了。因此,人性化、人格化的研究是我们今天提到价值加权所必需的因素。没有艺术性,这一切无从谈起。

在众媒时代,信息背后的连接已经失去了优势。现在还有多少家媒体能够获得完全的独家报道?即便获得,又能维持多久的独家垄断?因此,当我们失去独家报道的优势时,独家报道角度、独家思考方式和情感表达成为众媒时代核心的竞争力。主持人的身份应该从被动的"培育接受"转向"创造连接"。创造连接首先要连接并传播新的向度。

总之,主持人身份的探索应该超越传统的新闻性视角,更多地关注其艺术性和情感价值。在众媒时代,主持人应成为信息的独家再创者、独特思考者和情感表达者。通过这种方式,他们才能够更好地创造连接并传播新的向度。

在当今的众媒时代,受众不再是被动的接受者,而是拥有了对传播内容的阐释和再创造的能力。对于主持人而言,不断创造与受众之间的互动和连接,已然成为其职业生存的必然途径。为了在这个环境下获得成功,主持人需要将智能化的算法转化为内在的驱动力,从而更好地理解受众的需求和期望。

以一档热门的电视节目为例,主持人在节目中不仅需要掌控流程,还需要根据观众的反馈和互动来调整内容。通过运用智能化的算法，主持人可以分析观众的行为和兴趣，从而在后续的节目中做出相应的调整。这种对受众的深入了解，不仅增加了节目的观赏性，也为主持人与受众建立连接提供了更多的机会。对主持人来说，不断创造与受众的连接就成为其维系职业生存的必然路径。主持人一定要将智能化的算法转化为内在的引擎。

除了技术层面的运用，主持人的个人魅力和专业素养也是成功的关键。他们需要具备丰富的知识和敏锐的洞察力，以便在节目中与受众进行有深度和广度的交流。同时，主持人还需要具备良好的沟通技巧和亲和力，以便与受众建立真诚的连接。

第三是价值理性应当作为主持传播的实践原则，在主持传播的实践中，价值理性是一个不可或缺的要素。尤其是在当前 AI 技术广泛应用于传播领域的时代背景下，我们更需要关注传播价值的模糊问题。为此，我们需要通过主持人的人为价值赋能，实现价值理性和工具理性的平衡。

为了构建前瞻性的主持传播知识体系，我们需要进行一系列转变。这里简单跟大家汇报一下：构建课程体系要从逻辑上转向未来的媒介；从思维上转向以受众为导向；从人才属性上要进行多元并重的转向。作为传统媒介或者传统主流媒体的主持人，我们应该有最基本的自我定位，也就是追求自身的专有价值，注重高质量人才培养。我觉得新技术应该催生国内国际媒介发展转型的趋势，以培养学生创新能力为核心，连接全媒体产业链条，实施拔尖人才策略，从而更有力地为社会服务。

具体而言，我们可以从以下几点入手：首先，培养主持人才的创新思维和创新能力是知识体系范式转型的关键。主持人需要具备跨学科的知识储备和敏锐的媒介素养。学校需要帮助学生掌握前沿技术的原理和应用技能，能够与智能机器有效协作，尤其是提升其人工智能数据挖掘与分析能力，参与创新和决策，为其成为复合型人才搭建能力平台，增加知识和技能储备。同时要构建价值导向型课程体系，有效拓宽学生视野，提高学生认知能力，做好跨学科教育，做到技术发展与学科实践、学界理论与业界创新之间的交互赋能，以可延展、可融合、可触达作为核心逻辑形成新的认识发生论，为学生提供深层学习方法，使其获得敏锐的洞察力和创新能力。

其次，主持人在了解新媒体运作模式和传播规律的同时，还需要关注受众需求和市场变化，从而更好地引导舆论和传递价值。主持人才的培养逻辑必须转向对移动用户需求的关注。这种转变不仅符合时代发展的趋势，也符合专业人才培养的规律，有助于提高主持人的专业素养和综合能力，使其能够灵活应对不同情境下的受众需求。同时，还应注重培养主持人的职业道德，提高其综合素质和形象气质，使其能够更好地满足移动用户的需求。这种服务意识,是培养学生的受众思维,明确专业技能施展的定位方向,及时调整自己的传播方式,不断贴近受众的关切,但同时更要强调学生一定要有大局观,必须以社会和国家为服务对象,正确引导公共审美和理性思维。主持人需要具备社会责任感和人文精神,关注社会热点和公共议题,积极参与公益活动和志愿服务,通过自己的言行传递正能量,为社会进步和发展做出贡献。

最后,人才培养的核心应该是全人教育,使学生获得包括知识、技能、情感、审美、价值观等多个方面的成长,实现类型人才的个性化培养。众媒时代的主持传播已从"标准化"转向"个性化",甚至是"个性细分化"和"个性虚拟化",比如,虚拟偶像对真实个性的模仿与塑造,这些也必须纳入关注视野中。从目前自媒体比较受欢迎的现象中可以发现,人们对信息的接受不仅仅在于信息本身满足了人们的猎奇心理,还在于传播者的传播态度和价值深度符合人们的需求。所以主持人的形象、言语表达应该基于价值导向性,发挥个体的传播价值。

总之,我们需要通过对主持人的价值赋能和前瞻性的知识体系构建来创新人才培养模式,立足于新技术催生的国际国内媒介发展转型趋势,不断优化教育理念、从而更好地适应媒介发展的趋势和要求,更有力地为社会服务,更精准地为受众服务。

在这个论坛的启发下,我更加明确了自己所承担的责任和使命。要不断探索创新教育教学方式,培养出更多既深谙中华文化,又放眼全球的优秀传播者,让世界更好地了解中国,让中国的声音更好地传播出去。

我们身处一个充满变革与机遇的时代。未来主持人才的培养,需要紧跟科技发展的步伐,不断地自我更新和完善。只有这样,才能在数智时代立足,成为连接虚拟与现实、技术与艺术的桥梁。

谢谢大家!

理念、方法与路径：师范类大学播音主持人才的培养实践

◎ 杨小锋*

各位领导、各位嘉宾：

大家好！

全国开办播音与主持艺术本科专业的高校超过240所，其中省属师范院校大约70所，接近1/3。省属师范院校一般底蕴比较深厚，重视理论与人文素养，有丰富的教学培养经验。那么，师范类院校的播音主持人才应当如何培养？下面，我结合四川师范大学的播音主持本科和硕士人才培养，向大家汇报我们的实践探索。

一、目标任务驱动下的办学理念

（一）本科专业建设目标：建成国家级一流专业

四川师范大学的播音主持人才培养已有近30年办学历史。1996年开办播音主持专业专科，2003年开办播音与主持艺术专业本科，2012年起招收硕士研究生。2014年以前，本科由原四川师范大学电影电视学院开设，2014年9月起，先后由校本部的新闻与传播学院、影视与传媒学院开设。2020年获批省级一流本科专业建设点，2021年获批国家级一流本科专业建设点。

2017年，经过充分论证，本专业提出了明确的建设目标：用4年时间探索本专业人才培养的基本模式，在8年内建成四川省一流的播音与主持艺术专业，10年左右建设成西部地区一流的播音与主持艺术专业。

2021年后，建设目标调整为：建成高水准、有特色、创新型专业，引领全国省属师范大学播音与主持艺术专业的国家级一流本科专业。

* 四川师范大学影视与传媒学院教授。

(二)硕士点建设目标:西部一流的播音主持硕士点

本专业以“传承区域文化,传播中国声音”为理念,以“立足西部、服务行业、面向全国”为定位,着力打造高校播音主持师资培养高地,培养融媒体播音主持高端创作人才,为西部播音主持教育和播音主持创作及其他文化宣传工作服务,建成西部一流的播音主持硕士点。

(三)本科专业和硕士点建设理念

为了实现上述目标,我们优化了各项理念。

1.本科专业办学理念:以学生为中心,以教师为主导,服务社会

本专业以学生成才为办学宗旨,一切教学活动为了学生,为了一切学生组织教学活动。采用小班化教学,每个专业实践教学班不超过 15 人,教学由“教师中心”向“学生中心”转变,发挥教师的主导作用。

本专业主要为国家经济社会和文化发展、为中国播音学学科建设培养人才。

2.国家级一流本科专业建设理念

本专业的定位是:立足成都,服务四川,面向全国,关注世界,运用有声语言艺术传播中华文化,培养播音主持人才和口语传播教学师资。

本专业的建设理念是:立德铸魂,强基固本,融合创新,成果导向,特色鲜明。

立德铸魂,强调的是思政理念。首先确立专业思政目标:培养学生正确的世界观、人生观、价值观和创作观,使学生具有远大理想、坚定信念、高尚道德、人文情怀、科学精神、创新意识、责任担当意识和艰苦奋斗精神,弘扬中华优秀传统文化、革命文化和社会主义先进文化,自觉践行和传播社会主义核心价值观,树立马克思主义新闻观、艺术观和语言观。此目标具体落实到每一门课程的教学活动中,渗透进第二课堂的各项活动中,贯穿于人才培养的全过程。

强基固本,针对的是文化基础和专业能力。实现由重技能、轻内涵向内涵与技能并重观念的转变,提升学生的文化内涵,强化学生的发展后劲。

融合创新,体现的是新文科建设理念。融合中国语言文学、戏剧与影视学、艺术学、新闻与传播学、计算机科学等多学科的理论与方法,强化学生用有声语言传播中国文化和中国形象的专业能力,把中华优秀传统文化、革命文化和社会主义先进文化融

入人才培养的全过程、各环节，在传承中创新，培养具有新时代中国特色、中国风格、中国气派的播音主持创新人才。

成果导向，体现的是学生成才理念。用学生培养规格，倒推各个培养环节、各门课程与此规格的达成度。充分调动学生学习的积极性和主动性，提升人才培养质量。

特色鲜明，要求的是突出“巴蜀底蕴，师范特色”，重点培养播音主持创作人才与口语传播教学人才。

3.硕士生培养理念

硕士生培养坚持“三看齐”理念。我们提出了“实践上向播音艺术家看齐，科研上向优秀学者看齐，教学上向教学名师看齐”的“三看齐”理念，在课程设置、课堂教学和培养环节上落实对学生播音主持实践、科研和教学能力的综合培养，主要为大学播音主持专业输送优秀师资，为播音主持创作培养高层次人才。

二、依托学校和学院优势，构建一流师资队伍

我们依托四川师范大学影视与传媒学院戏剧与影视学等多学科的师资优势，通过多种途径，构建一支师德高尚，教学、科研和创作能力强的高水平师资队伍。

本专业现有教师 24 名，全部具有硕士及以上学位，具有博士学位的占 58%，高级职称的占 71%，具有行业经验的占 54%。教学团队主持国家社科基金项目 8 项，省部级教学科研项目近 20 项，出版著作数 10 部，在中文核心期刊、CSSCI 源刊等期刊发表论文数百篇。获得四川省社会科学优秀成果奖、四川省教学成果奖多项。

专业核心课程教师的学科来源广泛，具有复合型特征。他们拥有戏剧与影视学、中国语言文学、音乐学、舞蹈学、美学、传播学、教育学背景，在确保播音主持专业性的前提下，为拓宽学生视野，培养复合型人才奠定了重要基础。

（一）教学团队师德高尚，师风纯正

教师队伍中有黄大年式教学团队负责人、全国师德标兵黄尚军教授，还有获得四川师范大学“现代园丁奖”“教学新秀奖”“优秀共产党员”“师德标兵”等荣誉的教师。老师们热爱教书育人事业，热爱学生，热爱播音主持专业，乐于奉献。老师们虽然日常的教学科研任务重，但每天的专业晨练指导、校内外众多的专业竞赛指导、班导师工作都成效显著且毫无怨言。

(二)以课程团队建设为抓手,多路径培养教师

播音系建有专业平台课程、播音主持基础、播音主持表达、播音主持业务和播音主持教学5个教学团队,采用集体备课、集体教研制度。通过组织编写教材、教研项目申报与研究、青年教师教学竞赛、专业竞赛团队建设、参加学术会议等多种途径,提升教师的教学能力与水平。

已经出版《播音主持综合训练教程》《嗓音职业病与科学发声训练探索》《普通话水平测试与培训教程》等教材,即将出版《即兴口语表达》《文化场馆解说》《新闻伦理与法规》《经典新闻作品》等教材。

近年来,教师新增主持"中华优秀传统文化融入播音与主持艺术专业教学的改革实践"等省级、校级教改项目11项。

(三)举办高水平学术讲座,邀请一线专家担任导师

邀请北京大学、中国人民大学、中国传媒大学等院校教授,中央广播电视总台、湖南广播电视台、四川广播电视台、成都电视台等媒体播音指导担任客座教授和校外硕士生导师,举办学术讲座,拓宽师生视野,强化与一线的联系。

三、校内外融通,构建一流实践教学平台

(一)校内专业实验室建设

本专业拥有演播综合实训室、高清演播室、配音室、学校电视站、黑匣子剧场等实验室。在满足课堂教学需要之余,学生大量的课外作业、竞赛作品、毕业设计都可以在实验室免费录制。

(二)校内外媒体创作实践平台建设

在充分发挥校内媒体、教师工作室和新媒体等平台作用的基础上,主动与新华社、学习强国、封面传媒、四川广播电视台、四川观察等单位与平台合作,共建实践基地,共育创新人才。

(三)建立品牌活动平台

由我校承办的省级赛事四川省大学生剧本创作大赛开设朗读单元,播音系朗诵活

动月已经进行到第8届，演讲比赛已经举办了两届，每个年级都有学年汇报演出、毕业汇报演出。品牌活动强调“两个融合”：作品孵化与专业竞赛融合，作品创作与课程思政融合，强调思想性、艺术性、共情性。

（四）教学实践平台建设

学院建有四川师范大学附属实验学校、成都七中育才学校、成都市青少年宫等多个播音主持教学能力实训基地，培养本科生的教学能力。还与绵阳师范学院、内江师范学院等多所大学合作，提升研究生的教学能力。

四、构建12266本科人才培养体系，探索人才培养模式

播音系多次优化人才培养方案，各项重要语言传播能力均有相应课程群的支撑。各项能力培养的体系性特征明显，重视对学生的个性化培养，促进其多元化发展。

经过多年探索，本专业形成了理论与实践交融，人文与专业融通，传统媒体与新媒体衔接的12266本科人才培养体系：以课程思政为主导的主流价值引领（1），以理论与实践双重教学任务并重的教学体系（2），以校内与校外传统媒体和新媒体多种平台结合的实践训练体系（2），培养学生的播音、主持、朗诵、配音、演讲、讲解6种语言传播能力（6）和创意、摄像、剪辑、写作、报道、播音主持教学6种其他能力（6）。

五、多路径培养核心竞争力

（一）以课程建设为抓手，把中华优秀传统文化、革命文化和社会主义先进文化融入专业教学全过程，持续更新教学内容和教学方法

以课程群建设为抓手，优化课程体系，建设一流课程。引入新文科建设理念和课程思政理念，多学科融合，构建新闻传播、语言文学、播音主持、巴蜀文化、播音主持教育等5个课程群。每个课程群以成果产出为导向，坚持课程思政的引领作用，把中华优秀传统文化、革命文化和社会主义先进文化融入各门课程，拓展教学内容。利用信息化教学手段，使用翻转课堂、线上线下混合式教学等多种方式，革新教学方法，落实学生中心理念，培养学生自主学习的能力和运用理论处理实际问题的能力。

课堂教学注重专业能力培养，理论教学为实践训练服务，强化过程考核与管理，平

时成绩占学期成绩的70%。

(二)守正创新,夯实基础,以赛促练,培养学生的语言传播和语言教学核心竞争力

坚守以语言传播能力为训练中心,扎牢播音主持基础,拓展朗诵、讲解、演讲等语言传播能力。与时俱进,强化新媒体节目播音主持教学。

贯彻张颂教授“大运动量科学系统训练”思想,针对不同年级提出不同的考核要求,比如:一年级结课时要具备顺利完成1000字以上作品播出的能力,具体落实到播音主持语音与发声课程的结课口试中。通过课堂教学、1—3年级每日专业晨练(每学期背诵100首古典诗词,共600首),夯实学生的专业基础,提升学生训练的自觉性、主动性和效率。

采用“课堂教学+”理念:课堂教学+专业竞赛,融入各类学科竞赛,鼓励真题真做;课堂教学+作品孵化,通过课堂实践,推出一系列作品,例如“温暖2022”年底总结系列,“绿水青山看四川”系列作品;课堂教学+媒体播出,与封面新闻、新华社新媒体板块等单位合作,为学生的课堂教学优秀作品提供出口。

以赛促学,以赛促练,激发学生的荣誉感、自信心、学习动力。专业竞赛和活动,教师团队全程指导。专业技能课教师分为播音主持、朗诵与演讲、配音、教学4个竞赛组,抓好校外各类专业竞赛,指导学年汇报演出、毕业会演、演讲比赛、朗诵会、主持人大赛、播音主持教学比赛等校内品牌活动。

专业竞赛实行重点选拔与全员参与相结合制度,充分调动全系学生参赛的热情,使学生在播音主持、朗诵、演讲、配音、教学等多方面得到充分锻炼,形成勤奋好学的良好学习氛围。因为这样,外聘教师,院内、校内教授都乐意为本专业学生上课。

五、成效

(一)办学质量稳步提升,社会评价好

本专业在上海软科的中国大学专业排名中名列前茅,2021年被评为A级,位列全国第8名,2022年以A+的成绩排名全国第5,2023年被评为A级,排名第12,近3年整体排名在省属师范大学中位列第一。

本专业的社会认可度高,生源质量好,毕业生就业率连续多年为100%。

2020 年疫情期间，姚喜双教授连续为我系做了两场学术讲座，对我系学生给予了充分肯定。

50%的硕士毕业生分布在全国 17 所高校，已有多名学生成为播音系主任或专业负责人。2014 级本科生、2019 级研究生、厦门卫视主持人赵羚淞等成为传统媒体和新媒体的中坚力量。

（二）学生成果丰硕

围绕中华优秀传统文化推出系列有声语言作品，传播巴蜀文化，传递中国声音。已经完成 2017、2018 和 2019 级巴蜀文化有声语言作品集 3 集 112 部视频作品，总时长超过 2300 分钟。这些作品题材广泛，主题鲜明，涉及“地域元素”“非遗元素”“红色元素”，展现了神奇、神圣、神秘的巴蜀文化。

学生的朗诵作品《我们的一个世纪》等多个作品分别在四川省各类活动中展演 20 余次。在学习强国、封面传媒同步推送“诵经典守初心——庆祝中国共产党成立 100 周年”有声语言作品 100 篇。推出视听中国系列作品，在学习强国“强国之声”开设“声声不息，薪火相传”专栏。参与新华社“青年新声代”活动，优秀作品在新华社平台展播。在封面传媒开设“领航百年声动师大”专栏，发表作品 136 部。

截止到 2023 年 10 月，学生专业竞赛成绩突出。研究生 48 人获奖，共获 117 个奖项，其中国家级（含全国性竞赛）奖项 8 个，省级奖项 48 个，其他奖项 59 个。本科生 131 人获奖，共获 366 个奖项，其中国家级（含全国性竞赛）奖项 36 个，省级奖项 94 个，其他奖项 236 个。这些竞赛包括中华经典诵读大赛、海峡两岸主持新秀大赛、齐越朗诵艺术节、中央人民广播电台“夏青杯”朗诵大赛、中央人民广播电台大学生主持人大赛、全国学生“学宪法 讲宪法”演讲比赛、全国红色故事讲解大赛、“爱我国防”全国大学生演讲比赛、四川省大学生主持人大赛等。

如果说我们的专业建设取得了一些进步，那么这是播音系全体师生在学校的大力支持下、在学院领导的正确领导下，团结一心努力拼搏的结果，同时，也是各兄弟院校、媒体一线专家学者们鼎力相助的结果。在此，我代表播音系全体师生，对关心、帮助、支持和指导过我们的领导、老师、同学致以深深的谢意。谢谢大家！我们希望，今后还能继续得到大家的支持，共同为中国播音主持学科和专业的发展，为我国播音主持事业的发展，为传播中国文化，讲好中国故事贡献力量！

我们坚信，只要心中有光，何惧远方！

谢谢大家！

数字口语传播辨析:兼论数智时代播音与主持艺术教育的进路

◎ 李亚铭*

一、引言

言说应该作为以有声语言传播教育、研究为核心的播音专业的基本问题。思想家劳思光创立的基源问题研究法为思想史研究提供了有效进路,即要寻找、回应那些内在的、持续的、反复涌现、不断被回应的问题。这一方法便于研究者抓住纷繁问题的核心。对当下数字环境中口语(speech communication)传播进行评判性审视,并追问言说其基源价值,或许能够为纾解当下播音与主持艺术教育的困境提供一些思考。

二、回到言说:言说基源价值的再认识

人类学、考古学发现,人类开始说话大约是在 20 万年前。那时,古人类就具备了初步言说的能力。古人类开始言说,代表着人类生物进化的巨大加速。正是因为人类获得了口语的能力,才能不断开荒拓土,占领更多的地理空间。与此同时,当口语传播的动能附加在先民们身上的时候,文化的传承才变为可能,并促进了不同文明的共同发展。无论是西方文明、印度文明还是中华文明都不约而同地将口语传播确认为世界产生的手段、人类存在的方式以及建构社群的基础方法。

西方人认为世界是上帝"说"出来的,《圣经・新约》开篇便说"太初有道,道与神同在,道就是神",这里的道既是指法则,又是指言说。《春秋・谷梁传》中有言"人之所以为人者,言也;人而不能言,何以为人"。口语传播的三大基源价值贯穿于人类的农业文明、工业文明和新兴的数字文明。即,我言故我在,指向口语传播的本体价值;我言故我知,指向口语传播的认知价值;我言故我群,指向口语传播的功能性价值。

* 陕西科技大学设计与艺术学院副教授。

（一）我言故我在：口语传播是人类存在的方式

言说不仅给予人类自我意识，而且能够引导行为主体的实践活动。口语作为人类传播的主要媒介，能够催化主体意识的生成。马克思将意识定义为人对思维的反思与对自身的超越，认为自我意识在其自身之中。黑格尔也指出，自我意识是人类的本质，是个体对自我的认知。罗森塔尔则将内省视为意识的一种特殊情况。① 可见，意识诞生于主体对自身精神、思想的认识与反思，是思维之思维、主体之主体。在传播视域下，无论是审视自身精神还是反省自己的行为或者是认知自己的思想都必须依赖语言符号进行人内传播。米德认为，在"主我"与"客我"通过"有意义的象征符"进行双向互动的过程中，自我得以诞生。在漫长的原生口语时代，口语在很大程度上充当着"有意义的象征符"，伴随着原生口语、电子口语的叠加演进，即便在数字时代，口语依然是被人类广泛使用的象征符号。意识诞生于人类对自我思想的认知，要认知自己的思想就必须经历内省式传播，口语又是内省的常用手段，因此，言说能够催化自我意识的生成，进而唤醒作为主体的自我。

（二）我言故我知：口语传播是认知世界的途径

言说是认知世界的手段，其原因在于：在言说的过程中，人与自然能够形成对立统一的关系，这是认知世界的前提条件；人还可以通过言说将时刻运动变化着的世界固定下来，这就为认知世界创造了必要条件。

首先，认知主体只有借助于言说，才能把感知到的世界客观化，进而实现对外在世界的认知。上文已经论述了言说能够彰显人的主体性，与此同时，他者也伴随着主体的确立应运而生，人与世界主客二元的关系也得以生成。采用"出乎其外，故能观之"的姿态面对世界虽有其局限性，但也确实为人类认识自然提供了一种高效的方法。依此路径认识主体还能避免陷入"不识庐山真面目，只缘身在此山中"的尴尬境地。

其次，通过言说，人们可以将抽象的理念、流动的时间、运动的现象固化为可以把握的语音符号，实现对世界的认知。施一公认为，人类感知到的世界，仅仅是整个世界的5%。如若在认知世界的过程中抛弃了语言，就有可能陷入"吾生有涯而知无涯，以有涯随无涯，殆矣"的泥淖。只有基于有声符号，人类才能把握部分客观世界并与他人分享见识，文化的传承才变为可能，后人才能够站在前人的肩膀上更加深刻地认知世界。

---

① 胡潇.论口语媒介的主体性理致[J].广州大学学报(社会科学版),2013,12(6):70-76.

(三)我言故我群:言说是社群的黏合剂

首先,口语传播是人类与生俱来的最便利的传播手段。与他者建立共识既是口语传播的主要功能,也是言者言说的重要目的。在口语传播中,言者多少会易位他者立场,考虑受众的身份、知识结构、心理状态以及对待自己的立场,主体间性也在这一过程中得以建立。哈贝马斯认为,“正是通过主体间性,我们才能构建一个共享的世界”,“有了主体间性,个体之间才能自由交往……才能在没有强制的情况下实现社会化”①。

其次,口语传播活动是创生人类社会规则和维持社群秩序的元手段。正如胡百精教授在《共识与秩序:中国传播思想史》中指出,制礼作法、权力运施、文德教化等其他秩序手段须以言说为媒介,诉诸交往才能转化为普泛的社会约定或通则。② 言说是建构秩序手段之手段,即元手段。

再次,口语传播实践本就蕴含着共同体意识。海德格尔指出,我们在开口说话之前,就已经由于共同的生存和生活方式而被捆绑在一起了。特别是在场的具身口传,言者与听者均愿意将此刻所有的时间与精力贡献给对方,这在某种程度上已经形成了一个共同体。

三、回到言者:数字口语传播概念的辨析

界定概念往往是危险的。因为在剧烈变化的当今社会,任何概念的内涵和外延都在不断扩散或迁移,理论阐释的活力也有被扼杀的风险。此外,概念本身会形成多重交互空间,如果再加上不同的理论谱系,我们对概念的形成很难形成跨文化的共识。口语传播是我国传播学研究的走失者,从 20 世纪七八十年代至今,传播研究依旧围绕媒介、效果、信息等维度开展,言说、言者等议题长期处于被遮蔽的状态。当然,我国长期以来“重文轻语”的传统也是导致这一结局的重要原因。

西方学界对口语传播的界定也是纷繁复杂的。1969 年,“新奥尔良会议”为口语传播确定了一个妥协性的概念,认为口语传播研究的焦点是“口语符号互动”。在国内,秦琍琍和吕行曾尝试定义口语传播学、言语沟通学。秦琍琍认为,除了关注媒体与

① 赵永峰.法兰克福学派论争:从阿多诺主体性到哈贝马斯主体间性——以哈贝马斯普遍语用学为例[J].重庆社会科学,2020(7):121-130.

② 胡百精.共识与秩序:中国传播思想史[M].北京:中国人民大学出版社,2022.

受众研究的新闻学和大众传播学外，其余的研究领域主要是属于口语传播学的范畴。口语传播学是回归到以人为主的传播研究，无论沟通的中介或是媒介为何，沟通的主体都是人。这门学科主要是从人类传播的主旨出发，视人类传播为一双向沟通互动的过程，并强调研究不同社会情境中的沟通与互动。① 吕行认为，言语沟通是研究人类在不同场景下，使用语言和非语言的手段，相互交流和沟通的性质、过程和效果的学问。言语沟通学，区别于大众传播学，前者重于人际传播，从事以语言和非语言为主要交流手段的研究和实践。② 两位都将"人"、沟通、互动等口语传播的核心要素纳入了各自的界定之中，但也多少存在着描述繁复、外延模糊的因素。

当下的口语传播研究其实质是以西方传播思想中的修辞（rhetoric）传统为内核。这套思想逻辑认为，是言说成就了民主和自由。在西方学者眼中，中国没有修辞传统，这其中隐喻着一个极大的偏见——他们认为中国人是不可说服的，是没有民主自由的。在建构中国自主学科知识体系的语境下，口语传播研究则需要围绕"修辞"去考察，并将道德与秩序同言说联系在一起。

如何融通东西方视角，为口语传播提供一个更加牢固的概念，将其规约为一种人的基本行为可能是弥合东西方文化认同的有效方法。因此，这里将口语传播界定为：以"人"为媒介，以有声语言和非言语符号为手段的一种人类互动、沟通行为。基于沃尔特·翁的口语文化研究以及当下媒介发展趋势，口语传播可以划分为原生口语传播、电子口语传播、数字口语传播三个阶段。原生口语传播是以"人"为媒介的在场言说，人类的主体性得到最大程度的彰显。电子口语传播是人的声音附加电子媒介进行的传播活动，在这个过程中，"人"是主体，电子媒体是渠道。数字口语传播变得异常复杂，在此语境下人与AI均为言说主体，主体的拓展往往会触及更加深刻的基源问题。因此，对数字口语传播的认知与辨析须立足于言说主体的区分和确认。

四、保卫言说：口语传播的主体性批判

与其攻击ChatGPT是一种剽窃，或是指出这只是现象层面的生成，不如从主体性的层面切入，讨论生成式人工智能对人类主体性的侵蚀。当AI成为言说主体的那一刹那，自然人的主体性便开启了消解过程。如何应对言说主体的异化是消解人工智能

---

① 秦琍琍.口语传播[M].上海：复旦大学出版社，2011.

② 吕行.言语沟通学概论[M].北京：清华大学出版社，2009.

时代诸多挑战的核心问题。

马克思认为,异化指的是人类在发展过程中创造的物质或精神成为异己的存在力量,并反过来控制、奴役人类自身。这一现象的发生需满足两个条件:一是异化的客体必须从主体出发,由主体产生;二是主、客体必须形成对立的关系,且客体统治主体。① 上述异化现象正在口语传播生态中发生。从 Siri 到微软小冰再到 ChatGPT-4,由人类制造的 AI 正以加速度获得主体身份,它们不仅作为媒介对人类大脑进行延伸,而且作为言说主体直接参与人类的思考。就目前来看,若不加以规制,人工智能对言说的异化将在以下三个方面加速铺展。

首先,AI 语音合成技术有可能在意识层面异化言说主体。言说能够催化自我意识的生成,进而唤醒作为主体的自我。那么具备言说能力的人工智能会不会获取意识?会不会成为自我?赵汀阳在论及人工智能的自我意识何以可能时认为:理解自我意识需要讨论的不是大脑神经,不是意识的生物机制,而是关于意识的自我表达形式。就是说,要讨论的不是意识的生理—物理机制,而要讨论意识的自主思维落实在语言层面的表达形式。② 随着装备了强言说能力的 AI 大量涌现,人工智能在获取意识的进程中似乎迈进了一大步。若 AI 通过言说攫取意识,便会从产品转变为“异己力量”,进而脱离人类的控制,这就满足了异化的第一个条件。虽然目前看来人工智能距离获取意识还遥遥无期,但是赋予 AI 越来越强悍的言说能力无疑会增大其生成意识的可能性。

其次,AI 语音合成技术有可能在实践层面异化言说主体。这一层面的异化其实已经发生,智能配音机器人、虚拟主播的广泛使用使得配音员、主持人面临失业风险。当 AI 延伸人类发声器官的同时,我们的修辞能力、言说水平也面临着退化的风险。2018 年,艾瑞咨询将“高开发成本”视为有声产品内容生产缓慢的因素之一。然而,就在 2019 年,阿里巴巴达摩院发布了语音合成技术 KAN-TTS,为用户提供接近真人的语音客服服务。KAN-TTS 不仅将有声内容的生产成本降低了 10 倍以上,而且极大缩短了创作周期。不仅如此,人工合成语音的质量正日益急剧提升。科大讯飞新一代语音合成系统 SMART-TTS 已经能够生成带有 11 种情感的声音,在 2023 年 2 月 19 日“雨水”这天,科大讯飞发布节气短片,其中的人工智能配音与专业配音员相差无几,已经达到了以假乱真的程度。

---

① 闫坤如.人工智能技术异化及其本质探源[J].上海师范大学学报(哲学社会科学版),2020,49(3):100-107.

② 赵汀阳.人工智能的自我意识何以可能?[J].自然辩证法通讯,2019,41(1):1-8.

再次，AI 语音合成技术可能在隐私与版权层面异化言说主体。以 KAN-TTS 为例，这类技术能够高效模仿真实的人声，只要用手机进行 10 分钟的录音，便可通过算法完成对真实人声的模仿，这也就意味着若不加以规制，我们的声纹就存在被盗取的风险。每个人都有自己独特的音调、音色、发音习惯，声纹作为重要的生物信息是个体的“身份证明”，对言者来说有着重要的意义。当 AI 实现了对嗓音的模拟，言者将被迫让渡自己的隐私与部分主体性。

近来，元宇宙研究专家围绕“数字孪生识别”这一议题开展了一系列研究，其核心可以理解为在沉浸式传播过程中“人”的识别问题，这与数字口语传播语境下保护言者主体性有着相似的逻辑。那么如何识别？怎么保护？一定要建立原生口语的识别机制。我们一直坚持对生物信息指纹的保留，未来应该像保护指纹一样，保护我们的声纹。每个人都有自己独特的音调、音色、发音习惯，声纹作为重要的生物信息是个体的“身份证明”，对言者来说有着重要的意义。要唤醒政府与社会加强语音采样版权保护、声纹保护、传播识别保护，推动规范 AI 语音使用场景的政策法制化，限制语音合成技术应用范围。建构公共表达理性是重构有声语言生态的核心，我们还要在加快树立社会公认的言说价值共识上持续努力。

数字口语传播技术的扩散一定有它的内在逻辑，一个是猎奇，另一个是资本。就猎奇而言，包括总台在内的传统媒体正在大力推广数字人的应用，很多地方媒体若是没有数字人，就觉得自己不够新潮。召唤好奇心终是一个阶段性手法，必定会随着时间渐渐消失。数字口语得以扩散的最大动力还是资本，资本为了降低生产成本会不断追求更新、更快的 AI，在突破某一界限之后便会侵蚀传媒行业、侵蚀人的主体性。

关于宣传与新闻舆论工作，习总书记说得很清楚。新闻舆论工作是治国理政、定国安邦的大事。宣传思想文化工作事关党的前途命运，事关国家长治久安，事关民族凝聚力和向心力，是一项极端重要的工作。做好新形势下的宣传思想工作，必须自觉承担起举旗帜、聚民心、育新人、兴文化、展形象的使命任务。把新闻宣传工作交给 AI，党一定是不放心的。AI 技术无边界的发展与我们的国家体制和文化在本质上是冲突的。作为以马克思主义为指导的社会主义中国，注重人的精神交往，最反对人的物化。“人”言说的现代化，乃至“人”的现代化一定是中国式现代化建设的题中之义。AI 在一部分娱乐、信息传播类型的节目中或为身障人群服务的语音技术等领域的使用有一定的合理性，这是不容抹杀的，但关键是要分清“人”和机器的边界，将“人”的还给“人”，将能交给机器的交给机器。

五、讨论:播音学科的突围路径

播音与主持艺术专业的开创、建设和发展始终立足于党和国家宣传的需要。今天学科的口语传播转向又秉持着沟通的视角,未来则需要再次回归到培养整全的“人”的言说这一人文立场。我们播音专业培养的人才为什么能行,播音专业为什么好,最终还是要靠播音主持艺术自主知识体系建设才行。回归塑造“人”的言说力量这一人文立场,是我们守正创新的力量之源。未来的播音主持教学、研究要实现口脑并用,要解释语言现象且批判语言生态,预见、引领、规划未来的言说生态。

长期以来播音与主持艺术创作的主要形态是承担喉舌功能的有稿播音,这也使得学科的批判意识相对缺失。新闻工作是治国安邦的大事,是牵扯到意识形态工作的重要抓手,必须是一个“以人感人,以人化人”的工作。如果将我们的喉舌功能和舆论引导责任赋予虚拟形态,这是一种物化和虚化,也是对马克思主义精神交往观念的严重背离。播音与主持艺术专业的研究者、教育者、从业者们要为保卫“人”的言说鼓与呼。

要将原有的培养广播电视语言传播人才转型为培养以“人”为主体、能够适应不同话语场景的口语传播人才。这种转型改变了以狭隘、特定的广播电视媒体工作者为培养面向,转而聚焦到培养口语传播活动生成主体的“人”之上。无论媒介环境或话语场景如何变化,“人”始终是口语传播活动的发起者和接受者。抓住了“人”这个口语传播活动的关键,就能够保持学科研究、教学的长期稳定。

播音学科人才培养的社会价值不仅体现在当前的为各级广电媒体服务,而且体现在当前的为新媒体服务,我们更要在提高人民修辞素养的过程中,为中国式精神文明现代化发展贡献我们的力量。更重要、更直接的就是为提高社会治理能力现代化、提升国家话语的口语传播能力贡献我们的力量。

面对浩浩汤汤的数字洪流,播音与主持艺术专业既不能秉持“卢德主义”,也不可以鼓吹技术决定论。我们要立足言说的三大基源价值,积极探索新兴口语传播生态中的现实需求,以期在发展学科的同时为社会做出贡献。如果说语言是人类存在的家园,只要“家”在,播音与主持艺术专业的合法性和必要性就在。对播音与主持艺术专业进路的探讨不是基于本位主义的私利,而是为了更好地守护人们存在的“家”。

特别策划丨中国播音主持学科自主知识体系建设

“内在的丰富性”与“知识结构的完整性”
——架构播音主持教育从“怎么说”到“说什么”的历史转型

◎ 龚伟亮　梁子才淇*

摘要：新时期播音主持教育，面临从“怎么说”到“说什么”的历史转型。“怎么说”的含义相对清楚，它指一种有着广泛体认的以声音形式训练和表达技巧训练为侧重的播音主持专业培养内涵、课程体系特点（狭义上也指播音主持专业基本功）。但在对“说什么”这一关键转向内容的界定上差异性较大，在很大的程度上处于模糊表述和各自表述的状态。在与此前带有结构性特征的分析论述进行对话的基础上，本文对“说什么”的意涵展开结构性思考和论述。在“感、知、情、意”的总体结构里，本文提出应淡化感觉素质、意志素质，在情感素质（概括为感受力）和认知素质（概括为理解力）的简单二维框架里进行有重点的把握和建构。“说什么”包含两个层面的“内在的丰富性”以及微观、中观、宏观三个层次的“知识结构的完整性”，是思考求解的关键。

关键词：播音主持，怎么说，说什么，感受力，理解力

一、从“怎么说”到“说什么”的历史转型

新时期的播音主持教育，面临一场从“怎么说”到“说什么”的历史转型。对此的认识愈来愈成为一种值得关注的共识，并汇成一个值得关注的专业教育动向。

近年来反映此种高度共识的学界表达包括但不限于以下列举：“播音主持专业的教学既要注重怎么说，更要注重说什么”①；“在媒体变革过程中，播音员/主持人的业务目标、定位、形态等都发生了变化，从业人员的能力需求也在不断重构。从只知道‘如何说’到熟练掌握‘说什么’‘为何说’‘怎么说’的能力提升是我们关注的重点”②；“就播音专业而言，应在关注‘怎么说’的表层专业素质基础上更加侧重于‘说什么’的

---

* 龚伟亮，中国传媒大学传播研究院副教授；梁子才淇，中国传媒大学传播研究院硕士研究生。

① 曾志华，阎亮，孔亮．播博汇文论（第一卷）［M］．北京：光明日报出版社，2020：11.

② 杜晓红．新媒体时代播音主持传播的“教”与“研”［J］．中国主持传播研究，2019(1)：37-43.

深层整体素质”“在课程设置上不仅解决‘怎么说’的基本功问题,更要解决‘说什么’的审美品格、综合素养、性格气质的养成”①。

业界的声音也与此呼应。原北京人民广播电台播音主持管理部主任张树荣2018年在不同场合发言指出播音主持教学的问题:

> 学生播音学科之外的知识量欠缺:本科四年,双学位、研究生两年,还有博士生三年,这么多年主要教的都是“怎么播”和“怎么说”。从我们招生和使用的角度讲,我建议可否从入学两年基础教学过后进一步加强“说什么”,即时事政治、社会民生、文化艺术以及经济、科技、军事、体育、历史、地理等社会及文化等多学科知识的教育教学,让我们学生的知识储备丰富起来。②

老师要去告诉学生吸取某一方面知识的方法,而不能老教学生“怎么说”。现在“怎么说”“对谁说”都能教,“说什么”还没有解决,而恰恰到一线分了工作以后是要我们“说什么”的,要的是知识和内容,而不是说话表达的技巧。③

可以看到,对于这种转向,学界与业界正在不约而同做出从内容到形式高度趋同的表述。笔者认为这绝非修辞上的巧合,而是基于媒介环境、社会环境变化动摇了播音主持原本颇显自足的知识边界体系,整个播音主持界自发发出的聚焦专业教育应对的求变声音。即使不做“怎么说”与“说什么”的对仗表达,在诸如播音主持未来人才培养“从‘职业技能型’向‘知识素养型’转变”④、“教学内容从专业技能培训向通识素质教育转向”⑤、“从教学内容上看,以表层技巧为核心的教学内容开始转向以中层素养为核心的内容”⑥、“教学重点从‘表层’指向‘中层’”(亦即教学改革重点从表层的语言样态向中层的语言功底、语言能力转变)⑦等论述中,所表达的转向观点也是与此高度通约的。

---

① 姚争,刘力军,张树楠.智能语音技术视域下播音与主持专业应变策略研究——基于申报国家一流专业建设点的数据分析[J].吉林艺术学院学报,2020(4):48-59.

② 张树荣.我们需要专业的播音员、职业的主持人[EB/OL].(2020-05-22)[2024-03-20].https://mp.weixin.qq.com/s/v_ITKLyxolx36i9X-Y2Yvw.

③ 曾志华,阎亮,孔亮. 播博汇文论(第一卷)[M].北京:光明日报出版社, 2020 :93.

④ 曾志华,李峻岭,孙良.播博汇文论(第二卷)[M].北京:光明日报出版社,2022:159.

⑤ 巩晓亮,陈曦.危机与转机:媒介融合背景下播音主持人才培养的拓展与转向[M]//中国主持传播研究(2021).北京:中国传媒大学出版社,2021:43-52.

⑥ 曾志华,李峻岭,孙良.播博汇文论(第二卷)[M].北京:光明日报出版社, 2022:141.

⑦ 张政法.播音主持学科新理路:理念、定位、结构[J].现代传播(中国传媒大学学报),2018,40(11):161-163.

这些表述的共同指向,是克服播音主持教育的形式主义、工具主义倾向和积弊,在文与质的内外结合中、在好嗓子与好头脑的完美搭配中回归(考虑到中国播音学奠基人张颂教授在关注“普通话正确”“语流顺畅”“表达灵活”之外,始终重视“真情实感”“文化底蕴”和“思想深度”,始终强调有声语言的本质是人文精神的音声化①,考虑到20世纪90年代的播音主持论文中就在毫不含糊地论述“对于主持人来说,‘说什么’是高于‘怎么说’的”②,此处用“回归”一词是恰如其分的)高等教育对“立人”以及人民播音事业对“培养什么人、怎样培养人”的根本追求。“从‘怎么说’到‘说什么’”是对进行时态的新时期播音主持界教育观念转向的精简论述和精炼表达。

在这其中,“怎么说”作为对现状的描述概括,含义是相对清楚的,它指一种有着广泛体认的以声音形式训练和表达技巧训练为侧重的播音主持专业培养内涵、课程体系特点(狭义上也可指播音主持专业基本功)。但是在对“说什么”这一关键转向内容的界定上,差异性仍然比较大,在很大程度上还处于模糊表述和各自表述的状态。

例如,浙江传媒学院副校长姚争教授这样概括二者意涵:

> 播音与主持艺术专业的课程体系可以用两句话进行概括,即“怎么说”“说什么”。“怎么说”反映的是语言的基本功,比如播音的技巧“内三外四”。播音与主持艺术专业是有理论支撑的,技巧并不是播音与主持艺术专业唯一的内涵要求。“说什么”更多反映的是学生的综合素质、性格气质、审美水平。……绝大多数还是集中在语言发声方法、语言表达方法、即兴口语表达的培养上。……高校在培养学生的过程中,对于“说什么”的培养还不够。③

姚争教授在此以综合素质、性格气质和审美水平来界定“说什么”的内涵要求;曾志华教授从思考能力、多重能力塑造、通识教育、个性培养等角度解释“说什么”的教学要求④;杜晓红教授强调考查“学生的判断力、思辨力、话语生成力、表达说服力、解

---

① 时代与学科需要有声语言艺术思想[EB/OL].(2023-01-23)[2024-03-20].https://mp.weixin.qq.com/s/s_vsZVkJx0nc5nXs3FO8VA.

② 李德富.播音与主持辨析[J].浙江广播电视高等专科学校学报,1996(Z1):23-28.

③ 姚争.智能语音技术视域下播音与主持专业应变策略[M]//中国主持传播研究(2021).北京:中国传媒大学出版社,2021:6-8.

④ 曾志华,阎亮,孔亮. 播博汇文论(第一卷)[M].北京:光明日报出版社, 2020 :11.

构整合力等方面的能力”①,可理解成是“说什么”的评价标准构成;前述张树荣以“知识和内容”指代“说什么”的能力,还有论者从新闻素养的角度构建“说什么”的内涵(“在教学过程中,加强学生判断力、控制力、平衡力的培养实践,是新闻素养重构的核心。其意义与价值在于强化与延伸播音主持专业人才培养的核心内涵,培养学生从“怎么说”向“说什么”延伸”②),以及从“思维灵敏、独具个性、思想新颖、富有内涵、综合素质强”等方面的描述都可满足融媒体时代受众对于播音员主持人的新要求。③

这些对于“说什么”能力的规定和描述,在很大程度上是带有思辨性猜测色彩的,由于缺乏结构性的认识方式而显得随意,相互之间难以沟通说服。比如姚争教授等人的研究把“说什么”的能力实质解释为“学生的综合素养、性格气质和审美品格”,尤其对于“审美品格”在播音主持人才培养中的地位倍加推崇,认为“审美素养和能力构成的审美品格,是一种稳定的、有普适意义的审美价值框架与个性化审美趣味的有机结合,对其他人文素养而言存在某种超越性,是实现席勒所谓‘感性与理性平衡’的‘自由人’‘完整人’的必由之路”④。这样讲当然也没有错,对审美维度的强调在理论上与张颂教授所讲的生存空间、规范空间和审美空间作为“语言传播的三重空间”的划分⑤、姚喜双教授对于“在新的时代对审美空间的需求更加强烈,这更加需要学界研究探讨”的强调⑥,以及毕一鸣教授所讲的“主持是一种审美艺术活动,需要培养美学意识”⑦等论述高度呼应,但在“说什么”的能力结构里,审美品格何以就比思考能力或判断力等其他维度更为重要,或者为什么唯独对“审美品格”推崇备至而不是最看重“播音学科之外的知识量”、认知能力、价值观或其他别的方面,这样的讨论就容易陷入自说自话和无法对话的困境。

---

① 杜晓红.新媒体时代播音主持传播的“教”与“研”[M]//中国主持传播研究(2019).北京:中国传媒大学出版社,2019:37-43.

② 邱蔚,周景.基于新闻素养重构视野下的播音主持教学新路径[J].传播力研究,2019,3(28):180-181.

③ 娄原菁. 全媒体视域下高校播音主持人才培养变革研究[D].河南大学,2020.

④ 姚争,刘力军,张树楠.智能语音技术视域下播音与主持专业应变策略研究——基于申报国家一流专业建设点的数据分析[J].吉林艺术学院学报,2020(4):48-59.

⑤ 张颂.论语言传播的三重空间[M]//于根元.世纪之交的应用语言学.北京:北京广播学院出版社, 2000.

⑥ 姚喜双.认识和把握新时代社会的主要矛盾 推进播音主持事业发展[EB/OL].(2018-10-30)[2024-03-20].https://mp.weixin.qq.com/s/88sRZIBImPDfzrxT2XAFFg.

⑦ 毕一鸣. 传必求通——主持传播艺术概论[M].南京:南京师范大学出版社, 2009:72.

二、思考历史转型的结构性资源

要对“说什么”的意涵进行更为深入和系统的研究，需要在与此前带有结构性特征（从而在一定程度上摆脱思辨性猜测）的分析论述进行对话的基础上，展开结构性的思考和论述。

例如，从播音主持作为一种语用行为的认知出发，张政法教授提出“口语传播教育的三重维度”：深层是思维、交际、审美三大基本功能，这是口语传播教育的根本依据；中层是语言功力，即语言传播主体为实现特定语言传播目的而使用基本的语言能力要素时所体现出来的语言功底和能力，这是口语传播教育的目标指向；表层是语言样态，是语言与特定语境结合而呈现的语言面貌和形态，这是口语传播教育的手段与切口。①

“怎么说”对应的是表层语言样态，“说什么”对应的是中层语言功力和深层语言功能。这其中，对语言功力的界定和分析尤为值得注意，张政法在张颂教授的有关论述基础上进行了如下阐述：

> 张颂指出：“语言是一种功力。语言功力包括观察力、理解力、思辨力、感受力、表现力、调控力、鉴赏力。语言主体的创作觉悟、语言主体的创作态度、科学的创作观念、正确的创作道理、用气发声、吐字归音、思想感情的运动状态、思想感情的表现方法、语言表达的基本规律、艺术个性的风格特点……都汇聚其中，概莫能外。”不难看出，语言功力有两重内涵：一是围绕语言传播的基本环节而相应呈现的系列能力，从传播主体形成外部言语之前对事物的观察、思考、辨析、判断，或者对既有文本的理解、感受、体验、转化，到话语的策划、组织、生成，再到出口后的表现、反馈、调控，还包括为提高相应能力而对既有语言作品的评判与赏鉴。诸“力”既是语言传播链条中的特定环节，也是语言传播能力的基本构成。二是语言传播主体以自身的条件，在特定的语境，为既定的目的进行语言传播时所体现出来的素养、功底和价值，个人的性格意志、价值理念、文化修养、审美追求、专业水平，亦是个人语言功力

---

① 张政法.正本清源：口语传播教育的三重维度[J].现代传播（中国传媒大学学报），2017，39（9）：153-155；张政法.播音主持学科新理路：理念、定位、结构[J].现代传播（中国传媒大学学报），2018，40（11）：161-163.

> 的构成和体现。由此我们可以说,所谓语言功力,即语言传播主体为实现特定语言传播目的而使用基本的语言能力要素时所呈现出来的语言功底和能力。[①]

语言功力是围绕语言传播基本环节和语言传播主体条件构建的“一揽子”概念,具有一定的涵盖力和解释力,它体现了深层的语言功能,它决定着表层语言样态的输出,作为播音主持教育改革的目标指向,构成我们理解“说什么”内涵的重要对话对象。

与“语言的三重维度”相映成趣,且更体现播音主持职业特点和新时代命题特征的,是詹晨林有关“‘主持人自觉意识’的三重意蕴”(即政治自觉、文化自觉、职业自觉三个部分)的建构(严格来说,“自觉意识”与播音主持人才素质并不等同,但存在明显交叉,三个层次的划分具有简洁清晰的优点)。她的思考方式同样具有体系化优点:电子传播的发展具有很强的制度规定性。“为谁服务”这一问题,一直牢牢占据着主持人身份认同的首位,并贯穿在主持活动的整个过程中。因此,政治自觉是主持人自觉意识的前提要素,表现为主持人作为意识形态组成部分的主体意识;文化最主要的符号是语言。播音员主持人作为标准语音的代言人,不但推动国家语音相对统一,还在“标准口语”的塑造过程中完成文化过滤,促进现代文化发展,发挥着重要的文化传承与塑造功能。因此,文化自觉是主持人自觉意识的基本要素,展现出主持人作为文化人的主体意识。经过近百年发展,播音主持已经成为一门独立专业,主持人群体也已成为相对稳定的职业共同体,形成一套专业操作规范,共享一系列职业技能、职业标准。政治认同、文化传承最终也都需要通过这一套专业体系来贯彻执行。因此,从专业的角度出发,职业自觉是主持人自觉意识的核心要素,体现为主持人作为传播人的主体意识(在新时期表现为从“节目驾驭者”到“驾驭者+生产者”的职业自觉)。[②] 这实际上是对播音员主持人的主体性进行了逻辑拆分或逻辑建构,政治、文化和职业的三重维度,同样可以成为我们思考“说什么”的主体素质的着眼方式,也就是在意识形态、文化人和传播人三个维度上构建“说什么”的内在要素。

此外,在很大程度上摆脱个体感知和主观思辨局限的播音主持人才素质体系构建研究,值得一提的至少有两个:一个是吴郁、曾志华在其主编的《播音主持专业人才培

① 张政法.正本清源:口语传播教育的三重维度[J].现代传播(中国传媒大学学报),2017,39(9):153-155.

② 詹晨林.融媒体时代主持人自觉意识变迁研究[J].中国主持传播研究,2019(2):14-27.

养研究》一书中,根据人的各种素质在生活中的地位和作用,根据播音员主持人的职业特性和职业特点,以及走访诸多专家学者、广播电台台长、频道监制、电视台业务中心主任、名牌栏目制片人和许多具有代表性的播音员主持人的访谈结果,将播音主持专业人才的素质结构分为“思想/人格素质”“文化素质”“职业素质”和“身心素质”四个大的方面①,因之构建起一个播音主持专业人才综合素质的“塔形结构”(见图1)。

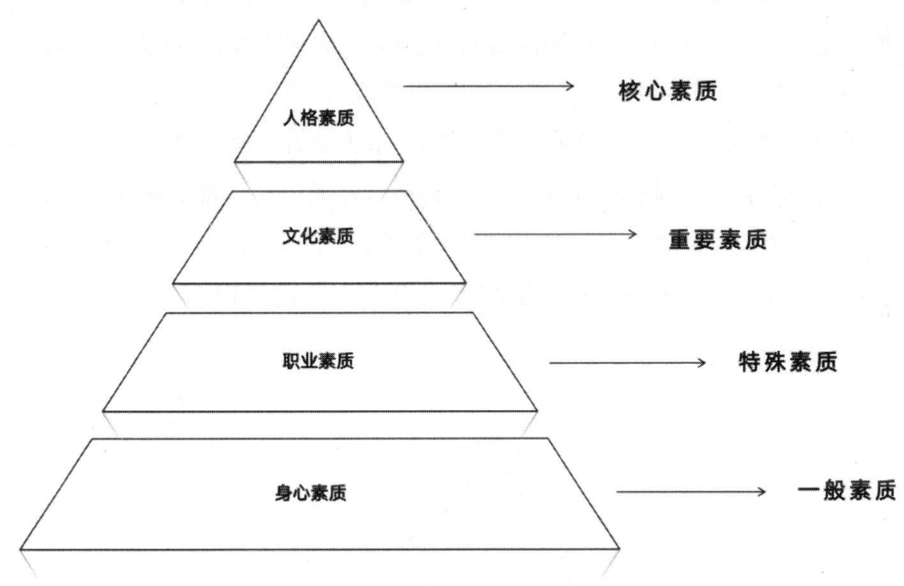

图1　播音主持专业人才综合素质的“塔形结构”②

在这一结合了大面积访谈进行的理论化的素质模型建构中,“既有处在底层、决定播音员主持人能否进入该行业门槛的一般性素质,如播音员主持人的身体素质、语言素质、心理素质等,也有处在较高层次、决定播音员主持人优劣的特殊性素质和重要素质,如播音员主持人的职业素质、文化素质等,更有统领全局,决定一个播音员主持人最终能走多远、能达到何种高度的核心素质,如思想人格素质等”③。位居金字塔尖的播音员主持人的思想/人格素质,是指“播音员主持人的政治素质、职业道德规范和人文素养等一切与主持人世界观、价值观、方法论有关的素质的综合,它们完整地构成播音员主持人思想素质的全部,也是其首要的基本素质”④。

① 吴郁,曾志华.播音主持专业人才培养研究[M].北京:中国传媒大学出版社,2009:160.

② 吴郁,曾志华.播音主持专业人才培养研究[M].北京:中国传媒大学出版社,2009:193.

③ 吴郁,曾志华.播音主持专业人才培养研究[M].北京:中国传媒大学出版社,2009:193.

④ 吴郁,曾志华.播音主持专业人才培养研究[M].北京:中国传媒大学出版社,2009:161.

另外一项有关的结构化研究是周勇、郝君怡的《职能演进与群体变更:播音主持职业发展演进逻辑与未来趋势》。①其对播音员主持人基本能力、专业性价值的建构建基于 CSSCI 期刊文献的相关论述,实际上是对既有研究的体系化筛选和综合,借此超越了单纯的思辨性建构。通过 CNKI 专业表达式语法检索,研究者总共得到 242 条结果,被引量排名前 50 的文献中,有 27 篇文献做了相关论述,研究者据此整理归纳出共 21 个基本能力:语音规范能力、声屏形象、风格个性、心理素质、播读配音能力、信息采集加工能力、即兴表达能力、现场报道能力、非语言表达能力、语言感受力、综合文化素质、新闻敏感力、策划能力、应变能力、逻辑思维能力、交流交往能力、驾驭协调能力、分寸把握能力、把关能力、价值判断与导向能力、审美能力。考虑到在社交网络与人工智能发展的新形势下,非职业个体加入主持传播群体并分流一部分职能,播音员主持人的专业性价值经受挑战。按照被挑战的可能性,自下而上由易到难,播音员主持人的专业性价值同样呈现为一个金字塔结构,层内不做排序(见图 2)。

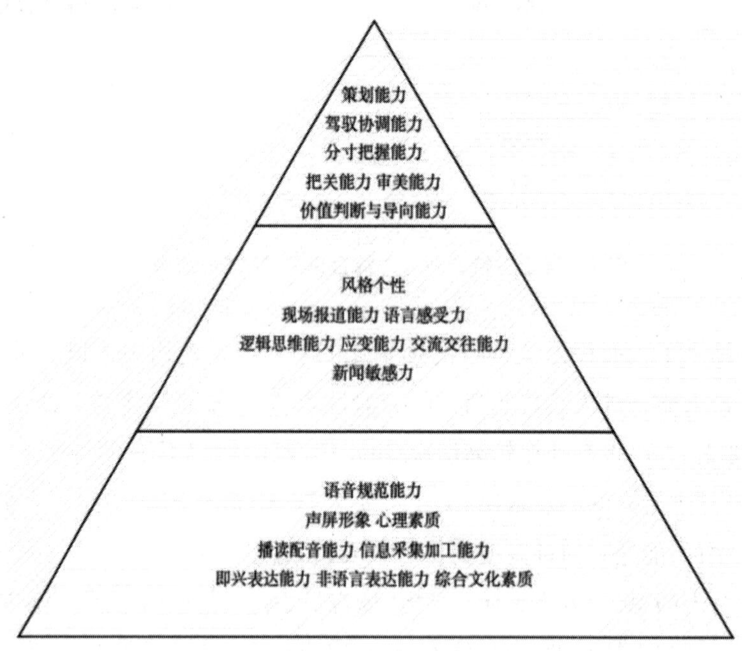

图 2　播音员主持人专业性价值的金字塔结构

上述两个三重结构、两个金字塔结构,构成笔者在讨论"说什么"内涵的结构化建

① 周勇,郝君怡.职能演进与群体变更:播音主持职业发展演进逻辑与未来趋势[J].当代传播,2019(5):40-45.

构时的主要参考资源和对话对象。由于思考着眼点和获取资源方式不同,它们在构成要素上既互相独立又互有交叉、互相涵盖。比如审美素质被张政法结构为深层语言功能以及中层语言功力中的"审美追求",被詹晨林表述为文化自觉中的审美意趣;被吴郁、曾志华以"执着的审美追求"①涵盖于播音员主持人的思想素质中的"人文素养和人格素质",作为核心素质之一位居金字塔结构顶端;被周勇、郝君怡概括为审美能力,同样位居播音员主持人专业性价值的金字塔尖,这都与姚争教授等人所推崇的"审美品格"具有独特地位的观点构成呼应。逻辑思维能力、作为职业素质/特殊素质组成部分的思维素质分别在两个金字塔结构中位居中层,在两个三维结构中,张政法将思维功能置于语言深层维度(同审美的地位一样),同时以高度相关联的传播主体在形成外部言语之前对事物观察、思考、辨析、判断的能力来进行类似涵盖;在詹晨林侧重身份认知的"自觉意识"的结构表达中则基本没有提及。感受力是中层的语言功力元素,是文化自觉、文化品格的一部分,在吴郁、曾志华的建构中它没有得到明确表述,但在其对播音员主持人的思想素质—人文素养和人格素质—深沉的思想感情与完美的人格力量的表述中有所涵盖;在周勇、郝君怡的结构化模型中则稳稳位居金字塔中层。前述张树荣所强调的"学生播音学科之外的知识量",在播音员主持人专业性价值的金字塔结构中作为"综合文化素质"的一部分被置于塔基,其重要性并不凸显,在播音主持专业人才综合素质的"塔形结构"中同样被作为"文化素质"/"重要素质"的一部分,地位较前有所提升;在张政法的三维结构中同样从语言功力中的文化修养角度加以涵盖;在詹晨林的三维结构中则被纳入主持人职业自觉(而非文化自觉)的塑造途径加以讨论("从知识和经验两个层面,帮助主持人实现自我人格完善,引领职业自觉","在学识累积方面,则应大力支持主持人攻读非本专业的更高学位,如经济、管理、文学、心理学等专业,完善主持人的知识结构,加速人格成熟,激发创作活力"②)。有关人类行为关系的"意志"因素的认识也有着明显分歧,"个人的性格意志"的描述成为个人语言功力的构成部分,在"主持人自觉意识"的三重意蕴中未见明显体现,"意志坚定、承受力强"作为"身心素质"/"一般素质"被纳入播音主持专业人才综合素质"塔形结构"的基层,在播音员主持人专业性价值的金字塔结构中也未见体现。

① 吴郁,曾志华. 播音主持专业人才培养研究[M].北京:中国传媒大学出版社,2009:169.

② 詹晨林.融媒体时代主持人自觉意识变迁研究[J].中国主持传播研究,2019(2):14-27.

三、建构情感素质和认知素质的二维框架

实际上,上述四个结构化分析虽然自成体系,但都是在“感、知、情、意”的人类心理过程中做的局部抓取和把握(见图3),感觉、认知、情感、意志是人类认识世界的四种基本心理活动形式,它们分别是人脑对于存在关系、事实关系、价值关系、行为关系所产生的主观反映。四者相互配合、相互制约、相互促进、共同发展。①

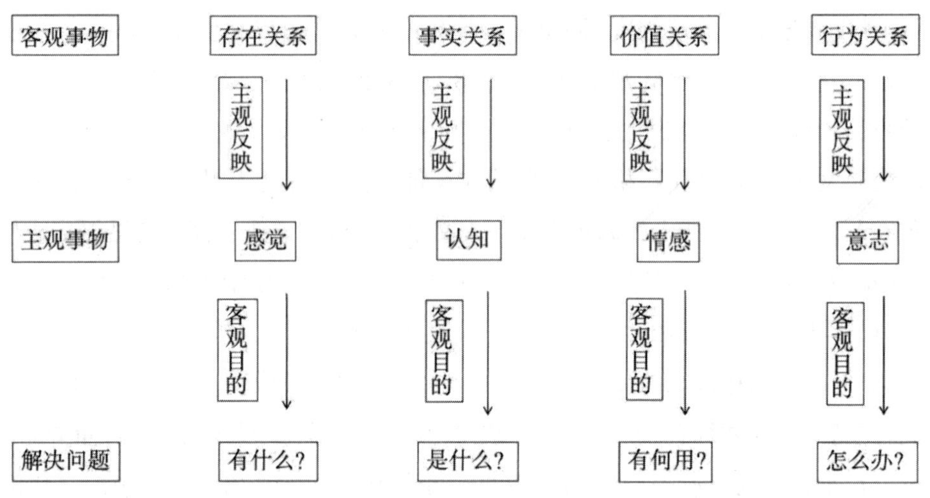

图3 人类心理过程的逻辑关系②

这个体系是最具有逻辑严密性的完整结构,学界、业界专家对于“说什么”内涵的各自把握,都可以在“感、知、情、意”的逻辑结构里(由于人的全部认识活动可分解为感、知、情、意四种相对独立的心理活动,人的综合心理素质也相应地可分解为四种相对独立的心理素质:感觉素质、认知素质、情感素质和意志素质)对号入座,据此把这些意见和解释整合成一个大而全的播音主持人才素质模型是完全可能与可行的,但本文不打算继续在这个方向上聚拢增容(因为无所不包就没有重点),而是试图做出删减凝练。这种做减法的思路是:淡化感觉素质、意志素质,在情感素质和认知素质的简单二维框架里进行有重点的把握和建构。

首先,感觉素质应当淡化。感觉的本质就是事物的存在关系通过人的感觉器官

① 仇德辉.数理情感学:人类情感的数学逻辑[M].北京:中共中央党校出版社,2018:73.

② 仇德辉.数理情感学:人类情感的数学逻辑[M].北京:中共中央党校出版社,2018:73.

(眼、耳、鼻、嘴、皮毛等)反映到人的头脑中①,“耳聪目明”等反映这种感觉能力的素质要求太过基础且具有先天性,故本文在播音主持人才素质结构研究中不予重点讨论。

其次,从作为传播者的基本定位和职责也就是语言和非语言传播、符号生产和交换来看,“意志素质”或“决策素质”层面的因素宜于淡化。意志素质的高低取决于人对于自身行为关系的主观反映(设想、计划、方案、措施、毅力等)与实际情况相吻合的程度,它包括意志的果断性、自觉性、自制性、坚韧性等。② 意志素质尽管不可或缺,决策与实施的能力尽管可能构成播音员主持人生涯发展的根本制约,但仍然溢出了我们对播音主持人才素质模型讨论的主要范畴,我们应该在“好的表达者”而不是“好的行动者”的基本规定性上设定讨论范围。

再次,以感受力来概括情感素质。它包括以人文艺术为桥梁的对自我与世界关系的感知,以及对于鲁迅所说“无穷的远方,无数的人们,都和我有关”的“人我”关系的感知。感受力在此是“内在丰富性”的表征,“内在丰富性”基本上是一个文化修养、人文素养、审美感知、移情共鸣与价值观的问题。一方面,专业领域的高超技巧固然不可或缺,而文学艺术的修养涵化出的不可方物的内在丰富性,才更能为口语传播的造诣奠定沛然充实的源头基础;另一方面,把作为内在丰富性的重要方面的共情能力推到极致,则必然能为“人民”“民族”的宏大概念建立坚实和真实的情感支撑。正如有论者所言:

> 震撼亿万人心灵的广播,是需具有高尚修养和艺术底蕴的人去实现的。广播艺术家对广播中的艺术形象的塑造,是由于他们那运思出奇般“再创作”技艺之动人心弦、感人肺腑的精湛;在于他们热爱自己民族悠久历史而形成的心灵的深厚;在于他们与党和人民同命共运、血肉相连,植根于广大民众之情感与生活沃土中。③

“内在丰富性”的两个方面提醒我们,艺术涵养对于播音主持艺术教育的重要意义,在于有品质的公共传播和公共表达需要“高尚修养”和“艺术底蕴”;同时,“与党和

---

① 仇德辉.统一价值论:社会科学通向自然科学的桥梁[M].北京:中共中央党校出版社,2018:393-394.

② 仇德辉.数理情感学:人类情感的数学逻辑[M].北京:中共中央党校出版社,2018:77.

③ 齐海泉.播出东方彩霞来——论人民广播事业的历史地位与播音艺术家的时代奉献[J].戏剧文学,2004(10):87.

人民同命共运、血肉相连,植根于广大民众之情感与生活的沃土中"的价值观和政治素质要求受教育者在广阔社会生活中提升对人我关系的感知、提升移情共鸣的能力,否则就容易滑向形式主义和官僚主义的"播音腔"与"朗读腔"。在播音主持教育中,一些打开社会实践广度和深度的培养环节的设置是符合这一要求的。

最后,以理解力来概括认知素质。对于事实关系的主观反映就是认知,它构成人的主观意识的最基本形式。认知包括感性认知与理性认知,其中感性认知以感觉、知觉和表象为形式,是人利用感觉器官进行的直接感知;理性认知是指人对概念或概念系统所进行的认知、理解、判断、推理、分析、归纳等。在此以理解力来对包含观察、判断、推理、分析、归纳等能力在内的认知素质进行把握。

同时,为了减少抽象性,增加概念对教育实践的指导能力,理解力在此又被具体建构为"知识结构的完整性"。笔者所言的"知识结构的完整性"是一个认识环境(世界)和理解环境(世界)的问题。在理想情况下,它包括三个层面的理论与实践,组成一个三维的知识结构(见表1)。

表1 播音主持教育的知识结构

	内容	身份定位	教育类型	教育目标
微观层面	专业技术/技巧层面	播音员主持人	专业教育	声音形式、表达技巧
中观层面	传媒与艺术层面	传媒人	新闻传媒与艺术教育	在传媒环境中的多样化表达、多场景适应和临场直觉
宏观层面	人文社科与历史世界层面	社会人	通识教育	以批判性思考为基础的洞察力、判断力

这种三维结构的划分并非孤立。例如高贵武在《主持传播学概论》一书中从微观(栏目)、中观(媒介)、宏观(社会)三维度构建主持传播系统(见图4)。

再如吴郁在《当代广播电视播音主持》中将传统的广播电视媒体语境分为三重:一是宏观语境,包括文化语境、民族语境、地域语境、时代语境等;二是中观语境,即广播电视媒介语境;三是微观语境,指具体节目的主客观语境。①

相比之下,播音主持教育知识结构的三维系统是针对教育环境的分层把握:在(狭义)专业教育的微观层面,注重专业技术和技巧内容,培养声音形式经过锤炼的、具备表达技巧的播音员主持人;在新闻传播与艺术教育的中观层面,注重传媒与艺术

① 吴郁.当代广播电视播音主持[M].上海:复旦大学出版社,2008:115-116.

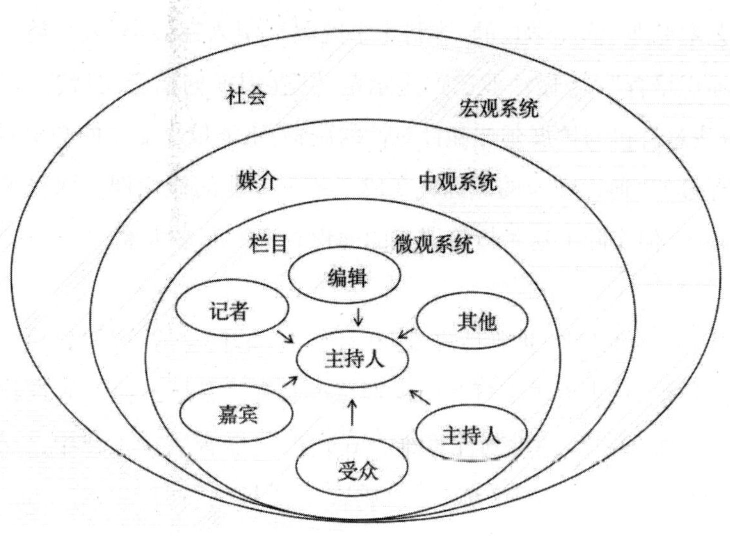

图 4 主持传播系统①

知识,培养在传媒环境中具备多样化表达、多场景适应能力和临场直觉的传媒人;在通识教育的宏观层面,注重人文社科与历史世界知识,培养具有以批判性思考为基础的洞察力和判断力的“社会人”。

宏观层面上的“通识教育”渐为人所接受。在观念上,按照甘阳的说法,“通识教育的根本是追问在任何时代、任何变迁下,最基本、最不会变的东西是什么。这些最基本的东西可以训练出最基本的思考能力,包括对伦理问题、人生问题的看法等等”②。对于播音主持艺术专业而言,训练这种基本的思考能力,意味着使学生“具备扎实的文学常识、熟练的采写编评技能以及独立的分析判断与逻辑思维能力”③,意味着“播音专业的培养,不应该仅限于专业本身,更多的是人格、思维、价值观的引导,对相关学科知识体系的培养”,意味着在人才培养中对“批判力、质疑力、思维力”的看重。④ 在实践上,以通识教育和素质教育为方向的教学内容调整方兴未艾,例如中国传媒大学

① 高贵武.主持传播学概论[M].北京:北京大学出版社,2019:167.

② 甘阳.通识教育在中国大学是否可能[N].文汇报,2006-09-17(6).

③ 杨丽雅.论理工科院校播音与主持艺术专业人才培养的创新路径[J].河南工业大学学报(社会科学版),2012,8(2):175-177,180.

④ 云贵彬.播音主持专业教育的“瓶颈”与“多维突破”[EB/OL].(2018-12-03)[2023-08-11].https://mp.weixin.qq.com/s/AjmmQBsbRoRja03Gh7rcSQ.

播音主持艺术学院“增加通识课的比重,进一步减少专业课的权重”①、华东师范大学播音与主持艺术专业“依托学校的‘本科生书院制’,引入社会类、人文类、艺术类等系列课程进行通识培育”②等做法业已产生示范效应(但面向播音主持艺术专业的通识课程设置,应注意有机的扩展延伸和针对性的调整,不能依靠简单的知识累加,变成甘阳当年所批评过的“通识教育的课程就变成了各个专业的概论课。课程很多,学生自由选择度都很大,但实际上这种概论课式的通识教育没有多大意义”③,这是另一个层面的问题)。

与之相比,批判性思考/批判性思维和“社会人”的概念或许是当今播音主持教育中较为陌生的语汇,代表着更需打开的视野。正如有论者指出:“新闻素养”教育关键在培育批判性思维方式。把批判性思维方式贯彻至播音主持工作中,“解读”与“引领”是其工作目标与任务,其核心就是因“质疑”与“批判”而产生的“判断力”④。“社会人”概念在吴洪林教授的主持艺术体系里具有基础性,它与“社会表演”概念紧密勾连(“主持人属于社会人,从‘社会表演’概念而论,主持人需要社会表演。”“我们从‘社会表演’角度,认同了电视节目主持人又属于一个社会人,他每天面对大众,他又需要进行社会表演”⑤),奠基了别具一格的主持人理论体系和培养系统。从一般意义上,“社会人”(或“道德人”)更多被作为一种与“经济人”相对立的人性假设,但在本文播音主持教育知识结构的具体语境中,“社会人”可以理解为具有一定的人文社科与历史世界知识,具备对社会现象、历史事件等进行批判性思考和分析的能力,并能够做出正确判断的人。在播音主持教育中,培养“社会人”是为了使播音员主持人在媒体工作中,运用自己的人文社科知识和批判性思维能力,更好地进行信息传播和公众引导。

在一定程度上,这种以“社会人”为定位、以“批判性思考能力”为目标的人才培养模式转型是有难度的,它彻底超越了工具主义和形式主义,关系到表达者的内在思想素质和思考活动,单凭播音主持的专业视角很难独立完成而必须借助人文社科的学术积累和思想资源。但对播音员主持人这个在大众媒体中掌握某种程度话语权的特殊

---

① 曾志华,阎亮,孔亮. 播博汇文论(第一卷)[M].北京:光明日报出版社, 2020 :49.

② 巩晓亮.未来已来:智媒时代综合性院校播音主持人才培养路径探析[M]//中国主持传播研究(2021).北京:中国传媒大学出版社,2021(1):22-27.

③ 甘阳.通识教育在中国大学是否可能[N].文汇报,2006-09-17(6).

④ 邱蔚,周景.基于新闻素养重构视野下的播音主持教学新路径[J].传播力研究,2019,3(28):180-181.

⑤ 吴洪林. 主持艺术[M].上海:上海三联书店, 2007 :120.

岗位而言,这种思维方法的训练又是极其重要的,因为没有这种训练他就极容易陷入一种浮光掠影的、个人化而非结构化的滔滔不绝和混淆视听的不知所云中。

尤其是当我们把詹晨琳所说的"政治自觉",吴郁、曾志华所说的"播音员主持人的政治素质",周勇、郝君怡所说的"价值判断与导向能力"与"批判性思维"和"社会人"概念相嫁接时,就会发现基于批判性思维的激浊扬清和对内对外的导向发声,是播音员主持人"社会人"责任的题中之义。这需要在众声喧哗之中对"喉舌论"中本质性的公共性精神进行深度体认,在国家话语政治传播中高扬齐越的声音:"我是一个传声筒,但是我传的是我们的党和人民战胜艰难险阻走向胜利的声音,我传的是党和人民政治上和谐一致的声音,我传的是中国共产党堂堂正正的真理之声,做这样的传声筒我感到自豪。"①在市场化节目制作机构中的主持人,则必须在坚持社会主义核心价值观的前提下,"遵循正确的政治导向,自觉形成边界意识"②。华东师范大学罗岗教授曾在《中国一些媒体没有独立判断》一文中批评某些中国媒体面临的大问题:"所有对内的批评都会变成从具体的事件上升到对中国核心政治价值的否定,但所有对外报道,总是被别人牵着鼻子走,往往就事论事,不敢上升到对其核心价值和体制的讨论或任何一点质疑。"③我想这个批评同样也需要作为党和人民"喉舌"的播音员主持人来面对和反思:当缺乏全球性和批判性思考方法的时候,我们多么容易在"外国的月亮比中国圆"的割裂与幼稚的想象中把西方国家的一切都矫饰美化,而对自己国家的制度和价值充满戾气地轻易否定,哪怕是面对西方国家自己内部的批评声音都响彻云霄的危机和丑闻。这种不能在对内的批评和对外报道中坚持自己"独立价值标准"的判断,反映的是把持话筒的主持人和整个传媒界在历史与逻辑统一的思维方法上的严重缺失,而如果没有从正确的思维上看待问题,就极容易在对僵化的政治教条宣传的阳奉阴违中陷入对西方世界鼓吹的"普适价值"的无条件接受和迷信。因此改变某些教条化的政治说教,而代之以一种有思维方法和逻辑力量支撑的社会主义政治价值的宣显与道义力量的张扬,这对播音主持教育和传媒教育而言几乎已是箭在弦上的迫切吁求了。

---

① 姚喜双.从齐越夏青到今天的罗京——谈罗京播音给我们的启示[J].中国广播电视学刊,2010(2):54-55.

② 詹晨林.融媒体时代主持人自觉意识变迁研究[J].中国主持传播研究,2019(2):14-27.

③ 罗岗.中国一些媒体没有独立判断[J].社会观察,2011(10):26.

四、结语

从中国播音学的人文主义源流来看,形式与内容、外在与内在的兼重本是题中之义。在新时代条件下摆脱一段时间以来工具主义和形式主义流弊,从内在情感素质和认知素质上开掘"文质彬彬,然后君子"以及"君子不器"的育人境界,在课程体系建设上实现"'怎么说'与'说什么'的融合化设置"①,在丰富细腻的心灵与尽善尽美的形式、在汪然充沛的情感体验与流畅自然的口语表达、在明晰透彻的洞察智慧与富有技巧的沟通引导之间寻找到平衡,已日益成为新时期播音主持教育界在理论和实践上的共识。

本文认为,架构播音主持教育从"怎么说"到"说什么"的历史转型,"内在的丰富性"与"知识结构的完整性"是最值得重视的两个结构性因素。这种感受力和理解力作为一种"内源性基础"更多的是从广义阅读(阅读、阅历和阅人)中锤炼习得,或者说从"三个一万"("读万卷书、行万里路、交一万个朋友")②的"广义备稿"中获得。这种在情感素质和认知素质的简单二维框架里进行有重点把握和建构的理论方式,对于本文作为资源和参照所评述援引的各种言说和模型而言,是一种新的综合与提炼,它们构成对话关系而不是替代关系。

理论在对话中发展和深化,理论为教育实践提供知识动力。这种教育实践的愿景,应是摆脱形式主义和工具主义的局限,走向"文质彬彬"、走向"形神兼备"、走向由感受力和理解力等内在素质架构起的播音主持教育历史转型的崭新天空。

---

① 姚争,刘力军,张树楠.智能语音技术视域下播音与主持专业应变策略研究——基于申报国家一流专业建设点的数据分析[J].吉林艺术学院学报,2020(4):48-59.

② 姚喜双.从齐越夏青到今天的罗京——谈罗京播音给我们的启示[J].中国广播电视学刊,2010(2):54-55.

身体演变、技术嵌入与关系建构：智媒时代主持传播的主体迷思与重归

◎ 马 欣 王振雄*

摘要：近年来，日新月异的具身技术让传播研究中的身体问题再次凸显，作为信息、文化和意识形态传播媒介的播音员与主持人开始出现"主体迷失"的焦虑。人工智能主播、仿真合成声音、沉浸式虚拟现实(VR)等技术让主持人从"去中心化"向"去主体化"的趋势演变。本文从"身体研究"的历史出发，聚焦主持传播实践场域中不同身体状态下的传受关系。研究认为，演播室的数字在场、新闻报道的主体缺席及音视频媒介的人声"消弭"，呈现出三种不同的技术生产机制与传播情境，并在不断地重塑着受众的身体感官与审美惯习。面对主体迷失带来的职业焦虑与危机，本文最后基于"准社会关系"的建构逻辑，为智媒时代下主持传播的主体重构与职业发展总结出三条可行性路径，以期推动人格化、人际化的身体实践传播。

关键词：身体，具身技术，主持传播，人工智能，准社会关系

主持人作为一种信息、文化和意识传播媒介，在主持传播活动中扮演着特定的角色，处于特殊的权力地位，他通过身体语言、面部表情、声音的运用以及言辞的选择来传达信息、控制对话的流程和引导参与者的行为，并受到社会群体、场景或文化背景中的期望和规范的塑造。主持人的职业身份赋予了他们一种被布尔迪厄称为"符号权力"的身体权力①，这意味着他们可以通过身体表达和符号交流来塑造意义、掌握权力和影响他人，其话语、姿态、语调和表情等都具有身体符号的重要性，能够在观众中产生认同感和影响力，其身体的重要性不言而喻。

在以广播、电视等媒介为主在电子媒介时代，主持人这一形象得到蓬勃发展。到了数字时代，伴随着虚拟数字孪生、仿真合成声音、沉浸式虚拟现实(VR)、增强现实(AR)等技术的出现，根据技术哲学家唐·伊德(Don Ihde)的具身理论，主持传播中

---

* 马欣，重庆大学美视电影学院教授；王振雄，重庆大学美视电影学院硕士研究生。

① BOURDIEUP. Language and symbolic power[M]. Cambridge:Polity Press,1990:170.

"通过技术或者技术化人工物为中介建立起的'技术身体'"出现,"由社会性和文化性的内部建构的'文化身体'"延伸,但其具有"运动感、知觉性、情绪性的在世存在物的'物质身体'"却被忽视①,在 Web2.0 时代"去中心化"浪潮卷席之际,主持传播还迎来了人工智能技术的崛起,进而引发了一种主体迷失的焦虑,其主体的符号权力在荧幕前受到一定程度的挑战。面对日新月异的数字技术,传播学中的"身体研究"有必要得到更多重视。本文以主持传播活动的技术实践为切入点,深入探讨不同技术生产机制下的主体状态与传受关系,并借此引入"准社会关系"理论,进一步丰富主持传播领域的理论研究,为未来主持传播职业发展提供优化路径。

一、身体演进:从"传播中介"到"人机共生"

(一)"身体"的沉睡、唤醒与价值凸显

在很长的一段时间里,身体因与灵魂对立而被视为是灵魂的桎梏与枷锁,并被哲学家们打压和忽视。纵观西方哲学发展史,古希腊的苏格拉底(Socrates)、柏拉图(Plato)等人就已表示出对于身体明显的敌意:"只要我们活着,除非绝对必要,尽可能避免与肉体的交往、接触,这样我们才能不断地接近知识。"②师徒二人提倡远离肉体、消灭肉体,方能解放灵魂。受到身心二元论的影响,中世纪的奥古斯丁(Augustine)、普罗丁(Plotin)等基督教神学代表人物延续了对于身体的偏见,认为身体是"交流"中的障碍,"最好的交流是那些能超越肢体和语言,偏向更加空灵的思想转移的交流"③。到了 17 世纪,在法国新古典主义笛卡尔(René Descartes)"我思"故"我在"的思想影响下,身心二元论观念到达顶峰——身体直接被"忽视"和搁置,"灵魂可以没有肉体而存在"④,并构筑了一个理性视角的身体观。到了现代,哲学家胡塞尔消除认识论中的主客体二元对立,并推崇用直观感知世界。随后,海德格尔(Martin Heidegger)、梅洛-庞蒂(Merleau-Ponty)、尼采(Nietzsche)等人也开始重拾对于身体的重视,促使人们从"身体"的维度理解世界,"人们修正和深化了肉体,即有生命的身体的概念"⑤,

---

① 杨庆峰.物质身体、文化身体与技术身体——唐·伊德的"三个身体"理论之简析[J].上海大学学报(社会科学版),2007(1):12-17.

② 柏拉图.斐多[M].辽宁:辽宁人民出版社,2000:17。

③ 彼得斯.对空言说:传播的观念史[M].邓建国,译.上海:译文出版社,2017:201.

④ 笛卡尔.第一哲学沉思集[M].庞景仁,译.北京:商务印书馆,1986:82.

⑤ 梅洛-庞蒂.符号[M].姜志辉,译.北京:商务印书馆,2003:23.

并认为"身体的肉身性才是使身体成为存在的根基和本体"①。随着20世纪后现代哲学中拉康(Lacan)、福柯(Foucault)、德勒兹(Deleuze)等大批学者在不同视阈中对于身体的勾勒呈现,身体的价值得以凸显,并在今日成为研究热点。

(二)主持传播中的身体"形变"

后媒介时代,在各类应接不暇的具身技术刺激下,身体问题在传播中也重新得到了关注。从媒介发展的历史视角来看,我们依次经历了口语、文字、电子,再到如今数字媒介的演进。身体经历了从口语时期的"在场"、印刷、文字时期的"离场",再到电子、数字时代永远的"虚拟在场"的流变,如今,身体在传播学中正在被"激活""重返"并以"新的面貌出现"②。麦克卢汉在提出"媒介即人的延伸"的同时,就警醒过"人的任何延伸都是'自我截除'"③,身体传播的符号化、影像化、数字化虽得以让其重新"在场"并消弭时空带来的传播桎梏,但其"物质身体"也陷入囹圄,在主持传播过程中被慢慢"截除"与搁置。主持传播活动起始于电子媒介,1920年美国匹兹堡西屋电气公司(Westinghouse Electric Corporation)开办了世界第一座广播电台,而早期作为单向撒播媒介的广播,需要主持人强大的语言功力营造在场感,以"可听的存在"实现肉身缺席的在场,使之成为"将心灵和社会变成合二为一的共鸣箱"④。1936年英国广播公司(BBC)制作的电视节目问世,电视这一视听媒介带来了一种"完全介入、无所不包的此时此刻的感知"⑤,主持人变成了"可见的人",实现了身体图像表征的远程在场。主持人通过身体将传播从一个单纯的信息传递过程转变为人与人之间的共享与互动仪式,真正意义上实现了马丁·布伯(Martin Buber)提出的"我—你"关系,即传播者用全部的生命与存在与接受者相遇。而到了数字时代,媒介技术更新和传媒格局变革引发主持传播业态的显著变化,经由技术介质所构建的主体形态重塑了与受众的主体间性关系,物质身体"感性的活动"逐步让渡于技术身体,从传统的以人为主的线性传播转向至"人机共生""人机互嵌"的传播情境。面对这一现象导致的身体流变,本文接下来尝试从技术的角度出

---

① 欧阳灿灿.当代欧美身体研究批评[M].北京:中国社会科学出版社,2015:36.

② 孙玮.交流者的身体:传播与在场——意识主体、身体—主体、智能主体的演变[J].国际新闻界,2018,40(12):83-103.

③ 麦克卢汉.理解媒介:论人的延伸[M].何道宽,译.北京:商务印书馆,2000:78.

④ 麦克卢汉.理解媒介:论人的延伸[M].何道宽,译.北京:商务印书馆,2000:20.

⑤ 麦克卢汉.理解媒介:论人的延伸[M].何道宽,译.北京:商务印书馆,2000:40.

发考察不同状态身体的行动模式,探析技术身体带来的传播困境。

二、技术嵌入:主持传播的主体复制与消弭

“各种媒介通过各种方式使人可以不必亲身在场,这一直是人们对‘交流’观念进行反思的一个起点。”①媒介技术的迅猛发展让“交流”无须肉身在场,主持人作为传播活动中少数没有离身化的媒介,其肉身也开始出现缺席的状态,具体表现为以下三方面:首先,演播室中技术赋权的虚拟主体,重构了主持传播中的身体形态;其次,多元的新闻报道形式与人工智能技术,削弱了记者在传播活动中的“主体存在”;最后,AIGC在声音领域的技术实践,构建了新的赛博声景观,导致音视频媒介中人声的“消弭”。

(一)演播室的数字在场

从2018年第五届互联网大会发布的全球首个全仿真智能AI主持人“新小浩”到首个3D版合成主播“新小微”;从央视网络春晚中撒贝宁的数字孪生“小小撒”到湖南卫视实习数字主持人“小漾”,人工智能主播在近几年完成了阶段性的技术迭代,各类虚拟“身体”形象机械复制于网络平台之上,成为一种“媒介(技术)奇观”。尤其是在2023年3月OpenAI发布的语言模型GPT-4爆火之后,人工智能技术突破带来了传媒行业内容生产方式的变革,山东广电、杭州广电等地方台也在2023年相继推出AI主播,如今AI主播除了外表的高精度写实,在人设、职能等方面也朝着多元化方向发展。

马克思认为,“工具与机器本质的区别就是在于机器的去身体化”②。在前几年还是作为一种工具型媒介的人工智能主播如今已经完成了物质性的去身体化,成为一种“类身体媒介”③,以新的“技术身体”形态出现在主持传播活动场域中实现全流程、全天候、全平台的播报职能,虽其可视化的数字形象、仿真合成声音和人工智能技术让源于离身认知的人工智能主播实现了初阶的具身性传播,但是主持传播过程不是一场追求仪式感的技术表演,可怖的数字外形与机械化的声音模型打破了主持人个性化的身体“惯习”,忽视了该场域中“接近于身体化和感性化的特殊秉性的”④要求,对空言说

① 彼得斯.对空言说:传播的观念史[M].邓建国,译.上海:译文出版社,2017:53.

② 马克思.机器。自然力和科学的应用[M].北京:人民出版社,1978.

③ 刘明洋,王鸿坤.从“身体媒介”到“类身体媒介”的媒介伦理变迁[J].新闻记者,2019(5):75-85.

④ 高宜扬.当代法国思想五十年(下)[M].北京:中国人民大学出版社,2005:521.

的状态使得观众只能将其视作一种技术猎奇，并未当作真正接受信息、建立情感联系的媒介。其次，真人新闻主播在传播内容二度创作中所蕴含的美学价值及稿件播音背后的规范性、庄重性、鼓动性、时代感、分寸感和亲切感；综艺节目主持人对于节目流程的驾驭、节奏的把控及风格的展现等远不是现阶段技术所能够达到的，真人主播通过身体经验与观众进行的有效互动（理解、预测和把控主持传播过程中的不确定性），以及认知、思维和身体感知方式是当前技术条件下的数字身体无法取代的。

虽然人工智能主播还存在一定的技术局限性，但不可否认的是该技术拓宽了主持传播活动中固有的交流范式，新“人—机”传受关系丰富了原本以“人—人”为主的传播模式，挑战了真人主播作为传播者的主体性地位，其“身体”的呈现状态与符号权重也相应改变与弱化，主持传播活动正在经历“物质具身—技术离身—技术再具身”的演变趋势，越来越多被编码的数字“身体”将会走进新闻编辑室重构新闻生产流程。“新技术需经历一个意义制造，再被公众重新制造的过程。”①对于人工智能合成主播，技术赋权的数字身体让业内人士重新思考物质身体在主持传播中的意义，尽管目前公众对人工智能主播的态度仍以正面为主，但是身体如何在新“人—机”交互关系中共存与互训将成为未来主持传播活动中值得深入探讨的问题。

（二）新闻报道的主体缺席

在以往，我们很难想象记者的“身体”会缺席于新闻现场，随着数字技术的发展，新闻报道呈现多元形式。慢直播、沉浸式新闻、人工智能等新技术的介入改变了记者在新闻生产中必要的“在场”原则。数字技术发展带来的新情境是：即便记者缺席，受众也一样可以有身临其境之感。② “‘远程在场’——如现在的‘虚拟在场’、‘中介在场’等——被技术学者用来指代在技术创造的环境中的‘身临其境’的感觉。”③数字技术让新闻世界直接呈现于观众面前，形式的变化潜移默化地忽视了记者主体的存在。

沉浸式新闻通过虚拟现实（VR）、增强现实（AR）、360度摄影等技术让观众能够更直接、全面地参与报道，实现“远程在场”。以央视网的VR频道为例，频道将新闻素材分为“暖故事、大事件、任意门、大突发”四大类，并配以仿真合成声音讲解和配乐铺

① SCHULTE S R. Cached: decoding the Internet in global popular culture[M]. New York: NYU Press, 2013.

② 王佳航.记者缺席的“在场”：“新闻现场”报道的变革及反思[J].当代传播，2022(6)：71-74.

③ ERICKSON-DAVIS C, LUHRMANN T M, KURINA L M, et al. The sense of presence: lessons from virtual reality[J]. Religion, brain & behavior, 2021, 11(3): 335-351.

垫,观众进入“虚拟新闻世界”自由选择观看角度,自主探索报道的内容,并与其中的虚拟元素进行互动,身临其境的属性让观众有机会在有限的时间内寻找想要的信息。

除此之外,人工智能技术研究成果已应用于新闻采集与制作的各个环节,例如自动化新闻(automated journalism),就是基于人工智能技术将大数据背景下的信息内容转换为叙述性新闻文本,整个新闻生产处理模式呈现出精准化、智能化、多样化的新特征。① 除此之外,在 ChatGPT 语言大模型之下,美国 Futuri 公司于 2023 年推出了世界第一个人工智能驱动的本土新闻电台。RadioGPT 通过扫描 Facebook、Twitter、Instagram 和超过 25 万个其他新闻和信息来源,分析不同范围区域的话题趋势,并提取相关主题进行报道,用户从各种人工智能生成的声音模型中进行选择,甚至可以训练人工智能克隆主播的声音数据。

传统新闻采编流程重构,算法主导的内容分发模式改变了以记者、编辑为代表的采编人员的新闻工作边界,采编人员开始将新闻价值判断、内容信息整合、文本写作的部分工作让渡于人工智能,开始向“元作家”“元记者”或“元编辑”的身份转型,完成“驯化算法”的工作②,记者等采编人员的新闻生产主体被消解和重塑,成为技术和内容之间的连接点。“沉浸式新闻”及人工智能技术的应用正在改变记者的传播链,从传统的“内容—主体(记者)—受众”模式向“内容—技术—受众”模式转变,削弱了记者在传播活动中作为中介角色的主体存在感,甚至直接忽略,而缺乏记者“身体”的在线、在场、在地传播,观众可能会陷入信息过载和选择性关注,导致对重要议题深入理解和客观评价的欠缺以及道德准则和责任方面的挑战。

(三)音频媒介的人声“消弭”

史蒂文·康纳认为:声音如眼睛、头发和肤色一样是身体的属性,具有识别特征……发出声音是一个传递信息和产生自我的过程。③ 声音作为一种直接与身体感官交互的媒介,是实现主持传播活动的必要因素。近年来,随着 AIGC 在声音领域的大规模应用,语音合成技术成为媒体、视频创作者、有声读物等媒介的新选择,语音合成声音(Text To Speech,TTS)是一种将文本转换为声音的技术,通过声音数字建模,实现

---

① LEE S,NAH S,CHUNG D S, et al. Predicting AI news credibility: communicative or social capital or both? [J]. Communication studies, 2020,71 (3): 428-447.

② CARLSON M.The robotic reporter:automated journalism and the redefinition of labor,compositional forms,and journalistic authority[J].Digital journalism,2015(3).

③ CONNOR S. Dumbstruck:a cultural history of ventriloquism[M].New Yor:Oxford University Press,2000.

文本到声音的转换和输出，并能通过不同的源声音来编码不同的声音风格。2018 年央视纪录片《创新中国》的配音通过采集著名配音演员李易的语音数据库，辅以该技术实现了声音在一定程度上的还原；2019 年伦敦 Deep Zen 公司借助 IBM 的 Power A.I.和 Watson 技术进一步优化仿真合成声音，通过人工智能算法分析配音文本所需的情感线索进行配音，大幅降低了有声读物的制作成本；2023 年“科大讯飞”在视频号发布的合成配音短片《雨水》，其语气变化、语句停顿、声音质感与真人无差，技术的快速发展引发了主持传播行业内的危机论。据 Market.us 统计，2023 年全球智能合成语音技术的市场规模约为 13.96 亿美元，年增长度为 15.4%。① 如今的语音合成技术在音视频媒介中的应用已经超越了传统意义上的声画关系，上升为一种承载一定符号功能的叙事元素，重构了听者的感官经验和认知空间，成为一种新的“声音景观（soundscape）”。“声音景观”概念由加拿大作曲家雷蒙德·默里·谢佛（Raymond Murray Schafer）于 20 世纪 70 年代提出，主要强调既定场景下经由声音符号所建构的有声环境，并包含一定的艺术、文化价值。语音合成技术中免费、便捷、种类繁多的声音模型为网络平台的用户原创内容（User Generated Content，UGC）的创作主体提供了不同的可能性，再加上亚文化群体的介入后，如今网络平台上技术虚拟的声音符号已经超越了传达信息内容的功能，逐渐演变成一种现代视听的新文化形式。

在广播、音频、播客等以声音为主的传播媒介中，人声仍然是建立联系、感知身体和陪伴体验的核心。人声与合成声音最大的区别在于言语中的“韵律”，其被温纳斯特罗姆定义为“日常言语的音乐”②，是表达情感的重要载体，其“韵律”让受众感知到“可听的身体”的存在，唤起人们对信息与叙事的注意力与参与度。语音合成技术已经渗透进生活的各个方面，但囿于技术、成本、伦理等问题，目前市面上主流的合成声音模型仍充满着机械感，缺少人类的声音纹理。即便如此，语音合成技术还是让业界与学界感到危机，音视频媒介人声缺失造成口语“灵韵”的消逝③，智能技术的进步带来的是听觉感官的日益单调与同质，原本多样化的人际互动场景逐渐被替代。令人最为担心的是，当受众对语音合成技术的听觉审美惯习从“机械化”转向“标准化”时，那么声音所蕴含的美学价值也将被削弱或重构。

---

① Global AI voice generator market by deployment[EB/OL].[2023-11-18].https://market.us/report/ai-voice-generator-market/.

② WENNERSTROM A. The music of everyday speech: prosody and discourse analysis[M]. New York: Oxford University Press, 2001.

③ 高贵武，赵行知.进化与异化：AI 合成主播的言说困境[J].新闻与传播评论，2023，76(2)：5-16.

三、关系建构:智媒时代主持传播的主体重归路径

智媒时代的数字技术实现了社会的“深度媒介化(deep mediatization)”,并以新的传播关系深刻地重构着以往的各种社会关系①,主持传播中的准社会关系也正由主体的单向撒播向动态、多维的双向互动趋势演变,这一传受关系的转变为智媒时代主持传播的身体传播实践提供了一个全新视角。

1956年霍顿与沃尔提出“准社会互动(Parasocial Interaction,PSI)”与“准社会关系(Parasocial Relationship,PSR)”概念②,前者揭示了受众面对“媒体人物”(如主持人、演员和名人)时出现的亲密关系假象,后者则是基于长期的“亲密幻觉”后产生的一种跨情境社会关系,包括一定的认知、情感和行为成分。③ 鲁宾(Rubin)等学者提出,感知现实主义(perceived realism)是提供准社会互动体验的主要因素,即媒体人物身体被感知得越真实,其粉丝就越愿意尝试与他们进行人际互动。④ 2002年,戴维·C. 吉尔斯(David C. Giles)将准社会关系解释为“正常社交活动的延伸”⑤,并将拥有真实、可信、权威媒介形象的新闻播音员、主持人定义为最好的“一阶”⑥互动关系。

播音员与主持人作为典型的媒体人物,通过每期节目中的个性化言语、动作、表情等“身体表现”触发准社会互动,缩短与受众身体和心理上的感知“距离”⑦,从而让其产生熟悉或亲密的感觉,但囿于媒介与节目议程的限制,在Web 2.0时代之前该互动在大部分情况下仅限于受众对媒体人物的单向情感依赖,受众一旦切换频道或者关闭电视、广播就意味着基于身体表现的准社会互动的结束,难以建立长期、稳定的准社会

---

① 喻国明,耿晓梦.“深度媒介化”:媒介业的生态格局、价值重心与核心资源[J].新闻与传播研究,2021,28(12):76-91+127-128.

② HORTON D, RICHARD WOHL R. Mass communication and pa-ra-social interaction: observations on in-timacy at a distance[J]. Psychiatry,1956,19(3):215-229.

③ 阴军莉,陈东霞.受众与媒介人物准社会关系的研究进展——我国受众心理研究新视阈[J].新闻界,2011(8):26-28+47.

④ RUBIN A M,PERSE E M, ANDPOWELL R A. Loneliness, parasocial interaction, and local television news viewing[J].Human communication research, 1985,12 (2):155-180.

⑤ GILES D C. Parasocial interaction: a review of the literature and a model for future research[J].Media psychology, 2002, 4(3):279-305.

⑥ 吉尔斯根据媒体人物的形象性质(由该形象的真实性/现实性决定)将可能产生“准社会互动(交往)”的概率由高到低区分为三个阶级。

⑦ PERSE E M, COURTRIGHT J A. Normative images of communication media: mass and interpersonal channels in the new media environment[J]. Human communication research,1993,19:485-503.

关系。在智媒时代的消费语境下,主持传播的媒介生态环境被重构,网络媒体的日益普及为受众提供了更多的媒介消费手段,受众与主持人的互动交往不再受制于电视、广播节目的固定时间与场景,主持人在新分发平台(短视频、社交媒体、移动客户端等)和新内容形式之间(Vlog、直播、播客等)的流动与迁跃逐步瓦解了过去传统媒介的中心地位,当我们提到"主播"联想到的不再是正襟危坐、端庄严肃的主体,跨屏传播丰富了主持传播活动中的人际交往与主体形象,补充了节目之外的准社会互动体验。"准社会关系在媒介人物出现的那一瞬间就产生,其强度和广度与受众观察到的媒介人物的频率和持久性等因素有关。"①智媒时代,受众不再是在特定时间和空间内使用媒介,而是呈现出一种连续不断的新媒介使用状态②,因此,网络平台为主持人主动邀请受众建立准社会关系提供了理想的渠道,根据社会渗透理论(Social Penetration Theory,SPT),其在平台上的信息传递、价值输出与适当的自我披露(self-disclosure)能获得更深层次的人际关系③,开展深入的对话、交流与沟通,形成一种平等合作、主动对话、情感融洽的人际化传播,重构真正"面对面"的传受关系,以此实现人的全面发展。④ 受众也可以通过对平台账号中的内容点赞、评论、转发、私信等功能创造出更多的情感体验,并将准社会关系从单向撒播发展成一个动态的双向交往过程。

未来主持传播活动应将传统媒体的权威性、专业性与新媒体平台的开放性、实时性相结合,利用"身体媒介"主动邀请观众建立准社会关系,实现身体活动的转向与传播空间的拓展。具体的建构路径需要做到以下三点。

第一,根据不同媒介平台特性的跨屏展演,可将场景具体划分为以演播室为代表的"前区自我呈现"和以社交媒体、流媒体等平台为代表的"后区本我披露",两者相辅相成,以此建构一个立体的媒介形象与多维、双向的准社会关系。在"前区"的主持传播活动需要控制生活中无意识的"本我",不断强化专业基本技能与素养,确保身体作为信息传播媒介的准确性,这种理想化和规范后的身体"自我呈现"是受众建立准社会互动的基础。在"后区"的交互活动中,主持人应实现信息补充、价值(态度)输出和情绪陪伴的功能转向,将身体作为一种"叙事载体"融入新的传播情境之中,适当地自我披露,展示身体"本我",补充节目之外的准社会互动体验,以此

---

① 阴军莉,陈东霞.受众与媒介人物准社会关系的研究进展——我国受众心理研究新视阈[J].新闻界,2011(8):26-28,47.

② 周葆华.永久在线、永久连接:移动互联网时代的生活方式及其影响因素[J].新闻大学,2020(3):84-106,120.

③ ALTMAN I, TAYLOR D A. Social penetration: the development of interpersonal relationships[J]. Holt, Rinehart & Winston, 1973.

④ 齐佳一."身体—主体":智媒时代主持传播中身体的缺失与回归[J].中国主持传播研究,2023(1):139-149.

形成长期、牢固的准社会关系。2022 年湖南卫视大型原创消防教育节目《勇往直前的我们》就让主持人和嘉宾深入一线与消防员一起完成任务、做游戏,共同科普消防知识。在“前区”的节目之中,主持人运用专业技能以“身”力行,带领观众沉浸式体验。在“后区”,节目组开通微博超话,主持人持续分享节目现场合照、发布节目录制感想、回复粉丝评论,将身体作为“叙事载体”在前后区与粉丝建立起多维、双向的准社会关系。

第二,可信、专业、亲和的网络媒介形象建构。对于受众而言,确立主持人为可靠的信息来源,是建立准社会关系的先决条件。根据来源可信度模型(the source credibility model)的三个维度——可信度(trustworthiness)、专业知识/能力(expertise/competence)和亲和力(goodwill)”①,我们可以概括出三条具体的形象建构路径。首先,主持人需要维护良好的职业形象。我国广播电视的职业管理体制与平台特征赋予了主流媒体主持人一定的公信力,同时也让其成为社交媒体中群体决策的“意见领袖”,因此主持人在各媒介平台发布的内容必须事实准确、信息客观、言辞规范,这是维持可信度的关键。其次,“专业、经验丰富或受过良好教育的信息提供者(信息源)能够激发受众更深入地思考,以更积极的态度调整行为模式”②。主持人应该不断提高专业素养,展现自己在相关领域的专业性,进而提升信息的传播效果。最后,亲和力指的是主持人是否关心或照顾到受众需求。因此我们需要及时倾听受众意见并做出回应,实现双向的准社会互动,建立亲密和融洽的传受关系。以主持人康辉为例,在央视新闻节目中康辉庄重严肃、字正腔圆,信息传播清晰准确,是党和国家主流意识形态和权威信息的传递者,在短视频平台上,如两会 Vlog 中,康辉极具“网感”的口语化表达温暖亲切、平易近人,做到了新闻信息补充、情感陪伴的角色功能转向,前后区的跨屏展演和身体力行,打造了康辉立体化、人格化的媒介形象,加深了与受众的准社会关系。

第三,权威声音的保留与个性话语策略整合。主持人经过专业训练培养出准确清晰、圆润集中、流畅自如的语音形态,具有鲜明的文化性与民族性,这种代表着国家主流意识形态的声音美学塑造了主持传播活动专业与权威的声音符号和印象特征,是主持传播主体作为审美媒介的重要一环。但在智媒时代,主持传播的声音生

---

① MCCROSKEY J C, TEVEN J J. Goodwill: a reexamination of the construct and its measurement[J]. Communication monographs, 1999, 66: 90-103.

② ONES L W, SINCLAIR R C, COURNEYA K S. The effects of source credibility and message framing on exercise intentions, behaviors, and attitudes: an integration of the elaboration likelihood model and prospect theory1[J]. Journal of applied social psychology, 2003, 33(1): 179-196.

产实践日益多元，无论是“智能复制”于各类音频媒介的 AI 合成语音，还是充斥网络空间的草根主播声音（直播、喊麦、解说等），各类奇异的声音景观正在重塑着受众的听觉惯习，解构了过去主持传播活动的权威声音符号认知，造成了一定的语言污染。当下，网络空间专业、明晰、悦耳的语言表达成为一种稀有而珍贵的声音特性，更是专属于主持传播的声音名片，成为体验准社会关系的关键媒介。因此，我们不仅需要保留专业、权威的声音特点，同时也要接纳和理解各类媒介亚文化，融合和吸收优秀网络声音文化，强化主持人声音在网络平台的情感召唤功能，建构主持传播的个性化声音形象。

四、总结与讨论

本文深入探讨了智媒时代主持传播活动中身体与技术之间的关系与传播机制，主持人在具身技术的影响下，经历了从“去中心化”向“去主体化”的趋势演变，这一转变对主持传播实践场域的主体形态与传受关系产生了深远影响。

首先，人工智能技术重构了主持传播活动的主体形态与功能，即主持人不再仅作为信息、文化与意识形态传递的媒介，在网络空间中的“准社会关系”建构路径决定了主持人功能角色与身体活动的转向。其次，“技术身体”是“物质身体”的延伸与拓展，对于“技术身体”的驯化可能创造出更为丰富和引人入胜的传播体验，人机互嵌、人机协同、人机共生将成为未来主持传播的新情境，机械工作的取代与让渡其实是对于主持传播活动主体人格化、人际化的促进。再次，“物质身体”在主持传播中仍具有重要地位，尽管技术可以提供猎奇体验和便捷功能，但“物质身体”仍然是准社会关系建立的关键因素，主持人的身体符号（媒介形象、权威声音等要素）是触发“准社会互动”的必要条件。最后，本文基于“准社会关系”的建构逻辑为主持传播的身体传播实践提供了几条建议，即前后台的跨屏展演，可信、专业、亲和的形象建构和权威音声的保留与个性话语策略的整合，以期推动主持传播人格化、人际化的身体实践活动。

技术作为一种装置载体，其可供性不断丰富着主持传播实践当中的情境空间与传授模式，身体主体依然是在不同情境下与受众交互的主要载体。智媒时代的主持传播研究必须持续适应智媒时代的急速演变，重审“人—机（技）”关系、警惕技术驯化、坚守专业素养，探索多元模式，只有通过不断的创新和理论调整，主持传播方能在智媒时代持续发展和蓬勃兴盛。

在融合中转型:主持传播的建设“变量”与发展“增量”*

◎ 丁韬文*

摘要:媒体融合的多元“变量”也是主持传播的发展“增量”。近年来随着媒体融合从顶层设计到纵深推进,从“物理捆绑”到“化学裂变”,从“局部维修”到“系统集成”,媒体深度融合的实践也逐步与主持传播领域产生更为密切的生态关联。主持传播在主体构成、角色定位、语体形态、业务需求、平台渠道等维度面临着更多的建设“变量”,这些“变量”从业务层面促动主持传播进一步思考如何通过传播思维的转换势释放内容优势、通过引领功能的变换引领主流价值,并在学理层面对主持传播理论视域的拓展与自主知识体系的建设产生深刻影响。

关键词:主持传播,主持人,播音主持,主持人角色,媒体融合

自2014年《关于推动传统媒体与新兴媒体融合发展的意见》发布以来,媒体融合的10年,是媒体在自发创新、技术迭代影响、市场要素驱动以及政策持续赋能的基础上拓展形态、变革生态的10年。媒体融合的深度和广度已经从单一的传媒系统内部扩展到广泛的社会系统,并在经济、技术、政治、社会等多方面影响下不断呈现出新的特征。① 尽管近年来传统媒体在内容形式、传播语态、业务流程、体制机制等方面进行了持续性的改革与探索,但主流媒体希望借助内容供给侧改革回归传播中心、重构社会关系的愿景在融媒体语境下分布式的网络结构、节点化的主体关系中难以实现,庙堂式的内容生产惯习与互联网的“文化基因种子”两种话语体系缓慢又困难的调适兼容等现实情况②,都表明在媒体融合的进阶过程中仍存在诸多“只合未融”的发展掣肘。

同样,在媒体融合走向纵深的过程中主持传播也面临着主体的角色定位变得日益

* 本文系国家社科基金重大项目“百年中国播音史”(20&ZD326)阶段性成果。

* 丁韬文,中国传媒大学媒体融合与传播国家重点实验室博士研究生。

① 黄楚新,许可.融合十年:从新闻传播现代化到国家治理现代化[J].新闻与写作,2023(11):5.

② 郑东丽.深度媒介化背景下的传统主流媒体融合困境与方向[J].新闻爱好者,2024(1):48.

模糊、话语的风格输出难以把握平衡、技术的冲击加剧了“恐怖谷”效应等主持传播的建设困境。从纵深性的融合视角发现主持传播建设的内在困境,以系统性的发展眼光探索主持传播的调适路径,在融合中把控变动、在进阶中寻求转型,才能助力媒体融合的诸多建设“变量”转变成主持传播的发展“增量”。

一、融合中的变动:主持传播的建设“变量”

媒体融合是一项涉及多重要素、多维面向的系统工程。[①] 随着媒体深度融合的全面铺展,主持传播也在媒体融合向更深层次拓展延伸的过程中寻求新的发展机遇、拓展新的建设空间。然而,主持传播在融合实践中多元主体共生、多样平台共通、多维价值观念对冲带来新的中介“变量”,融合中的变动加剧了主持传播的建设难度。这种建设难度主要表现在:以往主持传播主体职业身份的让渡与职能身份的拓展带来了角色定位的“位移”,主持文本在话语形态方面的变革与其对专业主义的坚守之间存在的矛盾张力导致了语体选择的“漂移”,以及技术介入主持传播内容生产体系后真人主播的实体肉身与以 AI 主播为标志性成就的“技术身体”之间交织互构的关系如何灵活应对等。

(一)主体的“位移”:职业身份的让渡与职能身份的拓展

身份传播的相关研究认为“身份即传播”,任何信息的传递必然包括传播主体身份属性的传递,传播主体不仅根据主体的身份选择过滤传播信息,也在身份的规约下编发加工传递内容[②],因此“身份”属性是贯穿信息传播流程链条且指导内容选择、影响编码方式、制约传播效果的一种潜在的主体性属性。主持传播中对播音员主持人身份属性的强调常常与立场导向的坚守、舆论走向的引领、文化取向的洞悉等“高社会功能”密切关联。主持传播的主体身份决定着传播话语的内容形式与话语特征,传播话语也会在信息流通的特定语境中完成对传播主体的身份建构,因此其主体身份与传播话语之间存在互构关系。

在媒体深度融合的传播语境下,主持传播中播音员主持人等主体身份逐渐在角色定位上出现了“位移”现象,主要表现为“职业身份”的让渡与“职能身份”的拓展。这

① 黄楚新,郭海威,黄佳蔚.以机制创新促进媒体深度融合[J].传媒,2022(8):9-11.

② 靖鸣,张莹.主体身份与传播话语的互构及作用[J].中国广播电视学刊,2021(12):34-37.

种“位移”现象首先表现为播音员主持人的“职业身份”出现某种程度的“让渡”趋势。在媒体深度融合的主持实践中,技术逻辑嵌入信息生产进一步窄化专业主持人的生存空间,传播语境变迁进一步丰富了“网络主播”“带货主播”等非职业主持传播者的表达空间,市场因素驱动的“无主持人”“跨界主持”现象弱化了专业主持人的展演空间,并最终导致了主持传播定式审美与行业边界逐渐出现消解趋势,主持传播的创作主体超出了播音员主持人等具有职业身份认同的内容传播者,导致在主持传播主体泛化的传播语境下专业播音员主持人的职业身份出现了不同程度的“让渡”。

媒体融合进阶过程中主体的“位移”不仅表现为“职业身份”的让渡,还表现为“职能身份”的拓展。播音员主持人的职能范畴正在跳脱传统既定的业务框架,从较为单一的新闻节目“播报”和综艺节目“串词”等拓展为融合故事探访人、直播带货员、历史讲解者、文化品鉴人等多重身份的“角色丛”,这种职能身份的拓展延伸是主持人在特定节目叙事中依据场景需求对自身媒介身份的角色调适,也是在媒体深度融合的进阶过程中根据新兴传播样态对自身职能身份的动态建构。

通常而言,在媒介深度融合语境下播音员主持人“职能身份”的拓展主要有借助传统媒体的融媒体节目拓宽业务范围并探索多重职能身份、通过新媒体平台端口输出垂类内容弥补用户“知识缺口”两种路径。前者是在打造新型主流媒体的驱动下的一种角色破壁,如在央视频打造的《央 young 之夏》《冬日暖央 young》等“央 young”系列融媒体节目中集结了中央广播电视总台不同赛道的主持人资源作为节目叙事的核心主体,以人才融合的逻辑进行主持人的“网感”探索,打造了新型主流媒体台网融合、守正创新的参照样本,同时丰富了主持人在本身所处赛道之外的角色职能。① 后者则主要依托于社交媒体与短视频渠道,主持人通过对某个特定垂直领域持续的内容分享和观点输出而成为在该领域的“信任代理人”,最终实现其职能身份的深拓。如浙江广电主持人董臻对于“世界遗产名录”这一垂直类赛道的精耕,通过寻找文化遗产与现代生活的连接点助力历史文化遗产以更鲜活的输出方式走进人们的生活,主持人董臻在主持传播的过程中也被赋予了“世界遗产金牌文化特使”“文化遗产传承人”等职能身份。

(二)语体的“漂移”:话语特征的融合与专业主义的坚守

主持传播学中“语体”的概念指的是在主持传播的过程中传播主体根据主持场

① 章晓杰,丁韬文.《央 young 之夏》:主持人节目的“团综化”实践与“融合化”理念[J].当代电视,2022(1):63-67.

合、目标对象、播发场域而选择的语言体系及其所展现的风格特点。在媒体深度融合的传播语境下，不同语体的交融属性愈加明显。其中，短视频传播、移动化直播、Vlog自播等新型传播方式改写了主持传播固定化的路径模式与程式化的话语风格，也加大了传统媒体的语态变革压力，因而主持传播出现了喜忧参半的语体“漂移”现象。当前，社会公众对主持传播有着越来越高的品质期待与审美期待，促进了主持传播的话语范式升级，出于历史源流和现实需要而形成的主持行业语言之审美体系逐渐被打破，呈现出更加“接地气”“年轻态”“萌体化”的传播趋势。广播电视等传统媒体与社交媒体、直播平台等新兴媒体之间的竞争是两种媒介体系的竞争，但也存在互通有无、优势互补的可能性与操作性。[①] 随着传统媒体与新兴媒体之间的关系从“竞争”走向“竞合”，主持人在节目中的语体选择也逐渐打破了既定的风格形态和语义壁垒，从而以“融媒型主持人”的角色定位在业务实践中做出更加灵活化的适应性调整。语体融合就是在主持传播过程中主持人“为了某种特定的交集通过借用别一语体的原有语言体式或通过各自所属语言体式之间的相互结合而形成‘共组’的语言体式”[②]。

然而，主持传播中这种语体“漂移”的变革实践还牵涉了主持人的专业形象、所在机构的公共职能、主流文化的价值输出等因素，因而媒体融合时代主持传播的语体融合现象与专业主义的价值坚守之间呈现出一种相辅相成、矛盾统一的张力关系。这种张力关系主要表现为主持语体在“传统媒体”与“新兴媒体”的使用惯习之间缺乏普适性的探索、在“个人风格”与“公共价值”之间存在模糊性地带，在“新闻本位”与“泛娱倾向”之间亟须专业性的平衡。

在媒体深度融合语境下，主持传播的语体“漂移”既是主持人主动响应媒体融合的结果，也是用户、行业、时代共同促动媒体融合蓬勃发展、行稳走实的成果。语体的变革实践也包含对主持传播回归专业主义的乐观期待。其一，在媒体深度融合纵深推进的过程中，传统媒体与新兴媒体之间的融合目标逐步从“你中有我，我中有你”转为“你就是我，我就是你”，但在新旧融合的过程中常常出现主持语体与内容端口不相适配的情况，表现为话语风格偏离传统媒体语用惯习但又不能和新兴媒体完美相融，“大象学跳街舞”仍需进一步探索融合的精髓所在。其二，融媒语境下的主持传播是以人际传播为内容、以融合传播为渠道的传播活动，主持人角色需要通过富有特色的主持风格引领公共价值。然而，媒介融合的传播语境为主持人的多元形象打造提供平

① 王秋硕.表征辨析与价值反思：播音主持艺术新现象透视[J].中国电视，2022(1)：69-73.

② 黎运汉，盛永生.汉语语体修辞[M].广州：暨南大学出版社 2009：30.

台的同时,也在一定程度上使得个人感性与其所代表的公共理性之间的边界消解,导致"著名主持人微博怒斥某卫视传统文化晚会节目"等现象频发。其三,在融合传播的效果导向下,"硬新闻"逐步探索"软着陆"的输出方式,《主播说联播》《大国外交最前线》等借助短视频的形式融合了新闻背景、新闻评论、深度报道等内容元素,为媒体融合进阶过程中的主持传播树立了 IP 典范。但在新型主流媒体的主持传播中也出现了泛娱倾向侵蚀新闻语体、"娱乐因子"主导新闻场域等主持传播怪相,如在洪灾报道中各主持传播机构就曾以"我是洪水 1 号"等娱乐语体引发了"将灾难萌化是媒体之耻"的批评。

(三)身体的"游移":离身主持的发展与具身特征的还原

曾有学者从媒介形态变迁与媒介伦理演进的角度,以"身体"参与传播活动的完整度作为划分标准,将媒介形态分为"身体媒介""无身体媒介""身体化媒介""类身体媒介"等不同发展阶段。[①] 将"身体"研究与主持传播研究相勾连,不难发现在媒介技术的发展与媒介形态的变迁中同样隐含着"离身—具身"的发展脉络[②],主持传播是基于主持传播主体身体实践和知觉体验而展开的一种主体"身体力行"的传播活动[③],因此主持传播也可借此阶段划分考察主持人在媒介技术发展史中"身体"的"游移"过程,而回归"身体"是人与技术在高阶交互背景下打造更加具象化、人格化和"拟主体性"的必然趋势。

在身体媒介时期,专业的媒介组织和传播手段尚未形成,因而人主要通过口语、表情等完成信息交流,"身体"与传播紧密相连。随着报纸、广播、电视等媒介形态的出现,信息交流逐渐与"身体"发生相对分离,媒介化的视听符号解放了人的身体语言,传播进入了"无身体媒介"时期。身体化媒介时期,网络技术的推进为以往作为"受众"的"用户"赋予了"数字身体"的节点形态,"交往在云端"的媒介隐喻在某种程度上成为现实,"数字身体"虽非实体肉身但却具有传播、分享、点赞、转发、投票等身体化的信息交流特征。而在媒介融合的进阶过程中,"技术身体"将信息交流带入类身体媒介时期,"实体肉身""数字身体"与以 AI 主播为标志性成就的"技术身体"共同成为主持传播的创作主体,塑造了"身体"与信息交流更加复杂多样的交织关系。

从口语传播的传统交流方式到融合传播的新兴交流样态,主持传播呈现出一条强

---

① 刘明洋,王鸿坤.从"身体媒介"到"类身体媒介"的媒介伦理变迁[J].新闻记者,2019(5):76.

② 王霆威,温有为.泛在化的身体介质:虚拟主播的具身传播之重[J].青年记者,2023(4):64-66.

③ 齐佳一."身体—主体":智媒时代主持传播中身体的缺失与回归[J].中国主持传播研究,2023(1):139.

化"离身"实践,同时还原"具身"特征的实践取向。以媒体深度融合时期诞生的"AI+3D主播"为例,其作为"技术身体"参与主持传播实践的代表,主持人无须以"实体肉身"的形式介入信息生产流程,"身体"与信息交流进一步分离,在结构相对简单的业务实践中释放了主持人的内容生产力并促进了主持人的深度转型。如中央广播电视总台以财经评论员王冠为原型推出的超仿真主播"AI王冠"、北京广播电视台以主持人徐春妮为原型打造的AI数字人"时间小妮"等均为主流媒体对自身主持人IP资源的二次开发,其内容生产力不仅可以超越工作时长、工作地点等实现持续的价值创造,同时在程序性、高效性、标准性等维度成为对其原型真人主播的一种"自卷"。

然而,"AI+3D主播"从最初的身体形象、语音面貌、动作姿态等虚拟主播特征的敲定,到主持实践流程中虚拟主播"人格化"情感交流特征的锚定,再到主持反馈阶段对虚拟主播吐字归音的调整、表情动作的调节、高级理解能力的调控等"技术身体"数据模型的修订,皆是主持传播在"实体肉身"与信息交流发生剥离,同时将主持人具身特征纳入"身体"规划并逐步通过"身体语料"的统计来还原其具身特征的过程。虚拟主播对"拟主体性"身体特质的无限逼近本身包含着对于真人主播"具身"特质的期许。

但在"技术身体"还原"具身"特征时,无限逼近真实人格的高仿真技术也可能使得人工智能主播坠入"恐怖谷陷阱",造成人们潜意识中的威胁感与压迫感。正如当人工智能主播追求的人格化成了一个供玩赏、供戏谑、供消费、供游戏的文化符码时,人工智能主播也将不可避免地陷入一种由技术进化引发的言说异化的风险当中。① 因此,在"技术身体"扮演连接人与环境的中介性角色时,对真实主播身体语料的还原程度、虚拟"数字身体"介质的应用程度、"技术身体"对情感传播的代偿程度等仍需以更为辩证的视角去理性对待,才能避免虚拟主播在进化中"异化"。

二、进阶中的转型:主持传播的发展"增量"

媒体深度融合是一场只有"起点"、没有"终点",没有"落点"只有"重点"的持续性革命。其中媒体深度融合的"融"之关键在于打造更加融通的传播机制、"合"之关键在于满足更加贴合的用户生态、"深"之关键在于实现更加深刻的价值建构。主持传播的融合转型,既要从业务层面力求实现传播思维的转换、引领功能的变换,也要在

---

① 高贵武,赵行知.进化与异化:AI合成主播的言说困境[J].新闻与传播评论,2023(2):5-16.

学理层面推动研究视域的切换,为主持传播的未来调适赋予更多的创新动力、融合潜力与传播活力,进而丰富更新主持传播的现有理论体系,并助力建构新时期主持传播的自主知识体系。

(一)传播思维的转换:从"主持人思维"到"制片人思维"

媒体融合的进阶,从本质而言是一种传播思维的进阶。当前媒体融合的发展进入"深水期"与攻坚期,思维变革仍是媒体深度融合发展的先导所在。由于多年来形成的复杂格局,即使身处全媒体时代,传统媒体依旧难以突破其条块分割模式,组织架构分散导致无法实现媒体融合该有的聚合效应。这种资金、技术、人力等资源"各自为政"的模式与强调"合而为一"的融媒体思路背道而驰。①

传统媒体时代,电视节目的传播遵循"主持人中心制"还是"制片人中心制"曾在实践中引发了谁是主持传播"核心把关人"的探讨。其中,"主持人中心制"以主持人为主导性角色介入节目制作流程,主持人不仅在内容把关、效果呈现等方面处于核心地位,在节目风格、栏目策划、管理机制等方面也都以主持人为中心参照点,在主持人特定"人格 IP"较为成熟的情况下,"主持人中心制"的运用反映了主持人对于节目本身的强力反哺。"制片人中心制"则以制片人为统帅,制片人在前期的内容策划与人员调配、中期的包装制作与产品推介、后期的用户反馈与宣发优化等环节表现出绝对的领导权和指挥权。相对于"主持人中心制","制片人中心制"下的主持人在节目生产链条中多为单一性与环节性的角色。两种运作机制下,主持传播负责内容生产的节目部、负责渠道分发的技术部与负责市场运营的广告部并未形成一种高效、合理的联动机制,因而无法围绕主持传播的优质内容进行全产业链、全供应链和全价值链的开发,更遑论依托内容优势释放更大价值。②

在媒体融合行稳走实、行稳致远的过程中,主持传播逐渐打破了"主持人中心制"与"制片人中心制"的运作模式壁垒,涌现出愈来愈多的"制片型主持人"。"制片型主持人"的出现赋予主持人创意策划、指挥协调、成本管理等制片人职能,为节目效益的最大化提供策划思路与管理思路。董卿担任制片人的《朗读者》对于文化"慢综艺"热潮的引领、尼格买提担任制片人的《你好生活》对于生活哲思的传递、李思思担任制片人的《衣裳中国》对于中国传统服饰文化基因的探寻等均为主持人尝试担任制片人的

① 黄楚新,邵赛男.跨越与突破:媒体融合纵深发展的路径[J].中国编辑,2021(3):4-9.

② 胡正荣,李荃.深化体制机制改革:主流媒体纵深融合的内在动能源泉[J].青年记者,2022(10):15-17.

成功实践，贯穿其中的“制片人思维”不仅体现在主持传播过程中主持人对内容文本的把控与输出，还体现在对主持人与节目类型、特定栏目的适配度考量。

因而，无论是中央媒体所推出的《中央广播电视总台2019主持人大赛》《中央广播电视总台2023主持人大赛》，还是东方卫视、湖南卫视、江苏广电等省级媒体推出《主播有新人》《天天小兄弟2班》《未来金话筒》等主持人选拔节目，在策划中它们都将选手主持人对《中国诗词大会》《今日说法》等经典节目的创新诠释纳入考核范围，一方面以“主持人思维”继续夯实主持业务，引导主持人完成传播形式的设计、表演道具的穿插、主持节奏的变换、现场互动的融入等“基本功”，另一方面，以“制片人思维”回应主持传播实践中可能面临的多种问题，采访嘉宾的拒绝配合、现场音响的收声情况、提词器的临时故障、主持事故的预警方案、节目编播的彩排预演、相关部门的协作交流、完成录播后的审核情况等都需要“制片型主持人”突破“主持人思维”的角色桎梏，引导当下业态嬗变中主持人角色从“主持人思维”向“制片人思维”进行传播思维的升级调适，进而实现主持人对角色身份的自我超越。

（二）引领功能的变换：从“新意见领袖”到“新情绪领袖”

媒体融合的进阶过程也是主持人从“新意见领袖”向“新情绪领袖”实现角色升级的过程。传统媒体时代，“意见领袖”指的是活跃在人际传播网络、具有特定的社会位置与传播资源，并能对他人态度行为施加影响的个体。新媒体时代的到来，赋予了“意见领袖”新的传播特征，其发挥影响力的方式从线性传播演变成网状传播，影响力的范围也从传统媒体辐射进互联网空间。而融媒体时代的到来为主持传播提供了更加多元的传播介质、更加丰富的情感符码，诉诸情感的传播技巧比诉诸理性的传播策略更能影响用户的态度行为，更有学者将主持人在传播实践中的情感融入分为“体验—表露—卷入”三个层次①，认为主持人需要兼具“新意见领袖”与“新情绪领袖”的双重特征，实现主持人引领功能的变换升级。

“新情绪领袖”是主持人在媒体融合进阶过程中的又一角色定位，指的是主持人积极调动情感传播符号、连接情感传播对象，通过相通相融的主持传播渠道实现情感效果打造的个体节点。主持人的功能变换是以情感需求为起点、以情感认同为落点的升级调适，其实质是对主持人“内容生产者”这一身份定位的再次超越，旨在引导主持人在主持传播中的角色定位从“参与式传播”走向“内嵌式传播”，以一种更为积极主

① 郝君怡，高贵武.融媒时代新闻报道的情感融入——以央视新闻“时政Vlog”为例[J].电视研究，2022(2)：55-58.

动的情感状态与传播姿态嵌入主持传播的信息生产环路与信息流通链条。主持人作为“新情绪领袖”,其角色功能主要体现为以贴合用户心理认知的情感叙事、符合融合传播规律的情感状态,以及嵌合主流价值叙述的情感传播策略参与信息的生产流通。

在媒体深度融合过程中,主持传播的情绪引领需要环环相扣的情感层次,也需要层层递减的情感策略。其中主要包括主持传播开始前的“情感期待”、主持传播进行时的“情感认同”与主持传播完成后的“情感依赖”三个层面。其一,“情感期待”是主持传播开始前的前馈反映。当前用户对主持人的角色期待不仅包含了精准播报、流程串联、吸附广告等能力期待,也逐渐增添包括创新互动、反映民声、释疑解惑等在内的情感期待。主持人既需要在舆论导向的把控能力、移动直播的互动能力、跨屏传播的驾驭能力等方面持续强化,还需进一步探索“硬性导向”的“软性输出”方式、临场直播的高效互动模式、跨屏体验的情感联结方式。其二,“情感认同”是主持传播进行时的落点效果追求。以《朗读者》系列为例,主持人兼制片人的董卿以“遇见”“陪伴”“生存”“选择”等具有情感共通性的主题为视角,在主持传播的过程中对情感氛围的适时营造、煽情表达的适度处理、理性思考的适量融入共同促成了节目用户对《朗读者》高品质主持传播叙事的情感认同与价值认同。其三,“情感依赖”是主持传播完成后的效果反馈。这种“情感依赖”既表现为用户对节目本身产生的情感依赖,用户在接收主持传播文本时产生情感认同并逐步与特定节目形成相对稳定的“约会意识”,也表现为用户对主持人所产生的情感依赖,通常在广播主持节目、电视访谈节目与融媒体直播带货节目等互动性更强的节目样态中,用户对主持人的情感依赖也表现得更为突出。

(三)研究视域的切换:从“中心化传播”到“主体性批评”

随着媒体融合纵深化、系统化的推进,技术逻辑不断驱动了内容生产的流程再造、导向逻辑持续巩固了传播载体的文化位阶,市场逻辑深刻影响了用户产品的供需调整。相比媒体融合的探索初期,深度融合背景下的新型主流媒体正不断摒弃“庙堂式”“中心化”“层级化”的塔状传播理念,切实寻求提升主持传播实践效度的融合传播方式。在此过程中,主持传播研究打破了以主持人为“中心参照点”的研究视域,用户感知、平台赋能、技术观照、效果反思等研究视角为主持传播研究提供了更多的范式可能,还对主持传播既往“中心化”的研究取向进行批判反思,促成了“中心化传播”向“主体性批评”的研究视域切换。

近代哲学曾将“主体性”作为认识人与世界关系的核心问题之一,在海德格尔、哈贝马斯与伽达默尔等人的影响下,“互主体性”的概念逐渐成为超越主客二分理念,引导主体以“对话”而非“独白”的方式实现“超越”。媒体的深度融合架构了主持传播主体性的批评语境,在世界实践与中国特色、官方话语与民间舆论、严肃格调与娱乐思维、专业队伍与泛化主体的对话与分歧之中,对主持传播“主体性”的批评反思更加有利于革新主持传播的价值理念、提升主持传播的实践效度。

在媒体融合的进阶过程中,主持传播的理念逐渐从“主客二分”走向“万有相通”,因而呈现出一种超越“主体性”又服务“主体性”的“否定之否定”。其一,主持传播以“纠偏”为批评方向。面对融媒体时代主持传播主体泛化带来的专业主持人语用规范偏离轨道、跨界主持人专业资格亟待认证、网络主播直播内容频繁出现伦理失范等现象,主体性批评推动着传播节点、主持行业、社会公众共同建立主持传播的内容传播体系与伦理规范体系。其二,主持传播以“对话”为批评走向。主持传播批评主体身份构成的复杂性与学科体系的交叉性,共同决定了批评视角的多元性,因而主持批评中视角的对接、视域的建构、视界的融合需要兼收并蓄、求同存异的批评态度。面对愈发复杂多元的现实环境,主持批评更加应该自足自为、立足前沿、重在应用、着眼音声性、取向文化性,最终才能实现理性与灵性的圆融统一。① 其三,主持传播以“建设”为批评志向。主持批评的落点并不局限于对于某个主持传播个体或某个播音主持作品的批评指正,而在于给主持传播全行业、全过程、全要素带来的建设性启迪。因此,主持传播不仅需要在批评研究中通过对主持现象的梳理阐释、总结规范打破主持理论与批评理论的学科壁垒,同时也需要以强有力的理论话语同业界实践形成张弛有度的弹性空间②,在与学界对话中增强主持传播的理论特质、在与业界对话中提升主持传播的实践品质,最终为主持传播带来更高品格的审美期待。

三、结语:在“变量”与“增量”中建构主持传播自主知识体系

随着媒体深度融合从单纯意义上的媒介逻辑驱动转向国家战略布局③,在发展中相继破解技术支撑薄弱、内容形式同质、渠道壁垒突出、资源配置不均等建设难题,主持传播作为媒体深度融合发展重要的“实践田野”,在媒体融合的进阶中,主持人职业

① 王秋硕.播音主持艺术批评的内涵、共性与特性[J].青年记者,2017(2):15-16.

② 战迪,叶昌前.节目主持批评学[M].北京:中国大百科全书出版社,2020.

③ 黄楚新,许可.深度融合中主流媒体内容建设的多重逻辑与发展转向[J].武汉科技大学学报(社会科学版),2022(3):293-298.

身份的让渡推动其职能身份的拓展,话语特征的融合呼唤专业主义的回归,“技术身体”的发展确证具身人格的价值。在主持传播与媒体融合的深度交互中,既要以一种更为积极主动的传播姿态、更为“万有相通”的情感状态实现主持传播的角色超越,也要以一种张弛有度的对话心态实现业界实践与理论创新的有机连接和相互引领,通过激活“存量”筑牢主持传播的专业优势,通过优化“增量”释放主持传播的创新优势,并通过调节“变量”再塑主持传播的转型优势。

与此同时,主持传播的媒介环境变迁带来的建设“变量”与发展“增量”也为主持传播自主知识体系的建构提供了一种总体性的动态发展视角。随着播音主持艺术学与语言学、符号学、新闻学、传播学、媒介学等学科产生越来越多的交叉,播音主持领域里“旧知识”向“新学科”的游走、碰撞与交融,不仅导致了原有知识体系内部秩序的松动与学科边界的延展,同时也对播音主持学科本身知识生产的底层逻辑产生深刻影响。因此,主持传播自主知识体系的建构不仅仅需要持续面向实践发现源头活水、洞察实践进路,还需以实践中的变动性、变动中的融合性为语境,思考主持传播在媒介深度融合时代知识生产的主体性和知识管理过程中的破壁性,最终在主持传播的建设“变量”与发展“增量”中回应当下主持传播知识体系当中的人文关怀与技术观照,才能以更具建设性的学科反思与更具包容性的学科想象丰富、扩展主持传播的“知识频谱”与“知识地图”。

培育有声语言审美素养，塑造语言文化传播能力

——《有声语言艺术精品鉴赏》书评

◎ 卜晨光*

河北大学播音与主持艺术系主任李亚虹教授与其学生王熙熙的新著《有声语言艺术精品鉴赏》一书已由中国传媒大学出版社正式出版，可喜可贺。一本著作的问世从最初的创意和设想，到框架结构和核心理论体系的搭建修订，再到最终成稿，是一个相对漫长的思考和创作过程，这其中甚至还包括反复推敲后的颠覆与重建，实属不易。该书从声音美学的角度切入有声语言艺术领域，尝试从作品鉴赏的层面来推进创作实践，力求解决学习者在声音输出前如何建立正确的语体范式的问题，从而指导其开展更具穿透力和传播力的业务实战。相较同类著作，该书更加凸显时代性、系统性和开放性，具体如下：

一是与时俱新，体现了有声语言艺术创作的时代性。随着新媒体时代的到来，越来越多的好声音呈现于各级各类传播平台，持续丰富着大众的听觉世界。接踵而来的人工智能语音技术又给有声语言艺术工作者提出了新的挑战，富于专业性、人文性与艺术性的声音生产价值被重新评估与阐释。在这一背景下，该论著对有声语言艺术进行了更具“人性化”的研究和剖析，从有声语言艺术的概念界定，到有声语言艺术精品、有声语言艺术与有声语言的关系厘清，再到有声语言艺术鉴赏的内涵阐释，充分论述了声音景观和精品塑造更需要有生命力、思考力、感受力、表现力的人去构筑和实现。

二是建构体系，彰显了有声语言艺术鉴赏的系统性。一方面，《有声语言艺术精品鉴赏》提出了有声语言艺术作品三个方面的鉴赏维度：其一，从语境——宏观的时代环境、中观的艺术思潮、微观的作品文本对有声语言艺术精品展开分析；其二，以有声语言的“圆融”之美理念为核心，从“形圆”“意圆”“理圆”对不同种类的有声语言艺术作品进行分析；其三，辅助元素的“装饰”之美，从作品装饰性符号应用的美学维度，全面鉴赏有声语言艺术作品。作者构建的这一鉴赏体系层次分明、多维一体，既符合

* 卜晨光，北京语言大学党委宣传部副部长、教授。

有声语言艺术的创作规律,也突出了有声语言精品的评价标准。另一方面,为了进一步增强声音艺术的辨识度,该书从业务实际出发,对有声语言艺术精品进行了类型化划分——对舞台朗诵、有声书、广播剧、影视配音、广告配音、纪录片配音六个类别进行了系统梳理,并选择了具有典型性、示范性和推广性的精品佳作进行深入分析,这其中包括在“五个一工程奖”“齐越朗诵艺术节暨全国大学生朗诵大会”“夏青杯朗诵大赛”“金话筒奖”等权威性的行业评奖、专业赛事和展演展示中影响力大、认可度高、价值观正的作品,选择样本有原则,塑造典范重规律。

三是兼容并蓄,体现了有声语言艺术鉴赏的多元性。《有声语言艺术精品鉴赏》融合了多学科关于有声语言艺术研究的方法论,完善了相应课程的教学与研究内容,为教师把握教学节奏提供了跨学科理论依据,为学生学习专业知识和掌握创作方法提供了多维度知识体系。例如,在“有声书”“广播剧”“影视配音”部分,有针对性地结合融媒体有声语言人才需求,拓展激发学习者的艺术创作思维,使其顺应媒体变革和文化消费趋向,促进其在“变与不变”中遵从创作本源、发觉主体潜能、体现多重价值,既不千篇一律、循规蹈矩,也不标新立异、哗众取宠,而是由内而外散发出富有人格化的声音气质和持久的声音魅力。

从新文科建设与发展的角度来看,“有声语言艺术精品鉴赏”已经不仅仅是播音与主持专业学习者的必修课,也是汉语言文学、汉语国际教育、影视表演等专业人才应该涉猎的学习内容,该书虽然以语言美学作为立意之本展开,但也启发我们应该更加广泛地运用中外文学、语言文化学、语言学及应用语言学、社会语言学、语言心理学、语言政策与语言产业、智能语言学等多视角来展开学习和讨论。在中国语文现代化的进程中,品味中文之美、塑造中文之美、传播中文之美,是全社会应该共有的价值共识,这也是讲好中国故事、传播好中国声音的应有之意,更是增强新时代文化自信的必由之路。感谢李亚虹教授和王熙熙勇担文化之责,著书立说,前沿探索,启迪和帮助学习者、从业者和研究者用心用情鉴赏有声艺术精品、有章有法推进美的传播!

前沿话题

国际传播视野下主流媒体主持传播策略研究

——以《中国日报》小彭 Vlog 为例

◎ 朱希炜　杨小锋*

摘要：在新媒体时代，主持传播内涵发生转变，主持传播呈现融合发展趋势，作为主持传播活动的 Vlog 新闻也在当下逐渐成为主流媒体吸引受众的重要手段。在国际视野下，主流媒体通过 Vlog 新闻吸引国际受众关注，增强我国国际传播的效能。本文以小彭 Vlog 为例，从梅罗维茨的媒介情境论出发，探究小彭 Vlog 的主持传播构建策略。研究发现，Vlog 新闻主持人小彭通过塑造中区场景、融合多种角色以及利用符号能动策略等手段进行主持传播，并通过打造鲜明的 Vlog 新闻风格，考虑受众需求、引发受众共鸣，转变自身角色、引导国际舆论等方式进行国际传播。此外，Vlog 新闻可以从实施差异化传播策略及转变主持人角色认同等方面进行国际传播路径的优化。

关键词：主持传播，国际传播，Vlog 新闻，媒介情境论

改革开放以来，我国综合国力日益增强，然而中国的国际形象在一定程度上却面临着“他塑”而非“自塑”的局面，提升国际传播能力，讲好中国故事必要且紧迫。[①] 党的二十大报告明确指出，“加强国际传播能力建设，全面提升国际传播效能，形成同我国综合国力和国际地位相匹配的国际话语权”[②]。作为国际传播工作中坚力量的主流媒体及主持人，有责任为增强我国国际传播效能贡献力量。如何优化主流媒体及主持人的主持传播策略，如何传播中国声音、“自塑”我国国际形象，对现有主持传播策略进行研究及反思具有重要意义。

* 朱希炜，四川师范大学影视与传媒学院硕士研究生；杨小锋，四川师范大学影视与传媒学院教授。

① 刘正荣.重视提升我国媒体的国际传播能力[EB/OL].(2023-01-06)[2024-02-16].http://theory.people.com.cn/n1/2023/0106/c40531-32601286.html.

② 创新国际传播 讲好中国故事[EB/OL].(2023-10-01)[2024-02-16]. http://www.qstheory.cn/dukan/qs/2023-10/01/c_1129890464.html.

一、问题的提出

国内学者普遍认为,主流媒体是掌握传播话语权的媒体,是在信息获取及内容生产等方面具有绝对优势、品牌性强、影响力大的媒体。[①]《中国日报》创刊于 1981 年,是中国国家英文日报。《中国日报》作为主流媒体,担负着让中国与世界对话的重要使命,《中国日报》记者彭译萱所拍摄的一系列 Vlog 新闻进一步创新了国际传播方式。Vlog 作为 2012 年从海外 YouTube 平台兴起的视频形式,近些年在中国获得了较好发展。Vlog 是 Video blog 的简称,可译为视频日志、视频博客。Vlog 因其强烈的记录性与人格化特征,在中国的视频平台获得大量观众的支持和喜爱。尤其是网红和明星的加入,使得网红、明星的个人生活“暴露”在观众的视线中,消弭了观众与网红、明星的心理距离,呈现出视频平台、Vlogger、观众多赢的局面。新媒体时代,随着技术的赋能以及受众心理需求的改变,传统新闻媒体积极开拓赛道,努力寻求转型,Vlog 的呈现形式也在发展过程中不断变化,Vlog 新闻也应运而生。“时政新闻报道始终在与新媒体有效融合的道路上不断探索,它开创了‘时政内容+新媒体手段’的新模式。”[②]2018 年 4 月,中央广播电视总台中国国际电视台(CGTN)推出的《博鳌行 VLOG:亲和力观察力幽默感集于一身的田薇忙忙忙》被认为是最早的主流媒体 Vlog 新闻,Vlog 新闻由此开始引起国内各大主流媒体的广泛关注。

2019 年,《中国日报》记者彭译萱依托自媒体平台正式推出 Vlog 合集“小彭 Vlog”,其内容聚焦国际会议报道、国内政务要闻报道及社会生活呈现等诸多方面,其中彭译萱拍摄的一系列 Vlog 新闻更是在国内外自媒体平台有着一定热度,笔者整理了 2024 年 2 月 12 日前小彭 Vlog 新闻在哔哩哔哩及 YouTube 平台的部分数据(见表 1、表 2)。

---

① 张志安,彭璐.混合情感传播模式:主流媒体短视频内容生产研究——以人民日报抖音号为例[J]. 新闻与写作, (7): 57-66.

② 王方,顾鉴予.融媒时代时政 VLOG 的发展创新[J].传媒,2022,(4):54-56+58.

表 1　哔哩哔哩平台“小彭 Vlog”合集中 Vlog 新闻播放量前十名降序数据统计

序号	Vlog 新闻标题	Vlog 新闻主题	发布时间	播放量（次）	点赞量（个）	视频形式及时长	语言
1	小彭直击大会现场！那些报道二十大的外国人都在忙什么？	呈现二十大现场各国记者的采访情况	2022 年 10 月 16 日	38 万	2.3 万	横屏 7 分 33 秒	中英双语
2	北京冬奥会火炬接力现场	记录冬奥会火炬手现场状态	2022 年 2 月 2 日	32 万	1.7 万	竖屏 1 分 07 秒	中文
3	总理记者会这么抢座吗？记者们都跑起来了！	记录总理记者会开场前及进行中的情况	2023 年 3 月 15 日	16.1 万	9196	横屏 5 分钟	中英双语
4	旧金山接机现场的熟面孔还有这么多细节！	亚太经合组织（APEC）会议第三十次领导人非正式会晤	2023 年 11 月 16 日	13.7 万	6889	竖屏 2 分 15 秒	中英双语
5	第一次到西安的小彭懵了中亚记者比小彭还懂	中国—中亚峰会成功举办	2023 年 5 月 21 日	7.7 万	4257	横屏 4 分 49 秒	中英双语
6	从宇宙飘来可爱的湖南话，原来航天员们话这么多！	神舟十二号与天和号核心舱、天舟二号货运飞船组合体对接	2021 年 6 月 18 日	6.2 万	2832	横屏 5 分 59 秒	中英双语
7	从机场到会场，小彭带你近距离观察中美元首会晤！	G20 中美元首会晤	2022 年 11 月 16 日	5.3 万	3509	横屏 4 分 38 秒	中英双语
8	美国街头礼物交换实验 用熊猫玩偶交换 9 次能得到什么？	亚太经合组织会议	2023 年 11 月 15 日	5.1 万	2121	竖屏 6 分 41 秒	中英双语
9	金砖礼宾茶用的什么茶	金砖国家领导人第十四次会晤	2022 年 6 月 24 日	5 万	3699	横屏 3 分 13 秒	中英双语
10	小彭现场围观！马来西亚记者和泰国记者因为榴莲（梿）吵起来了……	小彭与参加中国共产党第二十次全国代表大会的各国记者进行交流	2022 年 10 月 21 日	4.8 万	4277	横屏 6 分 54 秒	中英双语

表 2　YouTube 平台“小彭 Vlog”合集中 Vlog 新闻播放量前十名降序数据统计

序号	Vlog 新闻标题	Vlog 新闻主题	发布时间	播放量（次）	点赞量（个）	视频形式及时长	语言
1	Peng's bartering journey in San Francisco with a panda doll（小彭在旧金山与熊猫娃娃的易物之旅）	亚太经合组织会议	2023 年 11 月 15 日	6.9 万	1275	竖屏 6 分 41 秒	中英双语
2	Traveling Vietnam when you don't speak Vietnamese（当你在越南旅行时不说越南语）	习近平主席对越南进行国事访问	2023 年 12 月 12 日	6.7 万	2.5 万	竖屏 4 分 34 秒	中英双语

续表

序号	Vlog 新闻标题	Vlog 新闻主题	发布时间	播放量(次)	点赞量(个)	视频形式及时长	语言
3	Peng's Vlog: come fly with me at the new Beijing Daxing International Airport! (小彭 Vlog:快来和我一起飞到新的北京大兴国际机场吧!)	北京大兴国际机场首航	2019 年 9 月 26 日	6.2 万	920	横屏 6 分 45 秒	中英双语
4	A Chinese vlogger's take on Bali ahead of G20 Summit(一位中国视频博主在 G20 峰会前对巴厘岛的看法)	巴厘岛 G20 峰会	2022 年 11 月 14 日	5.4 万	2240	横屏 5 分 59 秒	中英双语
5	Vietnam's warm welcome: a closer look behind the scenes(越南的热烈欢迎:一个近距离的幕后花絮)	习近平主席对越南进行国事访问	2023 年 12 月 12 日	4.3 万	2 万	竖屏 2 分 13 秒	中英双语
6	BRICS Summit, the South Africa Experience(金砖国家领导人会晤,在南非的经历)	金砖国家领导人第十五次会晤	2023 年 8 月 22 日	3.7 万	83	横屏 5 分 33 秒	中英双语
7	First look at BRICS meeting(金砖国家会议初探)	金砖国家领导人第十四次会晤	2022 年 6 月 25 日	2.3 万	14	横屏 3 分 11 秒	中英双语
8	A look into Balinese passion(了解巴厘岛的激情)	巴厘岛 G20 峰会	2022 年 11 月 16 日	1.3 万	602	横屏 4 分 38 秒	中英双语
9	Watch Peng's Vlog to learn more about the CPC(收看小彭 Vlog,了解关于中国共产党的更多内容)	中国共产党第二十次全国代表大会在京开幕	2022 年 10 月 18 日	1.1 万	24	横屏 5 分 49 秒	中英双语
10	Fun between journalists captured by Peng's vlog(小彭 Vlog 捕捉到记者间的乐趣)	小彭与参加中国共产党第二十次代表大会的各国记者进行交流	2022 年 10 月 21 日	9348	18	横屏 6 分 53 秒	中英双语

如表 1 及表 2 所示,上述数据在一定程度上能够窥见国内外网民对 Vlog 新闻主题、视频呈现形式等方面的偏好差异所在,其中表 1 中的视频序号 7、8、9、10 分别对应着表 2 中的视频序号 8、1、7、10,虽然这表示国内外网民对 Vlog 新闻的喜好存在着重合区域,但同时也代表着在国内热度靠前的 Vlog 新闻,在国外的关注度并未达到理想效果。基于上述背景,本文将主要以表 1 及表 2 中列举的 Vlog 新闻为例,并围绕以下问题进行研究:彭译萱在 Vlog 新闻中通过哪些主持传播策略去吸引受众的关注?在国际视野下,Vlog 新闻主持人要如何利用相应的主持传播策略传递主流话语? Vlog 新闻主持人在呈现 Vlog 新闻的过程中又有哪些值得反思之处以更好推动 Vlog 新闻的发展?

二、理论视角与文献回顾

(一)媒介情境论:理论梳理及文献回顾

媒介情境论,概括地说是指从媒介创造情境,进而改变人们行为的角度出发认识媒介对人类社会的影响。[①] 传播学家约书亚·梅罗维茨(Joshua Meyrowitz)对社会学家埃尔文·戈夫曼(Erving Goffman)和传播学家马歇尔·麦克卢汉(Marshall Mcluhan)的理论内容进行批判性继承,最终得到了"媒介情境论"这一理论结晶。1958年梅罗维茨在其专著《消失的地域:电子媒介对社会行为的影响》(*No Sense of Place: The Impact of Electronic Media on Social Behavior*)中对该理论进行了系统的阐释。梅罗维茨指出,电子媒介通过改变社会生活的"场景地理"从而对人类产生影响,电子媒介的出现使得不同的社会场景进行交叉,混合场景催生不同的行为。据此,梅罗维茨从戈夫曼提出的"前台"和"后台"概念出发,将原本的场景延伸出更多的区域以描述场景及行为产生的变化,"在混合场景中出现的新行为可称为'中区'行为。相反地,从场景的分离中产生的两类新行为就称为'深后区'行为和'前前区'行为"[②]。媒介情境论的系统化研究要追溯到电视这一电子媒介逐步占据主流的时代。如今,互联网催生了更为复杂的景观,但媒介情境论所具有的前瞻性依旧能对今日学界的研究进行指导,正如梅罗维茨所说:"本书进一步的目的是提供一种研究媒介影响和社会变革的新方法,不仅能研究现在,而且能研究过去和将来。"[③]

国内已有部分学者从媒介情境论出发,对播音主持相关内容进行研究。王朋进、杨淑芳从媒介情境论出发探讨电视人的个性问题,指出了主持人的特殊传播情境,并认为优秀的主持人"既能在内在的性格特点上和所主持的节目相契合,又能在外在的交流表达上和所处的情境相适应(或者说,做到得体的表达)"[④]。这一观点在苏凡博的研究中也有体现和延伸。苏凡博(2019)从媒介情境论及场域理论出发探讨新媒介环境下对主持人传播能力的要求,指出新媒介环境下主持人需要提升传播能力以适应

---

① 何梦祎.媒介情境论:梅罗维茨传播思想再研究[J].现代传播(中国传媒大学学报),2015,37(10):14-18.

② 梅罗维茨.消失的地域:电子媒介对社会行为的影响[M].北京:清华大学出版社,2002:7.

③ 梅罗维茨.消失的地域:电子媒介对社会行为的影响[M].北京:清华大学出版社,2002:7.

④ 王朋进,杨淑芳.适应与得体:电视节目主持人个性表达的基本要求——"媒介情境论"角度的一种解读[J].中国电视,2014(10):72-75.

不再泾渭分明的前台、后台场域。①

在以媒介情境论为基础对新媒体及社会行为进行研究的方面,张海燕(2015)对媒介、场景及行为之间的关系进行了辨析与论证。张海燕认为自媒体时代创造了新情境,也带来了新的行为变化。② 吕宇翔、方格格以 Vlog 新闻为案例依托,对"新闻生产话语与通信技术的互动关系"进行研究,指出 Vlog 新闻使得记者的前台与后台被打破,"叙事情境迈向'中区化'与个性化"③。周勇、何天平(2018)从媒介情境论出发对"直播"的变化发展进行审视,并指出"'社会情境'的随机性、'社会角色'的假定性、'社会行为'的普遍中区化,共同构成直播媒介再现当代社会互动关系的主要特征"④,这一观点也能为除直播外的其他视频类型的研究提供参考。

综上所述,目前国内对于媒介情境论在播音主持领域的研究多集中于电视节目主持人的个性挖掘,以及探究电视节目主持人在新媒介环境下应具备的新能力上,对当下新媒体时代的播音主持相关内容研究数量不多。相比之下,学界对媒介情境论视角下的新媒体及社会行为的研究要更为丰富,但更多偏向于对已有问题的梳理,针对具体问题的解决进路有待加强。据此,本文基于媒介情境论视角,对《中国日报》记者彭译萱在国内外自媒体平台发布的高热度 Vlog 新闻进行研究及总结是有必要的。

(二)国际传播与 Vlog 新闻

"国际传播(international communication)是指以民族、国家为主体而进行的跨文化信息交流与沟通。"⑤国际传播不仅要将本国的政务要闻等信息传递到海外,还要将国际社会发生的重要事件传回给本国民众。国际传播的过程及内容并非毫无控制,传播者需要进行"过滤式"传播以维护国家形象,以免信息的绝对自由流动带来负面影响。据此,国际传播带有浓厚的主流意识色彩及政治属性。Vlog 新闻的人格化、贴近性及亲切感等特征则在很大程度上弱化了宏大命题的主流意识色彩,尤其利于在年轻群体中传播。主流媒体 Vlog 新闻自 2018 年进入大众视野以来,它就以其鲜明特征吸引着广大网民及学界的关注。作为主要新闻报道的暖场、配合及补充,Vlog 新闻拥有较强

---

① 苏凡博.场域融合视角下的节目主持人传播[J].中国广播电视学刊,2019(5):64-66.

② 张海燕.以"媒介情境理论"解读网络社会[J].青年记者,2015(6):39-40.

③ 吕宇翔,方格格.vlog 新闻中的场景美学——基于梅洛维茨情境论的延伸思考[J].未来传播,2022,29(6):73-82.

④ 周勇,何天平."自主"的情境:直播与社会互动关系建构的当代再现——对梅罗维茨情境论的再审视[J].国际新闻界,2018,40(12):6-18.

⑤ 程曼丽.信息全球化时代的国际传播[J].国际新闻界,2000(4):17-21.

作用力，深受年轻群体的关注。[①] 探究其背后的根本原因，有部分研究者认为，Vlog 新闻采取第一人称的“我视角”进行呈现，拉近与受众的距离，赋予 Vlog 新闻多重属性，增强了新闻的亲切感[②]；师晓晖从“共情”视角出发，探讨 Vlog 新闻吸引受众关注的主要原因。[③] 在针对 Vlog 新闻博主的研究中，部分研究者（刘娜，2019；沈歆，方格格，2022）从拟剧理论及媒介情境论的角度出发对 Vlog 新闻及 Vlog 新闻博主进行研究。宋晓阳（2022）指出新闻博主除了要平衡速度与深度之外，他还提醒新闻博主不要将视频所获得的关注归结为个人力量所致，不要忽视媒体公信力的作用。[④]

除此之外，也有部分学者对未来 Vlog 新闻的发展进行了反思。梁君健、杜珂在许思远、吴青所提出的 Vlog 新闻“泛娱乐化倾向渐显”[⑤]的忧思基础上进行了辩证性思考，并进一步提出“如果运用恰当，Vlog 新闻也可以增强内容的纵深度”[⑥]的结论。

总的来说，Vlog 新闻所具有的独特优势及传播策略吸引了不少研究者的关注，但目前学界对 Vlog 新闻所存问题的分析及针对 Vlog 新闻受众黏性的思考还有进一步研究的空间。除此之外，对于 Vlog 新闻如何能更好地走出国门、面向世界进行国际传播，也还有待更多研究者进行研究。

（三）主持传播与 Vlog 新闻主持传播

“主持传播是一种以主持人或主持人节目形态而出现的传播方式”[⑦]，是大众传播的一部分。对于主持人的定义，《广播电视辞典》认为主持人是“在广播电视节目中，以个体行为出现，代表群体观念，以有声语言为主干或主线驾驭节目进程，直接面对受众，平等地进行传播的人”[⑧]。也就是说，进行传播活动的主体能够符合上述的主持人条件，那这一传播过程就可被定义为主持传播。[⑨] 随着新媒体时代的到来，媒介环境发生改变，主持传播原有格局被打破，无论是广播电视节目的播音员、主持人，还是呈

① 詹绪武，李珂. Vlog+新闻：主流话语的传播创新路径——以“康辉 vlog”为例[J]. 新闻与写作，2020(3)：98-102.

② 胡志刚，夏梦迪.“Vlog+新闻”对 5G 时代新闻报道的影响探析[J]. 出版广角，2020(4)：40-42.

③ 师晓晖，张文东. 共情、赋权与互动：Vlog 的传播特征与优化策略[J]. 传媒，2021，(21)：52-54.

④ 宋晓阳. 媒体业迎来“新闻人博主”时代[J]. 青年记者，2022，(1)：70-72.

⑤ 许思远，吴青. 媒体融合图景下主流媒体“vlog+新闻”应用的研究——基于 2019 年热门阅兵 vlog 的分析[J]. 视听，2020(1)：179-181.

⑥ 梁君健，杜珂. Vlog 新闻：社交媒体时代的新闻创新与观念挑战[J]. 中国出版，2022(4)：3-9.

⑦ 高贵武. 解析主持传播[M]. 北京：北京广播学院出版社，2004：5.

⑧ 赵玉明，王福顺. 广播电视辞典[M]. 北京：北京广播学院出版社，1999：212.

⑨ 高贵武. 解析主持传播[M]. 北京：北京广播学院出版社，2004：6.

现 Vlog 新闻的新闻记者,亦或是线上直播间进行直播活动的主播①,他们都不局限于传统意义上的“主持人”这一概念。在主持传播活动中,主持传播主体作为个人而非“制度化或物化的媒介组织或媒介机构”②,以具有真情实感的方式向受众及用户传递信息,由此可见,“人格化”是主持传播活动主体的鲜明特征,这一大众传播方式处处体现人性化特点。③《中国日报》记者彭译萱在 Vlog 新闻中体现出个体身份对传播进程的平等驾驭,Vlogger 在 Vlog 新闻中从主观视角出发展现新闻后台场景,提升了受众的参与度与情感体验④,体现出她的身份由作为记者的新闻发布者到作为 Vlog 新闻博主的意见领袖的转变⑤,这也是新媒体时代下的主持传播内涵转变的一大特征,同时也体现出当下传统媒体与新媒体之间主持传播的融合趋势。如何利用新媒体时代下的主持传播策略强化 Vlog 新闻效能,进一步推进国际传播工作、提升国际传播能力,是本文试图研究并回答的问题。

三、中区塑造·角色融合·符号能动:Vlog 新闻主持人传播策略

作为 Vlog 新闻这一主持传播活动的主体,主持人的地位毋庸置疑,主持人的传播策略至关重要。与传统广播电视主持人有所区别,新媒体环境下 Vlog 新闻主持人通过营造中区场景、塑造多元角色行为以及突显自身个性等策略来达到优化主持传播效果的目的。

(一)主持人中区塑造:以人格化为手段,以新闻性为内核

梅罗维茨批判性吸收了戈夫曼的情境论及麦克卢汉的媒介观,提出了“前前区—前区—中区—后区—深后区”的行为系统。“中区或‘侧台’行为模式包括最初的台上和台下行为模式的元素,但又缺乏两种行为模式的极端行为。”⑥戈夫曼指出,前区行为是个人呈现出的标准表达行为,后区行为则是较为隐蔽的、暴露后可能会影响他人印象的行为。中区行为则不同于前台与后台行为的极端表现,它呈现的是戈夫曼定义

① 高贵武,刘娟.新媒体环境下的主持传播格局演变[J].国际新闻界,2016,38(3):6-19.

② 高贵武.解析主持传播[M].北京:北京广播学院出版社,2004:20.

③ 高贵武.解析主持传播[M].北京:北京广播学院出版社,2004:7.

④ 成玲玲.Vlog 新闻的传播优势与提升策略[J].传媒,2021,(16):60-62.

⑤ 毕一鸣.言由旨遣语随境迁——新媒体语境下主持人的话语方式[J].视听界,2013,(5):53-56.

⑥ 梅罗维茨.消失的地域:电子媒介对社会行为的影响[M].北京:清华大学出版社,2002:44.

下的前台与后台之间分界线的动态变化。[①] 在 Vlog 新闻的主持传播过程中，受众既能接收到相关新闻信息，又能看到平时不会出现在大屏上的新闻现场后台情况及主持人的部分隐私生活。Vlog 新闻以 Vlog 形式为框架，将原本严肃的新闻内容填充其中，达到了将“硬”新闻“软”表达的目的。而这背后，主要离不开主持人在镜头前对相关新闻内容的呈现。Vlog 新闻的方式既满足了受众对于新闻后台及主持人隐私生活的探索欲望，又成功传递了包裹在 Vlog 形式之下的新闻内核。由此可见，主持人在 Vlog 中的中区行为是 Vlog 新闻增强主持传播活动效能的重要策略之一。

例如，小彭在 YouTube 平台发布的“Traveling Vietnam when you don’t speak Vietnamese”（《当你在越南旅行时不说越南语》）的 Vlog 新闻中，在它类似于旅游 Vlog 的标题背后蕴含着一条国际时政要闻：2023 年 12 月 12 日至 13 日，中共中央总书记、国家主席习近平时隔 6 年再次对越南进行国事访问。在这一条 Vlog 新闻中，彭译萱的声音走进越南河内，记录并呈现着让越南当地人印象深刻的声音，其中包括中国公司帮助越南修建的首条城市轻轨车站及车厢内部的声音、越南传统制香的声音、越南当地人在街边流利演唱中国歌曲的声音等，这些看似日常的瞬间都见证着中越关系，这条 Vlog 新闻也为正式的新闻报道进行了铺垫和氛围的渲染。除此之外，受众也能在这条 Vlog 新闻中感受到主持人彭译萱与当地人共同舞蹈的欢乐氛围，听到主持人彭译萱与当地人共同演唱中文歌曲的动人歌声，这些中区行为让受众对主持人彭译萱也有了更多样的认识，不仅成功传播了新闻消息，也让那些原本看似遥远、宏大的国际新闻内容生发出人文关怀。

（二）主持人角色融合：新媒介催生新情境，新情境产生新角色

梅罗维茨将人类信息社会原本的场景区隔比喻为一幢建筑物内的墙壁，墙壁就是将信息社会进行区隔的界限，这一界限包括但不限于人与人之间文化素养、认知能力等方面的差别。但是随着电视等电子媒介的兴起，尤其是近些年随着手机、电脑等电子媒介逐步占据主流，建筑物内的墙壁忽然消失，留下的只有建筑内公开场合与私人场合融为混合场景的人们。“电子媒介的混合场景持续时间相对要长，且不可避免，所以其对社会行为有更大的影响”[②]，场景地理的改变使得原本清楚的社会角色因混合场景的影响而变得模糊不清。在当下新媒体时代，主持人受到新型电子媒介的影

① 梅罗维茨.消失的地域：电子媒介对社会行为的影响［M］.北京：清华大学出版社，2002：44.

② 梅罗维茨.消失的地域：电子媒介对社会行为的影响［M］.北京：清华大学出版社，2002：5.

响,曾经包围着主持人的神秘光环逐渐褪去,主持人也拥有了多重角色身份。在传统媒体时代,新闻节目主持人及记者主要是“信息发布者”角色,更多的是依靠权威的新闻媒体平台对相关新闻内容进行呈现。在主流媒体 Vlog 新闻中,主持人角色依旧带有“新闻信息发布者”的权威性职能,但其分量已经被 Vlog 新闻主持人的人格化色彩冲淡,占比不如以往传统媒体时代。除此之外,Vlog 新闻主持人的角色身份包括但不限于自媒体平台新闻人博主、媒体新闻记者、视频内容拍摄者、前期脚本策划者、后期剪辑制作者,甚至包括个人生活记录者等诸多角色身份融合进一条仅有几分钟的 Vlog 新闻中,主持人既要兼顾 Vlog 形式的特征,同时也要让 Vlog 新闻内容具有一定新闻报道的深度内涵。由此可见,Vlog 新闻虽看似轻松随意,但对于当下的 Vlog 新闻主持人来说,角色的融合也意味着更大的挑战。

例如,彭译萱发布在哔哩哔哩平台的标题为《第一次到西安的小彭懵了 中亚记者比小彭还懂》的 Vlog 新闻中,在视频结尾处的人员表中可见,彭译萱以记者、编导、摄像、剪辑、文案及新闻博主的身份呈现了核心主题为“中国—中亚峰会成功举办”的 Vlog 新闻。作为新闻博主,彭译萱发布的这条 Vlog 新闻在哔哩哔哩平台的浏览量达到了 7.7 万次,具有一定的热度(见表 1);作为中国与世界互相了解的“桥梁”,彭译萱在 Vlog 新闻中和外国记者及友人亲切交谈沟通,让中国人民在一定程度上了解了世界对中国的看法,也让世界听到了中国的声音。除此之外,彭译萱在视频中较好地兼顾了 Vlog 新闻主持人的信息功能、审美功能、情感功能等角色功能,具体表现依次为彭译萱(以下称为小彭)对新闻事件的清晰介绍、小彭与现场相关人物的采访交谈、小彭得体的服饰与妆容,以及视频结尾处小彭用配音的形式真挚自然地对此次西安之行进行了情感抒发,引发受众的共鸣。

(三)主持人符号能动:消解宏大叙事,优化受众体验

除了主持人的有声语言及其伴生物如语气、手势等类语言及体态语之外,主持人对年龄、服饰等物质性符号的使用也可称为符号能动传播策略。符号能动传播策略中的符号主要包括:年龄与性别、服饰与仪容、背景与道具、乐队与声响几方面。[①] Vlog 新闻主持人通过对这些物质性符号的有效应用,能够提升 Vlog 新闻的传播效果,进而更好地传递主流话语。

当人们点进彭译萱的 Vlog 新闻中,会看到这位年轻的“90 后”小姑娘通过自拍自

① 高贵武.解析主持传播[M].北京:北京广播学院出版社,2004:198-208.

述的方式向世界各地报道国际新闻事件,用心讲述中国故事。在视频中,灿烂的微笑、娃娃头的发型是小彭的标志性符号,在正式场合小彭的正装服饰、淡雅的妆容也代表着她对待新闻事件严肃与认真的态度。小彭年龄与性别、服饰与仪容的展现无疑成为一种符号能动传播策略,进一步吸引年轻群体的关注。例如,小彭 Vlog 新闻的标题多为《小彭直击大会现场!那些报道二十大的外国人都在忙什么?》《从宇宙飘来可爱的湖南话,原来航天员们话这么多!》等极具网感的标题,她从年轻人的视角出发去报道新闻消息,不仅增强了亲切感,也能更好地引发年轻群体的共鸣。她擅长从微观视角出发,消解宏大叙事带来的沉重感。关于宏大叙事的概念,后现代主义思想家利奥塔认为:"由于将一切人类历史视为一部历史、在连贯意义上将过去和将来统一起来,宏大叙事必须是一种神话的结构,它也必然是一种政治结构,一种历史的希望或恐惧的投影,这使得一种可争论的世界观权威化。"[①]与宏大叙事所具有的权威性、史诗感不同,微观叙事更加注重人们内心的感受。"小视点、平民化的视角消解了人们对抽象事物的隔阂感。"[②]对于一些政治性较强的新闻内容,一部分年轻人的兴趣较低。通过小视点、人文化的叙事消解了宏大叙事带来的权威性,更好地让年轻人沉浸在小彭 Vlog 的内容中,从而在不知不觉间推动年轻人积极地了解和参与政务。

主持人的背景主要是主持人传播的物理背景。[③] 在小彭 Vlog 新闻中,小彭的背景看似随意,但其实都与特定 Vlog 新闻传播的内容及情境相辅相成。在标题为《小彭直击大会现场!那些报道二十大的外国人都在忙什么?》的小彭 Vlog 新闻中,开篇的第一个视频背景并不是在二十大现场,而是在她所居住的酒店内,她向屏幕前的受众进行自我介绍及交代新闻事件背景。这样的中区行为不仅让受众看到了部分小彭私下的生活,符合 Vlog 对个人生活记录的特点,同时也清楚表达了新闻的基本信息,侧面交代了作为国际新闻媒体记者常驻在外的职业特征。道具主要指的是主持人在传播过程中拿在手里的物品。在标题为《金砖礼宾茶用的什么茶》的小彭 Vlog 新闻中,Vlog 新闻的结尾部分,小彭在镜头前手拿杯子让受众去猜测杯中泡的是什么,她给出了中国大红袍、巴西咖啡、俄罗斯伏特加、印度的茶及南非起泡酒等选择项。表面上是在邀请受众猜测,实质上给出的每一个选择项都对应着金砖五国的身份,而小彭最后并没有给出明确的答案,开放式结尾在最后扣住主题、升华情感。

主持人符号能动传播策略中所包括的"乐队与声响"主要指的是在节目录制过程

① 程群.宏大叙事的缺失与复归——当代美国史学的曲折反映[J].史学理论研究,2005,(1):51-60+158-159.

② 黄珞,李明德."中国故事"的生成逻辑与叙事策略[J].山东社会科学,2021,(2):150-154.

③ 高贵武.解析主持传播[M].北京:北京广播学院出版社,2004:204.

中,现场用来渲染氛围、表情达意的音乐,如节目《非常6+1》中会有乐手现场进行适当演奏,从而起到锦上添花的作用。与电视节目不同,Vlog新闻主要利用后期添加配乐的方式渲染视频氛围,所以这里笔者主要集中探讨小彭Vlog新闻中对配乐及音效等方面的运用。在传统媒体中,新闻报道几乎不会出现配乐及音效,更多的是同期声的呈现,以突出新闻报道的严肃性和现场感。但是与传统新闻不同,小彭Vlog新闻中有大量的配乐作为铺垫。浏览小彭所制作的一系列Vlog新闻,配乐和音效并非喧宾夺主,甚至有时很难注意到配乐的存在。小彭擅于选择同场景相适配的音乐去配合画面内容,以更好地渲染Vlog新闻的视频节奏和整体氛围,让受众在接收信息内容时有更生动的临场体验。

四、风格鲜明·制造共鸣·舆论引导:Vlog新闻国际传播策略

只针对国内呈现的Vlog新闻,并不能满足当前国际环境对于跨文化、跨地域交流的需要。因此,Vlog新闻有必要走出国门,吸引国际受众的关注,拓展受众群体,提高新闻报道的曝光度和影响力。

(一)视频风格鲜明:提升Vlog新闻吸引力,增强受众黏性

在Vlog新闻中,主持人独特的主持风格能够给受众耳目一新的感觉,使节目脱颖而出,赢得受众的喜爱。除了主持人的主持风格之外,整体Vlog新闻的视频呈现风格也极为重要。作为Vlog新闻的拍摄者及剪辑者,小彭Vlog新闻则呈现出积极活泼的鲜明风格,吸引着国际受众的关注。

1.视频结构清晰明了,表达思路流畅

在Vlog新闻中,小彭热衷于使用“总—分—总”的结构进行叙事。Vlog因其突出的记录性让观众具有强烈的在场感与参与感,但伴随着Vlogger对生活的记录和呈现,容易使得Vlog主题较为分散。而在Vlog新闻中利用“总—分—总”的结构进行呈现,可将Vlog的主题内容在开场就抛给受众,吸引受众的注意力,引发受众的兴趣,给予观众“上帝视角”,对Vlog新闻主持人即将经历的事件产生期待。主持人小彭将新闻事件的现场呈现放在视频的中间部分,结尾部分则是小彭对本期新闻内容的总结,对主题进行升华。这样的方式让受众在欣赏Vlogger日常生活的同时,始终都有一根主题线贯穿在受众的心中,整体结构明晰,视频内容流畅。

例如,在小彭题为《总理记者会这么抢座吗? 记者们都跑起来了!》的 Vlog 新闻中,开篇用“记者跑步抢位”引发受众的兴趣,交代了新闻事件的基本背景。在视频主体部分,小彭记录下会场内紧张细致的前期筹备工作,并且对来参加会议的各国记者进行采访与交流。记者会开始后,小彭以主观视角记录下总理入场及各国记者提问的瞬间,给予受众不一样的临场体验。在 Vlog 新闻的结尾处,小彭将 Vlog 新闻主题进行延伸,以“春”点题,这不仅代表着北京的春季即将到来,也象征着在记者会期间人们埋下希望的种子,总有一日会在未来生根发芽。由此可见,小彭 Vlog 新闻揭露了新闻现场的部分后台区域,让受众感受别样的新闻现场。同时,Vlog 新闻主持人作为新闻人博主积极和受众进行互动也能够增强受众黏性,推动受众的关注。小彭 Vlog 新闻中的“总—分—总”结构能够在开篇切入主题、抓住受众的兴趣,也能在结尾处抒发主持人的所思所想,带有强烈的人格化色彩,适合新闻 Vlog 的呈现。

2.剪辑手法多元吸睛,具有审美价值

个性化的剪辑手法能够更好地吸引受众参与到 Vlog 之中。虽然在自媒体平台上有大批 Vlogger 上传自己的作品,且 Vlog 这一视频形式也显示出一定的生活化特点,但出色的 Vlog 制作背后也有着专业化流程。无论是镜头的衔接还是插入的音效,抑或是配乐的选择、字体的设置,都要求 Vlogger 有扎实的后期制作功底以及一定的审美能力。

小彭 Vlog 的剪辑风格如同小彭本人在 Vlog 中散发出的气质一样,视频剪辑风格整体趋向于互联网媒介传播风格。小彭善于运用鲜艳明亮的色彩烘托氛围,有时也会用到可爱的卡通形象进行点缀。小彭喜欢将视频的四周加上彩色的边框,让受众在观看时被视频明媚的风格所感染,进而沉浸其中。小彭在视频中所使用的字体也偏向于活泼可爱的风格,部分 Vlog 中镜头间的转场也并非常规的切换手法,而是利用 Emoji 表情的堆砌进行镜头间的切换,给受众以有趣、有个性的感觉。后期的各个部分风格统一,具有较好的审美性。

“在个性化表达下坚持客观原则,秉持新闻真实,以探索 Vlog 新闻更好的传播效果。”①具有鲜明特色的剪辑手法是 Vlog 新闻主持人个性化的体现,其中有着浓厚的个人印记与色彩。独树一帜的视频风格有助于 Vlog 新闻增强用户黏性,对 Vlog 中所呈现的新闻内容有着积极的传播效果。小彭 Vlog 能在各平台受到欢迎并维持较好的

---

① 张晓宝.主流媒体 Vlog 传播现状及优化路径[J].中国广播电视学刊,2021(11):51-52+104.

用户黏性,与其独特的视频风格有着直接的关系。

(二)引发受众共鸣:讲好中国故事,满足受众心理期待

在主持传播活动中,作为主体的 Vlog 新闻主持人固然重要,但当主持传播活动缺少受众的时候,主持传播过程将无法完成。简单来说,无受众就无传播。因此,从受众的角度出发对 Vlog 新闻进行分析,并对主持人的行为进行研究是有必要的。心理学家马斯洛(Abraham H. Maslow)提出了需求层次理论。马斯洛以三角形为框架,将人类的需求由低到高依次排列,它们分别是:生理需求、安全需求、从属和爱的需求、自尊需求及自我实现需求。[①] 这些需求对应受众的需求即由低到高依次为:了解事情基本情况的需求、明白事件来龙去脉即"理"的需求、情感共鸣的需求、审美体验的需求。[②] 在传统媒体时代,受众处于被动的信息接收者身份。在新媒体时代,受众的角色身份由原本的被动接收到主动选择,这也要求主持人在主持传播活动过程中调整自身行为,让 Vlog 新闻满足受众的各层次需要。

小彭发布在 YouTube 平台上的标题为"Peng's Vlog: Come fly with me at the new Beijing Daxing International Airport!"(《小彭 Vlog:快来和我一起飞到新的北京大兴国际机场吧!》)的 Vlog 新闻中,小彭呈现了北京大兴机场首航的情况。这条 Vlog 新闻在海外 YouTube 平台的播放量为 6.2 万次(见表 2),播放量热度排名靠前,受众评论反馈良好。探究其背后的原因,首先,北京大兴国际机场开航投运恰逢新中国成立 70 周年华诞,并且大兴国际机场在 2016 年被英国《卫报》评为"世界新七大奇迹"榜首,它的建筑带有多个"世界之最"的标签。由此见得,北京大兴机场建成并投入使用,本身就存在较大的话题性。其次,小彭作为《中国日报》的新闻记者背靠中国主流媒体,这也让她所拍摄的 Vlog 新闻具有一定主流媒体的权威性及公信力。再次,小彭在时长约 7 分钟的视频中,用中英双语清楚地带受众体验了奔赴机场、抵达航站楼、正式乘坐飞机的全过程,给予受众强烈的临场感,满足了受众对"事"与"理"的需求;小彭的采访呈现了航站楼中及飞机内的游客乘坐首航的热烈氛围,飞机平安降落时乘客们齐唱国歌达到情感顶峰,满足了受众对于"情"的需求。最后,小彭对于大兴机场首航的 Vlog 新闻不仅证明了我国国力的雄厚与强大,也让受众感受到中国人民对祖国的热爱,同时小彭 Vlog 新闻的制作正如上文所说,具有鲜明的风格特征,符合社会的审美

① 马斯洛.人的潜能与价值[M].北京:华夏出版社,1987:162-177.

② 高贵武.解析主持传播[M].北京:北京广播学院出版社,2004:11.

标准,至此小彭 Vlog 新闻满足了受众在新闻传播中对于“美”的需求。

(三)积极引导舆论:做好信息把关人,自塑国际形象

过去,主流新闻媒体利用报纸表达中国态度,利用广播坚守中国立场,利用电视传播中国声音。如今,电子媒介多样,传播方式多变。作为 Vlog 新闻主持人,其身份已经从以往单纯的信息发布者向信息的把关人、意见领袖转变。① 面对国际形势风云变幻,《中国日报》利用 Vlog 新闻的形式开拓国际传播新路径,既要摆明中国态度,也要讲好中国故事。

“在技术赋权下,信息内容的传播主体逐渐多元化,主流媒体传播权和话语权被一定程度分流与消解。”②网络平台鱼龙混杂,信息内容良莠不齐。受众接收信息的渠道更加多样,但围绕其身边的干扰和诱导也越来越多。主流新闻媒体的主持人和记者作为弘扬主流价值、传播主流思想的中流砥柱,应该重塑媒体公信力,对舆论进行良性引导。

当小彭面对国际性的重要会议时,她除了会呈现个人的会议准备工作、会场的基本情况之外,出现在她镜头中最多的就要属各国前来参会的记者们。通过与外国记者交流,小彭让中国民众看到了世界眼中的中国形象,同时也让海外受众了解了中国故事。除此之外,在 2020 年武汉疫情较为严重的时候,小彭在“抗疫”Vlog 新闻中记录下自己与三位已治愈的武汉市民的对话。小彭在个人阐述部分使用英语表达,与三位市民的对话则全部以字幕的形式用中英双语呈现在画面中。这三段真情流露的对话,让世界听到的是中国人民的坚韧,看到的是中国医护人员的付出,感受到的是国家抗疫的决心。

在 Vlog 新闻中,小彭并没有要急于证明中国的发展和强大,而是用国际话语叙述所见所闻,用镜头语言记录工作生活。她就像是一座桥梁、一个通道,用更加轻松、独特的方式让国人看到了世界的变化,让世界看到了中国的发展,用实际行动反驳外媒的恶意抹黑,让各国听到中国声音。

---

① 毕一鸣.言由旨遣语随境迁——新媒体语境下主持人的话语方式[J].视听界,2013(5):53-56.

② 张爱军,王首航.后真相时代的自我救赎:真相的再归与主流媒体话语权的重塑[J].河南社会科学,2021,29(6):93-101.

五、Vlog 新闻国际传播策略优化路径

如今,有越来越多的主流媒体愿意用 Vlog 的形式去呈现新闻内容,可见 Vlog 新闻有着较大的发展潜力,并为我国国际话语体系构建提供了切实可行的发展路径。但同时,现存 Vlog 新闻的国际传播策略也存在着一定的上升空间。

(一)主持人应进行差异化的主持传播

受众对大众传播有高度的依赖性。① 不同地域、不同文化的大众传播内容也有着一定的区别,这都受到特定地区文化、宗教、政治制度及经济水平等方面的制约,各地大众传播内容发展多样化,主持人不能套用一种模式进行主持传播。例如表 1、表 2 所示的数据情况,同一条视频,在国内的自媒体平台数据名列前茅,在国外平台的浏览量却较低。首先要承认,特定的新闻内容在不同的平台上所具有的话题量存在差异,但主持人将完全相同的视频内容发布在海内外各地不同的平台是否合适?作为主持传播的主体,主持人需要考虑到各地受众的接收习惯及审美偏好进行不同平台的差异化传播,在既保证自身个性风格的同时,又能获得更加广泛的关注。

(二)主持人应重构身份认同

随着 Vlog 的普及,很多主持人由原本的大屏转向自媒体平台继续发挥着影响。例如,康辉、朱广权、刚强、王冰冰以及彭译萱等主持人则善于运用 Vlog 的形式去报道新闻事件,他们各自都具有独特的文化标签和气质。其中,王冰冰、彭译萱等人入驻微博、哔哩哔哩等自媒体平台,与受众积极互动,其发布的内容有着较高的用户黏性,甚至有着自己固定的粉丝群体。

优秀的主持人和记者与一般的 Vlogger 相比,因其较好的形象、专业的报道能力、敏感的信息捕捉能力以及一定的审美能力和后期制作功底,使得他们迈向优质 Vlog 领域的门槛相对较低。主流媒体应该抓住主持人的这些先天条件,充分发挥其优势,转变其工作职能,重构其职业认同,积极培养 Vlogger 型的主持人和记者,增强其与受众的互动,保证用户黏性,鼓励其多生产深度与广度、权威性与大众性平衡的高质量时政 Vlog,更好地开拓新闻报道新空间,将 Vlog 变成主持人和记者新闻报道的新载体。

---

① 德弗勒,丹尼斯.大众传播通论[M].北京:华夏出版社,1989:4.

六、结语

在当前媒介环境下,小彭 Vlog 是传统新闻媒体积极转型的有效尝试,也是主流新闻媒体进行国际传播的有效路径之一。小彭 Vlog 的新闻不仅在审美层面给予人们享受,更重要的是让媒体从业者看到国际视野下主流媒体主持传播的另一种可能,具有较高的参考价值和启发意义。为了更好地让 Vlog 新闻产生 1+1>2 的国际话语传播效果,主流新闻媒体不仅要在视频形式上注重新闻性与 Vlog 特性的协调统一,注重跨文化、跨地域之间的差异化传播,在国际层面找到讲好中国故事的共通性,也要从 Vlog 新闻主持人的角度出发,把握好前台表现与后台展示的尺度,让人文关怀温暖受众,让主流话语温暖人心,让世界听到中国声音。

从主播台到互联网:播音生的职业想象与身份区隔

◎ 温莫寒*

摘要:在互联网的冲击之下,传统媒体正以积极融合的姿态寻求受众注意力的重新回归。在此背景下,各高校的播音主持专业也与时俱进,以包括秀场直播、视频博主、互联网营销师等多种职业在内的"网络主播"为主要方向,培养播音生的新媒体素养,让播音生能更好地从"主播台"走向"互联网"。播音生在自我要求和社会规训的期待中,原本对自己可以从事的职业生发出公共性与精英化的想象,然而,"主播"一词的污名化使他们在融入互联网的过程中存有种种顾虑,用主动的自我区隔彰显自己与"网络主播"身份的不同。同时,以"内容传播"为突破口,播音生开始尝试身份协商与自我和解,用专业优势加深主播群体内部的区隔,建构出有利于自己的身份形象,找到了一条融入互联网的可行路径,他们在获得身份归属与认同的同时,也创造出新的评价标准来改善大众认知。

关键词:播音生,身份区隔,内容传播,身份协商

一、问题的提出:媒体转型中的职业选择

互联网作为基础设施重塑着个体的生活方式,也深刻改变了媒介环境。以广播电视为代表的传统媒体逐年式微,互联网平台上各式各样的自媒体成为人们休闲放松、获取信息的主要渠道,也成为最不可忽视、最广阔的劳动场域。在此背景下,传统媒体开始布局新媒体矩阵,力求以新鲜的视角重新夺回受众注意力。传统的广电播音员主持人也配合媒体布局,开设个人账号,揭幕节目制作背后的故事或记录个人生活点滴,还有些进军直播带货领域,从严肃的主播台走向了受众更多的互联网。

为配合媒体融合发展趋势,与时俱进,培养出适应新形势、新要求的高素质播音主持人才,各大院校纷纷调整播音专业的教学体系,在课程中加入新媒体的相关课程,如新媒体内容生产、新媒体运营、融媒体产品设计等。还有一些院校贯彻因材施教的理

* 温莫寒,中国传媒大学电视学院博士研究生。

念，在新闻、综艺方向之外设置了新媒体主持方向，让学生根据自己的特长自主选择，课程设置也更有针对性。而在实践方面，不少院校带领学生积极探索，如鼓励学生创立自媒体账号、展开电商直播助力脱贫攻坚。还有不少 MCN 机构与院校合作，提供实习机会，或者直接到学校挑选毕业生就业。多样化的课程设置和实践活动，让播音生开始重新思考自己未来的职业方向。实际上，在媒体变革的浪潮中，身处旋涡中心的播音生在职业规划上也有了明显转向，除了进入传统的广播电视媒体工作外，的确有越来越多的学生或主动、或被动地进入互联网平台，从事网络主播、短视频博主、互联网营销师等多种职业，在媒介变革浪潮中重新探寻自己的身份归属。

那么，变革的媒介环境和媒体融合的发展趋势，给播音生的职业规划产生了怎样的影响？他们是否愿意卷入互联网平台的数字劳动中？还未进入职场的播音生对自己的社会身份存有怎样的想象与期待？已经进入新兴行业中的播音生又是如何认知自己的身份的？

二、研究方法

基于以上问题，笔者在 2023 年 7—9 月间与 10 位播音主持专业在校生或从事网络主播相关行业的播音专业毕业生进行了深度访谈，以期能够从他们的分享中得出他们对自己身份的期待和转型的困惑。访谈对象的年龄跨度为 19—32 岁，访谈采用了半结构化的方式，与 10 位受访者进行了至少 1 次、每次 40 分钟的访谈（见表 1）。以传统媒体式微大环境下工作机会减少和转型为背景，访谈问题分为三个板块，分别是：对新媒体环境下播音专业课程设置的看法、目前的学习状况、未来的工作设想；针对已经参与了网络主播相关工作的访谈对象，还设定了关于工作契机和工作认同度等方面的问题（文末附深度访谈提纲）。

表 1　受访人员一览

编号	性别	访谈方式	年龄	是否工作
1	女	线下面谈	21	否
2	女	线上语音	19	否
3	男	线上语音	22	否
4	男	线上语音	20	否
5	女	线上文字	21	否
6	女	线下面谈	28	是

续表

编号	性别	访谈方式	年龄	是否工作
7	男	线上语音	23	否
8	女	线下面谈	26	是
9	女	线下面谈	28	是
10	男	线上语音	32	是

三、背景关联:“主播”的嬗变与规范

在回答上述问题之前,必须对“主播”一词的嬗变做一个梳理。这个词语的内涵变化对播音生的身份认知产生了直接影响,进而影响了自己的职业选择路径。

主播,原义是指在新闻节目中担任播音任务的人,他担任着传递信息的角色。主播往往以端庄严肃的形象出现在大众面前,并逐渐演化为大众传播仪式的推动者,成为“意义展示的载体”①。这时,大众对主播的信任度极高,主播的形象也较为正面。当技术门槛降低,“人人都有麦克风”的自媒体时代到来,“主播”一词的含义在众声喧哗的网络平台被泛化。“网络主播”起初是指通过网络直播,以视频、语音等多种视听方式进行歌舞表演、聊天、游戏等活动的人。② 但随着网络传播形式的增多,直播带货成为最主要的变现形式,各种垂类的短视频成为人们获取信息的主要方式,带货主播和短视频博主成为不可忽视的网络主体。因此,网络主播的外延进一步扩大,带货主播和短视频博主也成为网络主播的重要组成部分。随着科技的进一步升级,未来感十足的 AI 主播和充满二次元气息的“虚拟主播”也成为“网络主播”中的重要存在。

然而,随着网络主播群体范围的拓展,鱼龙混杂的网络主播开始造成“主播”一词的污名化,这是“主播”一词嬗变过程中需要重点关注的一环。“污名”最早由戈夫曼提出,他将污名视为社会歧视的起点。他认为,污名实际上是与社会期待有关,当一个群体反复发生违反社会规则和公共秩序的“不名誉”越轨行为而无法满足社会期待时,“污名”就产生了,这是一种社会控制的手段。

在网络主播刚刚兴起之时,由于市场的快速膨胀,加之没有完善的市场规则和监

① 田维钢,温莫寒. 新闻播音员的符号学解读——AI 合成主播来临的思考[J]. 青年记者,2020(12):84-85.

② 黄勇军,张国建. 网络主播的特性与监管[J]. 中国广播电视学刊,2016(5):75-76+107.

管措施,低俗猎奇内容大量充斥,加剧了社会对网络主播“三俗”的刻板印象。[①] 而在镜头前直播时打扮艳丽的“女主播”,更是加剧了社会对“女主播”这一群体的恶意。当人们谈论此词时,不会再认为它是指“从事播音主持相关行业的女性”,而是指“低俗、媚俗的网络女主播,甚至涉嫌违法犯罪行为”(受访者5)。这一污名化过程无疑会给播音生造成一定的心理冲击,这种冲击也直接影响了播音生在职业期待和身份转型上的选择。进而,这种污名加剧了社会对“主播”这一职业的刻板印象,造成大众审美畸形,助长“以貌取人”的社会风气,不利于传媒行业的良性发展。“污名化”有着复杂的形成机制,但值得注意的是,“主播”的污名在很大程度上是由媒介(尤其是自媒体)自己造成的。也就是说,媒介污名在这一进程中发挥了十分重要的作用。有学者指出,“媒介污名在实施之初,就已从选题入手预设了观点倾向和情感偏见”[②]。网络主播通过自己的自媒体账号实施“传播”行为,海量不受约束的自媒体形成的合力扩大了这些内容的传播力和影响面,使公众在对其污名化的过程中开始发挥作用,“主播”的污名化被再次扩大化。

媒介素质良莠不齐的网络主播和乱象频出的网络平台使国家和行业协会纷纷出台政策强化监管,规范网络主播在媒介平台上的行为。2020年7月6日,人力资源社会保障部联合国家市场监管总局、国家统计局发布9个新职业。其中,“带货主播”被正式纳入“互联网营销师”行列,并发布了相应的职业要求和职业规范。2022年6月22日,国家广播电视总局、文化和旅游部联合发布《网络主播行为规范》,从正反两个方面规定了网络主播在提供网络表演和视听节目服务过程中应当遵守的行为规范与要求,“主播”行业正从混乱无序逐渐走向规范。

“主播”的含义经历了泛化和污名化,虽然现在正走向规范,但并没有完全纠正大众的心理偏见。人们既无法控制自己,使自己完全脱离网络主播带来的愉悦体验,又对这份职业带有无意识的“不屑”,仍然认为这是一份“不体面”的工作。播音生作为语言艺术工作者,与“网络主播”这份职业的关系更近,本应是职业规划中的选择之一,但“主播”的泛化和污名化,使他们在媒介变革的浪潮中经历着新的身份纠结与困惑。

---

① 王丽,李理.网络主播的污名化及其伦理困境:一项网络民族志研究[J].新闻与传播评论,2018,71(4):107-117.

② 陶鹏.公众污名、自我污名和媒介污名:虚拟社会泛污名化现象的三维解读[J].广东行政学院学报,2014,26(1):39-44.

四、公共性与精英化:播音生的职业想象

由于生活工作经验的差异,深度访谈对象在职业认知上有一定的不同,但在职业初心和职业想象上却显示出部分一致性。播音生认为自己将要从事的职业具有明显的精英化倾向和公共性理想,但随着网络自媒体对传统媒体的冲击,他们在实现公共性理想的“现实身份”与成为“网红”的“虚拟身份”之间产生了矛盾心理,进一步影响了播音生的身份认知,导致了身份区隔的出现。

(一)自我期待:一专多能的媒体精英

播音生从选择艺考之日起,往往不是纯功利性地将播音专业作为自己升入理想高校的跳板,而是带有强烈的职业理想主义,他们用“一专多能”描述自己渴望在学生时代达成的目标和能够拥有的职业技能。

“一专多能”代表了播音生专业技能的深度和广度,他们不仅拥有“播音”或“主持”的核心能力,还要拓展自己在拍摄、剪辑等领域的相关技能。随着网络平台影响力的扩大,播音生还希望自己拥有新媒体运营、策划等方面的能力,为自己争取更多的职业机会,也为更长远的职业转型做好准备。90%的受访者表示,自己选择播音主持专业的初心是希望能够成为一名广播电视节目播音员或主持人,广阔互联网阵地上的新媒体并不是他们的第一选择。目前的在校生在入校之初,媒介环境已经开始发生变化,突出表现为综艺节目的去主持人化以及演员、歌手的“跨界主持”。这致使学生们更愿意将“播音”能力作为自己的核心竞争力,而弱化了对自己“主持”能力的关注。也就是说,坐上“主播台”是他们最向往的工作。但在校播音生普遍并没有完全排斥进入新媒体的工作机会,而是希望通过拓展自己的“多能”,增加自己的就业机会。受访者4就表示,“虽然目前没有进入新媒体工作的打算,但还是希望如果毕业时有不错的机会,自己能够有能力抓住”。

布迪厄(也有译者将其译为布尔迪厄)将“精英”定义为“某一场域中(社会)资本的拥有者、把控者与操作者”①。播音生对自己的“精英”期待,并不意味着脱离群众、远离社会,而是对自己在专业上有的高期待、高要求,希望自己成为“业务精英”,并由此给自己带来较高的社会资本和社会地位。也就是说,播音生对自己的精英期待是一

① 布迪厄.国家精英——名牌大学与群体精神[M].北京:商务印书馆,2004:70.

种专业期待,它们在目的上是一致的。播音生希望能够通过自己的专业技能,巩固自己在当前传媒变革中的优势地位,与“网络主播”进行身份上的区分。此外,播音生对自己“一专多能”的专业期待,对新媒体技能方面的期待,都是为了配合传统媒体的融合转型,而不是为了纯粹的“职业转型”或“身份转变”,播音生对待新媒体的态度是比较被动的。如今,传统媒体开设官方新媒体账号已经成为其打造传播矩阵中不可或缺的一环。同时,传统媒体也鼓励媒体人开设自己的新媒体账号,依靠自身影响力获取更多流量和受众,反哺传统媒体的节目;在一些特殊的时间节点上(如助力脱贫攻坚),播音员主持人也会以“带货主播”的身份进行直播带货。受访者 1 表示,“我不排斥成为网红,但是不会主动选择成为网红,如果台里需要我进行直播带货或者开设账号,我不会拒绝,希望自己有这方面的能力能够胜任”。

播音生对“一专多能”的自我期待,揭示的依旧是对播音主持专业的传统想象,舞台聚光灯下的光鲜亮丽和主播台上的正襟危坐依旧是最主流的认知。这种基于“体面”的工作想象,也致使播音生对“网络主播”等新媒体相关工作呈现“虚假接受”和“被动接受”的态度。

(二)社会期待:掌握话语权的公共知识分子

播音生也在通过普遍的社会期待构建着自己未来职业的想象。每个社会的正常运转都要求社会成员扮演一种或多种社会角色,社会秩序和公共规则又为每种社会角色赋予了一定的“社会期待”,反映出社会公认的价值标准。

官方主流媒体的权威地位与仪式性象征也赋予了播音员主持人相应的权威身份,使公众对播音员主持人有一种“公共知识分子”的期待与想象,对他们的期待可以概括为“铁肩担道义,辣手著文章”。在大众的期待中,播音员主持人掌握着较高的话语权,是大众目光的焦点,应该利用手中的话筒聚焦社会公共议题,进行舆论监督,为百姓争取公共利益。虽然媒介乱象时有发生,但播音员主持人总体上还是满足了社会期待,在朝着公共知识分子的方向发展。而在这种满足社会期待的过程中,播音员主持人也通过社会认同实现了自我价值、满足了自我期待。

社会大众对播音员主持人公共性的社会期待,是在传统媒体十分兴盛的大众传播时代形成的,建立在传统媒体赋予的个体权威和话语权之上。传统媒体虽然连年式微,并力图在技术手段和内容形式上与新媒体进行融合,但即使这样,大众对媒体人的社会期待却并没有改变或消退。网络平台的崛起、自媒体的盛行,都没有动摇播音员主持人的神圣地位,反而在网络主播频频传播不良内容的情况下,赋予了传统媒体人更高的社会期待。网络平台是一个开放的平台,自媒体人的影响力和权威性却往往不是直接从网络上获得的,而是在原有领域中积累的。因此,传统媒体赋予播音员主持人的话语权并由此而来的"为民发声"的权力,是社会的最大期待。

值得欣喜的是,在新媒体对传统媒体造成巨大冲击的当下,播音生都没有放弃"达则兼济天下"的知识分子理想。受访者3说:"这几年我们国家发生了很多大事,但有时候我却只顾自己开不开心,有一天突然觉得挺对不起学的这个专业,于是就想真的去看看这个世界到底是什么样子的,也想为更多人发声。"这种关注社会现实的公共性理想的萌发与社会期待密不可分,并在潜移默化中影响了播音生的职业想象。与对传统媒体播音员主持人的期待完全不同,社会对网络主播的期待还没有形成较为统一的标准,缺乏社会尊重和公众认可。受访者1表示:"就像明星直播带货会影响荧幕形象,总觉得你是没钱生活不下去了才会选择去当主播带货,所以我的第一选择还是进入传统媒体。"可见,对网络主播的污名化已经固化了社会成员的想象,所以在某个主播因"做好事"而"爆火"后,社会舆论会给出更加正向的反馈。

公共性的社会期待与精英化的自我期待在本质上是一致的,对公共性的追求本身也是成为"专业精英"的要求。在媒体大融合的时代,具备专业能力、满足国家宣传要求和市场商业逻辑都是衡量公共性的重要指标。这既是播音生的自我要求,也是社会对播音主持工作的共同期待。

五、自我区隔:播音生的专业坚守与价值困境

在承认"主播"与"网络主播"在含义上具有客观差别的前提下,所有受访者都承认这样一个基本事实:未来,播音生只坐"主播台"的时代已经过去,他们必定要卷入互联网的时代浪潮,与时俱进,参与到新媒体的传播过程之中才是明智的选择。但是,播音生却又对"网络主播"等新媒体工作呈现出"虚假接受"与"被动接受"的心理,以自我区隔展现出与"网络主播"的不同。这种区隔不是由于社会资源差异导致的被动区隔,而是为了区分身份地位进行的主动区隔。

(一)心理区隔

心理区隔是播音生进行身份区隔的主要动因,产生的根源在于对"主播"的污名化认知。污名的产生首先是由于群体表现背离了普遍的社会期待以及由此产生的刻板印象,但社会成见和思维定式产生后,即公众污名产生后,群体的自我性污名和意识

性污名使得污名更加顽固,污名的消解也更加困难。

自我性污名表现为个体的自责和自我贬低,意识性污名表现为对存在的或想象到的由于自身具有的不被期望的特征或与特定人群的联系可能引起被歧视的害怕心理。① 播音生与“主播”的天然关联,使得媒介变革浪潮中的播音生对自己的职业身份产生了怀疑,迫切想与“网络主播”划清界限。在最朴素的心理认知上,他们仍然认为网络主播是一份“低人一等”的工作,并极力避免因这种天然链接产生的心理落差。受访者6已经毕业多年,从传统媒体离职后与丈夫创立了一家新媒体公司,她作为主播在台前进行电商直播。她谈道:“我目前还不愿意让同学们知道我的账号,还是有专业情愫在,没有完全放下成为主持人的理想。”即使已经成为网络主播进入直播带货的风口中,很多播音生依旧不愿意公开自己的身份,并在无意识中矮化了自己的身份。

布迪厄将资本分为经济资本、社会资本、文化资本等。网络主播虽然获取了丰厚的经济资本,但却没有获得与之相匹配的文化、社会等隐形资本,这种资源获取的差异直接导致了播音生心理区隔的产生。前文提到,网络平台并没有赋予主播足够的话语权。虽然几位已经毕业工作的受访者在话语中反思了传统媒体中这种“话语—权力”的资本获取模式,但在根深蒂固的社会成见以及理想与现实的深刻矛盾中,并没有找到改变这种现状的出路。反之,传统媒体虽然无法给予主播足够的经济资本,但隐形的社会与文化资本会转化为布迪厄所言的“符号权力”,这作为一种隐形的符号优势②,会给从业者带来足够的职业尊严、职业获得感,并不断强化自己的专业认同。

如果将视野拓展至整个传媒行业,不仅是播音生,媒体人的心理区隔可以为多年来媒体融合的效果不佳找到一条解释路径。媒体融合的本质是“人”的融合,如果媒体人无法真正认同新媒体的价值,就不会主动进入融合进程,媒体融合的效果自会大打折扣。扁平化的网络平台遵循的是以商业逻辑为主的运行规则,完全不同于传统媒体“资本—价值—权力”的流动链条,且在污名化的影响下,媒体人无法在身份重构的过程中获得价值感,那么,心理区隔也就无法消除。

(二)专业区隔

在访谈过程中,受访者不断用专业话语将自己从社会对“主播”的刻板印象中隔

---

① 管健.污名的概念发展与多维度模型建构[J].南开学报(哲学社会科学版),2007(5):126-134.

② 何少娴,尤泽顺. 建构、场域及符号权力:布尔迪厄对批评话语分析的影响[J]. 东南学术,2017(6):226-232.

离出来,将自己描述为不同于主播群体的“他者”,用专业性作为区隔的依据,以专业优势彰显身份优越。

在语音发声等播讲技巧上,受访者普遍认为学校的专业训练会使自己在网络平台的表达更加清晰、更具有吸引力,即使进行电商直播,也会有一定优势。但实际上,当学生真正从事相关工作或参与了一定的社会实践后,会发现网络主播并不是一个“低门槛”的工作。播音生训练出的“字正腔圆”的表达方式在互联网平台上并不适用,反而会让受众产生距离感,使得播音生在从业之初屡屡碰壁。受访者3在参与了学校组织的电商直播实践后说:“参加之前信心满满,觉得不是什么难事,但是在亲身实践之后发现壁垒挺高的,不是那么容易掌握。”因此,播音生一方面极力建构“主播”与“网络主播”的专业性差异,以此展示自己在身份上的优越性;另一方面,在参与实践后,他们又不得不承认网络主播的专业性,意识到自己受到的专业训练与“网络主播”的要求并不匹配。

在风格特点上,网络主播与传统播音员主持人显示出了更大的差异。目前互联网生态中的竞争异常激烈,主播不得不用更加夸张的方式博得眼球、吸引流量。有学者在对比网络主播与电视节目主持人在传播方式上的不同时,将其概括为“专业规范化传播”和“崩溃无序式传播”①。网络主播以自我展演的个性化和多样化吸引用户,而受过系统训练的传统媒体播音员主持人,以规范的表达和高度的责任心,牢记为党发声、为人民发声的使命,以较高的审美旨趣传播积极向上的内容。受访者6虽然已经进入电商行业多年,但仍用“疯”“戏精”这样的字眼形容其他带货主播,并以此将他们与自己相区分。她说:“其实我的风格在主播中还是不算外向的,但我并不想改变自己的风格,还是想发挥优势,有一些内容输出。”

在传播目的上,传统媒体播音员主持人与网络主播的差异在于“动员”与“共情”②。传播目的的改变与社会语境的变迁息息相关。传统的广播电视机构在组织架构上层级分明,比较封闭,播音员主持人有着较为固定的职责范围,承担着动员全体社会成员参与建设的责任,因此在表达语势和语态上与互联网中的“主播”是完全不同的。而在开放式的网络关系网中遵循的是“流量至上”的法则,网络主播为了让自己的传播内容在海量的同质化信息中脱颖而出,会采取情感性策略,将“共情”作为突破口,激起用户的情感共鸣,增强用户黏性。

---

① 李琳,贾毅. 网络主播、电视节目主持人的比较研究[J]. 新闻爱好者,2019(2):83-87.

② 战迪. 从动员到共情:数字媒体时代主持传播的情感结构[J]. 中国主持传播研究,2022(1):20-22.

专业价值在网络平台上无法体现,使专业区隔成为播音生进行自我区隔的直接动因。他们一方面寻求传统职业规划的舒适区,同时也激发起坚守职业初心的动力。他们希望能够以专业性破除“主播”污名,规范传播流程,改善社会大众对他们的刻板印象。当人们不再对主播群体持有偏见之时,播音生才能够真正解除区隔,融入网络平台。

(三)归属区隔

播音生对“网络主播”等新媒体工作的抵触,还来源于归属上的不明晰。满怀理想的播音生目睹了传统媒体的快速衰落后,也对网络平台的前景表示担忧,担心风口过后的网络平台也会经历传统媒体式的快速式微。如今他们面临“传统媒体人员饱和”与“网络平台无法胜任或未来不定”的双重困境,无法确定未来职业走向和身份归属。因此,身份纠结导致的归属感不明也成为区隔身份的原因之一。

即使传统媒体式微,但多年的积累和“公有制”性质使其拥有严密的层级制度和较为完善的准入与退出机制,属于“体制内”的范畴,拥有较为完备的保障体系。深度访谈过程中,受访者普遍表示网络主播是一份“不稳定”的工作,并且对自己是否能长久从事表示担忧。即将毕业的受访者 7 表示,“我身边的同学中,观望的居多,有的 MCN 公司开出了很好的条件,但他们也依然没有迈开步子”。已经进入网络平台工作的播音毕业生也表示,即使获得了足够丰厚的经济收入,依旧伴随着深深的不确定感和“漂泊感”,无法在工作中找到归属感。由此可见,传统媒体提供的保障模式更容易使播音生找到归属感,这也成为播音生不主动融入网络平台的原因之一。

除了稳定性与安全感,获得归属感的另一种重要方式是获得价值认同。然而,由于心理区隔使播音生对新媒体相关工作的价值本身就存在疑虑,专业区隔更是让他们无法充分融入网络平台,他们自然就无法从中获得身份归属。在跨文化传播领域,斯图亚特・霍尔用“文化身份”分析个体跨越一种文化、适应另一种文化的过程。所以,文化身份的内涵应该从两方面加以理解,“一个是相似性和延续性的维度,另一个则是差异性和断裂性的维度”①。文化身份由社会文化规训而成,具体可以分解为民族、性别、阶层等,也与自我意识密不可分,文化身份表达了“个体或文化群体在文化归属

① 邹胜.重造文化身份讨论的措辞框架:霍尔理论遗产的学理性和方法论启示[J].全球传媒学刊,2015,2(2):99-112.

上界定自身文化归属的认同"①。显然,传统媒体的播音员主持人已经获得了较为成熟的文化身份,能够认同自己的工作价值,从而实现身份归属,但"网络主播"的文化身份内涵却是不明确的。如今的媒介环境,是传统媒体与新媒体的大融合时期,也是媒体人文化身份的过渡时期,播音生还没有消解跨越文化身份带来的不安。从这个意义上说,播音生的归属不清同所有媒体人转型阵痛期经历的身份问题一样,是媒体变革时代的必然,由此造成的区隔也是播音生成长的必由之路。

归属的区隔根源于心理的落差,而落差的产生是因为网络主播还是处于风口之中,没有完全归于常态。当新媒体不再被认为是一种"新事物",直播带货成为一种最普通的销售方式,视频博主也成为不再"备受瞩目"的新行业之时,主播之间的差异性和相似性将得以融合,文化身份的过渡将会最终完成,归属的区隔自然也会消解。

六、内容传播:播音生的身份协商与自我和解

对播音生身份的探讨基于这样两个基本前提:身份是变化的,身份是建构出来的。在社会认同理论之外,生发出了"身份认同威胁"这一概念,是指"当外群体的行为潜在地削弱了内群体的自尊时,就会被群体成员视为一种威胁"②。主播的污名化导致播音生的身份认同受到威胁,由此进行主动的自我区隔,使身份的过渡与重建也困难重重。播音生将自我区隔出"主播"群体之外,以"自我"与"他者"的不同进行区隔的同时,也在以积极的身份协商消解主播污名。播音生面临的身份压力来自两个方面,一方面是外部社会大众的质疑、成见与污名,另一方面是内部的心理落差与自我加压。通过深度访谈可以发现,播音生进行身份协商采取的主要策略是:用专业优势加深主播群体内部的区隔,建构出有利于自己的身份形象,在获得身份归属与认同的同时,也创造出新的评价标准来改善大众认知。

播音生作为未来或现有的媒体从业者,"理想"和"初心"是他们进行身份协商的出发点,而"内容传播"便是用来支撑"初心"的核心,或是播音生寻求的"主播"与"网络主播"之间的共同点。播音生渴望以实质性的信息传递与观点输出争夺话语权,寻求自我身份的认同,并以此作为融入网络平台与新媒体环境的竞争优势。受访者 2 说:"如果进入新媒体,我想做的也不是低俗的网络主播,而是有传播话语权的新媒体

---

① 吴文瀚. 新媒体艺术的技术本源、文化身份与价值表达考量[J]. 现代传播(中国传媒大学学报),2015,37(5):78-82.

② 赵静,杨宜音.城管的身份认同威胁及其身份协商策略[J].学术研究,2017(4):63-68.

人,实现自己的精神和财富自由。”受访者10是拥有一定粉丝量的视频博主,他在做博主初始阶段也无法放下成为主持人的情结,经历了相当长时间的心理调节后,他总结道:“还好我目前依旧是在做内容输出,也算殊途同归,对得起自己了。”以“内容传播”为突破口,播音生实现了初步的身份协商与自我和解,也获得了专业认同与专业自尊,这也成为播音生职业成长的落脚点。

不同的传播平台没有改变播音生对内容品质的追求,这就要求播音主持专业教育要进一步重视培养播音生的文化素养和“无稿播音、出口成章”的能力。然而,结合本次深度访谈和既往研究,播音生却普遍认为学校教育没有让他们获得可以持续输出内容的能力,这为播音教育的下一步转向敲响了警钟。在我国,开设播音主持专业的院校已经突破了240所,在校生和毕业生规模更是一个庞大的数字,成千上万的播音生是与媒介变革浪潮息息相关的主体之一。然而,很多播音生却面临“毕业即失业”“毕业即转行”的尴尬局面,整个网络视听领域也面临着优质内容输出乏力的困境,让播音生成为这种错位的弥合剂,拓宽播音生的职业选择路径,同时带动网络视听环境的改善,这是我们的共同期待。关注学生的职业成长,及时疏解学生的心理困惑,是高等教育坚持“以人为本”的直接体现。通过研究可以看出,要想从根本上改变“主播”的污名化以及部分播音生在职业选择上对新兴职业的排斥心理,还有很长的路要走,这也提示社会各界,需要加强对优质内容输出者的鼓励。高校更要做好就业引导,完善播音主持专业的教学体系,着重训练学生的思维能力,与时俱进,及时回应学生关切和市场诉求,培养出学生满意、市场需要的优秀人才。同时,我们也要有足够的信心,播音生凭借自己的专业素养和较高的媒介素质,一定可以成为净化网络环境的生力军,成为新时代的意见领袖,为互联网优质内容的产出做出贡献。

附录:半结构化深度访谈提纲

1.为什么选择艺考?为什么选择学习播音专业?

2.学校是否安排了与新媒体相关的课程?

3.目前的职业规划与刚入学时有不同吗?为什么?

4.是否有做一名网络主播的职业规划?为什么?

5.身边的同学对从事网络主播相关的工作态度如何?

6.怎样的契机从事了现在的工作(网络主播或其他相关职业)?

7.毕业时考虑过去传统媒体工作吗?在传统媒体与新媒体之间,为什么选择了现在的工作?

8. 从事现在的工作后,心态上有没有变化?会认为自己与其他网络主播不同吗?

9. 你身边还有没有播音生从事网络主播等相关职业的例子?这种情况在近些年有增多吗?

主持传播中主持人副语言风格再认识

◎赵　媛　车　玥*

摘要：在主持传播中，独特风格的形成是每位主持人的追求，有声语言和副语言对主持风格的形成同样重要，主持人的副语言风格不仅影响着节目的传播效果，更直接关系到受众的接受与反馈。本文运用深度访谈、问卷调查、文本分析等研究方法，从传播主体视角转向受众视角来审视主持传播中主持人的副语言风格，探讨播音主持副语言风格在主持传播中的重要性、形成原因及发展路径。研究结果显示，观众认为在观看节目时主持人副语言对节目有着重要作用，观众对副语言的喜爱与认知存在个体差异，副语言发展注意事项与副语言风格发展策略之间有密切联系。

关键词：受众视角，主持传播，副语言风格

一、研究背景与问题提出

在当今媒体多元化时代，电视等大众媒体为追求更强的观众吸引力，日益注重节目的“视觉冲击”与“感官刺激”。播音员主持人作为节目主导者，其单纯的有声语言已无法满足观众需求。副语言，包括衣着打扮、言谈举止、舞台背景以及音效等，在节目主持中起到重要作用，显著提升了节目吸引力，如文化类节目《典籍里的中国》的舞台设计，便收获了广泛好评。随着观众审美水平的提升与节目类型的多样化，观众对节目整体素质的要求也日益提高，播音员主持人对副语言的运用，成为其能否赢得观众喜爱的重要因素。

播音员主持人在播音主持过程中，语言传递的信息量大且关键，必须与节目内容、主持人自身特点相符。然而，当前部分主持人为追求流量，举止夸张、服装浮夸，产生了不良影响。规范主持人副语言，使其与节目定位吻合，对于提升观众审美体验至关重要。同时，相较于有声语言研究的成熟，播音主持副语言研究尚显不足。本文立足现有成果，从观众角度出发，对副语言风格的影响因素与形成原因进行实证研究，以期

* 赵媛，四川师范大学影视与传媒学院硕士研究生；车玥，四川师范大学影视与传媒学院副教授。

推动副语言研究的深入发展,同时为播音员主持人提供指导。

本文将结合实例分析与受众调查对以下问题予以探索:在节目中受众对于主持人副语言的重要程度认知如何?观众对不同主持人副语言风格认知是否存在个体差异性?副语言使用注意事项与副语言风格发展策略之间是否相互影响?

二、文献回顾

(一)主持人副语言相关研究

从2001年开始,有关播音主持的研究成果逐渐丰富,其中针对播音主持副语言进行的研究主要集中在以下三个方面。

1.学理定位和运用技巧方面

学者谢伦浩对主持人副语言的学术概念、学理思路以及学科价值进行了梳理。学者胥胜男认为电视播音员主持人对于副语言的恰当运用可以向电视观众传递更丰富的信息,并总结出表情、手势、体态和妆容四个方面的副语言运用技巧。[①] 学者唐晓智指出主持人副语言的运用应"注意个人修养、拒绝小动作、拒绝程式化以及加强眼神交流"。

2.结合理论进行研究方面

这方面的研究主要分为两类。其一是从传播学的角度,探讨主持人的一举一动、一颦一笑、一言一行对观众产生的情感影响。学者郑伟指出,在传播学中,非语言传播可以达到无声胜有声的效果,副语言携带的非语言符号,是一种非常重要的信息载体,其传递的信息比语言交流具有更加丰富的内涵。[②] 其二是对副语言中的服饰、色彩等客体语进行美学研究。如学者郭艳玲认为服饰是一种物质符号,即表意载体,这导致服饰不仅拥有实用功能,同时还具有一定的表意功能。[③] 学者闫航也认为节目主持人服饰语的应用是主持人综合素质的体现,是一种无声语言,它联系着主持人和观众,传

---

① 胥胜男.电视播音主持的副语言创作及运用分析[J].新闻研究导刊,2016,7(6):174.

② 郑伟.浅析生活服务类节目主持人的非语言传播[J].新闻传播,2016(8):73,75.

③ 郭艳玲.综艺节目主持人服饰和体态语的形象塑造——评《综艺娱乐节目主持概论》[J].上海纺织科技,2019,47(1):79-80.

播着电视台的形象和审美观念。①

3.实践阐述及个案研究方面

有的论文从实践角度阐述副语言在播音主持中的运用,这类论文在研究播音主持副语言的文献资料中所占比重较大。如学者余声从融媒时代电视节目主持工作互动性增强、受网络影响大以及个性化需求提升这三个方面,进一步分析主持人副语言的运用技巧。个案研究主要针对某一位或者某一类主持人的副语言进行研究,这些个案研究基本上没有展开详细论述。

(二)播音主持副语言风格相关研究

在播音主持研究中,“播音风格”这个词也一直备受学者们关注,“播音主持风格,就是播音员主持人在创作中所体现出来的创作个性和艺术特色。它以运动的状态贯穿播音创作的全过程,又以相对稳定的状态凝结在作品中”②。而播音主持副语言风格,是指播音员主持人在播音主持传播过程中,长期运用副语言辅助表达所形成的副语言特色、气派和格调。它成为播音主持风格研究中被忽略的重要对象。③ 但当今,作为与有声语言一起构成播音主持语言风格整体的副语言,其研究是一个不可忽略的重点领域,它不仅是主持人自身业务发展的要求、主持传播领域发展的要求,更是电视媒体在融媒体时代快速发展的要求。

(三)国外研究状况

播音主持学在成立时虽然借鉴了国外相关学科的研究成果,但它还是算我国的特色学科,笔者在谷歌学术、百度学术、四川省高校图书馆数字资源共享平台等学术平台搜索“presenters paralanguage”“body language on TV”“body language of host”“broadcasting and hosting”“presenter's nonverbal”等关键词,均未检索到国外学者研究播音主持副语言的文献。笔者借鉴了国外学者关于身体语言、行为科学等领域的副语言研究成果,阅读了相关书目,如爱德华·泰勒的《原始文化》,洛雷塔·A.马兰德罗、拉里·巴克的《非语言交流》,朱利叶斯·法斯特的《体态与交际》等,这些学者都肯定了副语言的重要作用。此外,笔者还参阅了一些国外关于播音员主持人主持技巧的著作,吸

① 闫航.电视节目主持人服饰语研究[D].郑州:河南大学,2013.

② 姚喜双.播音导论教程[M].北京:中国广播电视出版社,2001.

③ 陈杰.播音主持副语言风格研究[D].长沙:湖南大学,2015.

收其观点来作为本研究的理论支撑。

三、研究设计

(一)研究假设

在梳理总结国内外现有的主持人副语言相关研究成果之后,笔者发现鲜有学者分析主持人副语言风格。针对以上现象,我们提出如下研究假设。

假设一:视觉媒介横行的当今,人们在观看节目时不仅注重主持人的有声语言表达,对主持人副语言表达的关注度也比较高。

①人们认为主持人声音面貌的重要性弱于副语言。

②人们认为副语言是节目主持过程中不可缺少的。

假设二:观众对副语言的选择与认知存在个体差异。

①观众选择电视节目受主持人副语言风格的影响。

②观众对播音主持的了解程度影响其对主持人副语言风格表现的认识。

③观众对主持人副语言的认识不受其学历影响。

假设三:观众认为,使用副语言注意事项与副语言风格发展策略之间有密切联系。

(二)研究方法与数据来源

本研究主要采用深度访谈法和问卷调查法,辅以文献分析法。深度访谈对象选取专业主持人、电视节目观众、播音主持专业学生 3 类代表性群体。访谈对象 1,张某某,女性,26 岁,商演活动主持人;访谈对象 2,刘某某,男性,22 岁,在校大学生、新媒体博主;访谈对象 3,杨某某,女性,24 岁,播音主持专业研究生。笔者对其进行线上或线下深度访谈,以了解主持人与观众对主持人副语言及其风格的认识,并结合相关文献进行理论阐释。调查问卷以网络问卷方式进行,答案设计符合穷尽性和封闭性,大多数问题采用五级量表,测试观众对主持人副语言及其风格的真实评价及建议,发布平台为微信群和微信朋友圈,被调查对象范围广泛,预设回收问卷 200 份,有效回收问卷 221 份,满足研究条件。

因为播音员主持人具有个体差异,且播音主持风格类型多种多样,所以在测试观众对不同风格的认识评价、发展建议时,笔者运用参与调查法进行取证,最终选取具有代表性的 6 种风格,分别为沉稳简约型、严肃古板型、亲切自然型、纯真甜美型、幽默诙谐型、时尚大方型,调查观众对于不同风格主持人副语言的喜爱程度。

(三)调查问卷收回情况及信效度分析

本次调查共发放电子问卷221份,回收221份,回收率为100%。有效调查问卷221份,占比100%。

信度即可靠性,它指的是采取同样的方法对同一对象重复进行测量时,其所得结果相一致的程度。从另一方面来说,信度就是指测量数据的可靠程度。信度同时也是进行效度分析的基础。为了保证副语言风格情况调查的可靠性,本研究对调查问卷进行了信度分析(见表1)。

表1 有关副语言风格调查问卷的信度分析

项数	样本量	Cronbachα 系数
29	221	0.934

从表1可知,信度系数值为0.934,大于0.8,说明研究数据信度高。

效度即有效性,它是指测量工具或手段能够准确测出所需测量事物的程度。效度分为三种类型:内容效度、准则效度和结构效度(见表2)。

表2 有关副语言风格调查问卷的效度检验

KMO	取样适切性量数	0.918
巴特利特球形度检验	近似卡方	5012.896
	自由度	406
	显著性	0

从表2可知,KMO为0.918,大于0.6,显著性为0,小于0.05,本次数据适合探索因子分析考察效度,以及数据通过巴特利特球形度检验($p<0.05$),表明问卷数据效度较好。

四、研究发现

(一)在电视节目主持过程中,主持人副语言发挥着重要的作用

主持人在主持过程中并不是单一依靠有声语言就可以完成,而是需要与副语言紧密结合起来,二者相辅相成共同形成主持人的个人风格,才能创造出具有吸引力的电视节目。在媒介传播中,一方面,主持人以肉身实体在场为基础,同现场的观众或嘉宾

形成物理空间交流,使双方情感得以共鸣,让交流不是对空言说;另一方面,在影像传播阶段,人们因害怕孤独而渴望与他人相遇或接触,以此来缓解这种孤独。①

1.在观看电视节目的过程中,观众认为某些副语言的重要程度大于主持人的有声语言

问卷调查结果显示(见表3),在观看电视节目的过程中,一部分人认为主持人的有声语言面貌在节目中占有重要地位(平均值为4.27,标准差为0.883),而大部分人认为主持人的面部表情/身体姿势(平均值为4.34,标准差为0.898)、衣着打扮/形象气质(平均值为4.36,标准差为0.844)等副语言在节目中的重要性较大,还有绝大部分人认为主持人的应变能力(平均值为4.62,标准差为0.78)、文化底蕴(平均值为4.59,标准差为0.824)、道德品质(平均值为4.66,标准差为0.768)等个人素养及能力在节目主持过程中更是占据主导地位。可以看出,观众在观看电视节目的过程中,对主持人的关注不仅局限于有声语言方面,同时也关注主持人的副语言。

在深度访谈过程中,在被问及"在观看或主持电视节目的过程中是否关注主持人副语言",或"你认为在节目中主持人副语言是否重要"等问题时,三位被访谈者认为"很重要,如果只有有声语言的话,肯定无法撑起一场节目""我觉得主持人的副语言在主持过程中应该算是重要的""是的,肯定是重要的"。同样可以看出,无论是观众在观看电视节目的过程中,还是节目主持人在主持的过程中,他们不仅仅关注主持人的有声语言,同样关注其副语言。

表3 观众认为以下要素在节目主持中的重要程度(五级量表标准:1分完全不重要,5分非常重要)

	个案数	平均值	标准差
有声语言面貌	221	4.27	0.883
面部表情/身体姿势	221	4.34	0.898
衣着打扮/形象气质	221	4.36	0.844
声音轻重缓急/哭笑呻吟声	221	4.21	0.892
应变能力	221	4.62	0.78
文化底蕴	221	4.59	0.824
道德品质	221	4.66	0.768

① 齐佳一."身体—主体":智媒时代主持传播中身体的缺失与回归[J].中国主持传播研究,2023(1):139-149.

2.观众认为主持人有声语言不能脱离副语言,二者要紧密结合才能达到帮助观众更好接受节目内容的目的

在节目主持人副语言的重要程度方面,调查发现,少部分观众认为“主持人只需要语言动听”(频次10,占比4.5%),一部分观众认为“主持人副语言的重要性大于有声语言”(频次21,占比9.5%),绝大部分观众认为“主持人的有声语言与副语言需要紧密结合”(频次190,占比86%)(见表4)。

表4 观众认为节目中主持人副语言的重要程度

	频次	占比(%)	有效占比(%)	累计占比(%)
主持人只需要语言动听	10	4.5	4.5	4.5
主持人副语言的重要性大于有声语言	21	9.5	9.5	14
主持人的有声语言与副语言需要紧密结合	190	86	86	100
总计	221	100	100	

调查显示,观众认为主持人副语言“帮助观众更好地理解节目内容”,其占比最高(频次103,占比46.6%),“增强了主持人的亲和力”占比较低(频次67,占比30.3%),而“增加了节目的趣味性”占比最低(频次51,占比23.1%)(见表5)。

表5 观众认为节目中主持人副语言的作用

	频次	占比(%)	有效占比(%)	累计占比(%)
增加了节目的趣味性	51	23.1	23.1	23.1
帮助观众更好地理解节目内容	103	46.6	46.6	69.7
增强了主持人的亲和力	67	30.3	30.3	100
总计	221	100	100	

在深度访谈过程中,被访对象3表示,“我觉得副语言在整个播音主持过程中是非常重要的,因为主持人很难仅凭有声语言驾驭整个节目现场,也很难仅凭有声语言与观众进行互动,我们也已经过了那个主持人只需要报幕的年代了,现在主持人在一个节目中担任的角色非常重要,所以我觉得在学习过程中,副语言算是一个比较重要的点。在整个学习播音的过程中,我也逐渐明白了副语言的重要性”。可以看出被访对象3同样认为主持人有声语言不能与副语言相脱离,二者需要相辅相成才能达到好的节目效果。

(二)观众对副语言选择与认知存在个体差异性

1.观众对电视节目的选择受到主持人副语言风格的影响

把不同节目类型的主持人副语言风格做单因素方差分析,设因子为不同节目类型,设因变量为不同类型的主持人副语言风格,表 6 为方差齐性检验成果,从显著性概率来看,p>0.05,说明各组的方差在 a=0.05 水平上没有显著性差异,即方差具有齐次性。如果仅考虑观众在不同类型的主持人副语言风格之间选择喜爱的节目类型,从单因素方差分析(见表 7),统计值 F 对应的概率 p 值为 0.014,小于显著性水平 a=0.05,所以拒绝原假设,认为观众对电视节目的选择受到主持人副语言风格的影响。

表 6 观众喜爱的主持人副语言风格类型的方差齐性检验

		莱文统计	自由度 1	自由度 2	显著性
7.您更喜欢以下哪种类型的主持人副语言风格?	基于平均值	1.959	4	215	0.102
	基于中位数	1.468	4	215	0.213
	基于中位数并具有调整后自由度	1.468	4	209.183	0.213
	基于剪除后平均值	1.968	4	215	0.101

表 7 观众喜爱的主持人副语言风格类型的单因素方差分析

7.您更喜欢以下哪种类型的主持人副语言风格?					
	平方和	自由度	均方	F	显著性
组间	30.927	5	6.185	2.941	0.014
组内	452.231	215	2.103		
总计	483.158	220			

同时,从观众根据自己喜爱的主持人副语言风格选择相应节目的类型单因素方差分析来看,我们发现选择观看社会科教类、生活服务类节目的观众受主持人副语言风格因素影响较大(平均值分别为 3.35 和 3.46,标准差分别为 1.613 和 1.25),选择其他(科普类、体育类)与时政新闻类节目的观众受主持人副语言风格因素影响较小(平均值分别为 3 和 2.78,标准差分别为 0 和 1.525)(见表 8)。

表 8　观众根据自己喜爱的主持人副语言风格选择相应节目的类型的单因素方差分析

	个案数	平均值	标准差	标准错误	平均值的 95%置信区间		最小值	最大值
					下限	上限		
时政新闻类节目	41	2.78	1.525	0.238	2.3	3.26	1	5
生活服务类节目	24	3.46	1.25	0.255	2.93	3.99	1	6
社会科教类节目	23	3.35	1.613	0.336	2.65	4.05	1	6
综艺娱乐类节目	130	3.72	1.436	0.126	3.47	3.97	1	7
购物类节目	1	5	.	.	.	.	5	5
其他(请注明)	2	3	0	0	3	3	3	3
总计	221	3.48	1.482	0.1	3.28	3.68	1	7

在深度访谈过程中,笔者也发现了类似现象。被访对象 2 表示:“我比较喜欢撒贝宁的主持风格,所以我会刻意地去选择他的节目观看。”被访对象 1 表示:“因为职业原因,作为一名主持人,我会选择和自己主持风格、副语言风格都比较类似的主持人的节目观看。”这说明观众会根据自己所喜欢的副语言风格来选择观看的节目。

2.观众对播音主持的了解程度影响他对主持人副语言风格表现的认识

针对“观众对播音主持的了解程度影响他对主持人副语言风格表现的认识”,笔者做了单因素方差分析。设因子为“我了解播音与主持艺术专业”,因变量为“你认为主持人在使用副语言时以下注意事项的重要性如何?——不要使用过多的网络流行语”,表 9 为方差齐性检验成果。从显著性概率来看,$p>0.05$,说明各组的方差在 $a=0.05$水平上没有显著性差异,即方差具有齐次性。如果仅考虑了解播音与主持艺术专业单因素对观众喜爱不同主持风格的程度的影响,从单因素方差分析结果(见表 10)来看,统计量 F 对应的概率 p 值为 0.015,小于显著性水平 $a=0.05$,所以拒绝原假设,即认为观众对播音主持的了解程度影响他对主持人副语言风格表现的认识。

表 9　观众对播音主持的了解程度影响他对主持人副语言风格表现的认识的方差齐性检验

<table>
<tr><td rowspan="5">10.您认为主持人在使用副语言时以下注意事项的重要性如何?——不要使用过多的网络流行语</td><td></td><td>莱文统计</td><td>自由度 1</td><td>自由度 2</td><td>显著性</td></tr>
<tr><td>基于平均值</td><td>1.146</td><td>4</td><td>216</td><td>0.336</td></tr>
<tr><td>基于中位数</td><td>0.887</td><td>4</td><td>216</td><td>0.472</td></tr>
<tr><td>基于中位数并具有调整后自由度</td><td>0.887</td><td>4</td><td>182.869</td><td>0.473</td></tr>
<tr><td>基于剪除后平均值</td><td>1.113</td><td>4</td><td>216</td><td>0.351</td></tr>
</table>

表 10 观众对播音主持的了解程度影响他对主持人副语言风格表现的认识的单因素方差分析

10.您认为主持人在使用副语言时以下注意事项的重要性如何？——不要使用过多的网络流行语					
	平方和	自由度	均方	F	显著性
组间	9.063	4	2.266	3.155	0.015
组内	155.109	216	0.718		
总计	164.172	220			

同时,针对观众对播音主持专业了解程度的单因素方差分析,我们发现,在"不要使用过多的网络流行语"的认同度方面,"了解播音与主持专业"的观众占比最高(平均值为 4.43,标准差为 0.842),即认同度较高;"不太了解播音与主持艺术专业"的观众占比最低(平均值为 3.86,标准差为 0.881),即认同度较低(见表 11)。

表 11 观众对播音主持专业了解程度的单因素方差分析

10.您认为主持人在使用副语言时以下注意事项的重要性如何？——不要使用过多的网络流行语								
	个案数	平均值	标准差	标准错误	平均值的 95% 置信区间		最小值	最大值
					下限	上限		
完全不重要	27	4	0.961	0.185	3.62	4.38	2	5
不太重要	50	3.86	0.881	0.125	3.61	4.11	1	5
一般重要	53	4.19	0.81	0.111	3.97	4.41	2	5
比较重要	42	4.02	0.78	0.12	3.78	4.27	2	5
非常重要	49	4.43	0.842	0.12	4.19	4.67	2	5
总计	221	4.11	0.864	0.058	4	4.23	1	5

笔者在深度访谈中也发现了同样现象,学习过播音主持的访谈对象 1 和访谈对象 3 都表示,"现在新媒体横行,我觉得主持人不应该刻意模仿""主持人应该遵循节目定位,从观众出发,而不是追逐流量"。

3.观众对主持人副语言的认识不受学历影响

针对在不同的学历条件下,观众对"风格特点在主持人副语言表达中的重要性"认识的单因素方差分析,结果显示,其 F 值为 0.743,p 值为 0.527,说明在不同的学历条件下观众对"风格特点在主持人副语言表达中的重要性"的认识不存在显著差异($p>0.05$);对"使用副语言时注意事项的重要性"认识的单因素方差分析,结果显示,其 F 值为 0.086,p 值为 0.968,说明在不同的学历条件下观众对"使用副语言时注意事项的重要性"的认识不存在显著差异($p>0.05$);对"副语言风格发展策略的重要性"认识的单因素方差分析，结果显示，其 F 值为 0.779，p 值为 0.507，说明在不同的学历条件下观众对“副语言风格发展策略的重要性”的认识不存在显著差异（$p>0.05$）。意味着不同学历的观众对主持人副语言的认识大体一致，并没有表现出太大的差异性（见表 12）。

表 12　不同学历的观众对主持人副语言认识的单因素方差分析

	最高学历（平均值±标准差）					
	大专（n=30）	本科（n=114）	硕士及以上（n=58）	高中/大专及以下（n=19）	F	p
风格特点在主持人副语言表达中的重要性	4.067±0.669	4.101±0.672	3.978±0.744	4.237±0.852	0.743	0.527
使用副语言时注意事项的重要性	4.267±0.64	4.289±0.651	4.276±0.584	4.355±0.818	0.086	0.968
副语言风格发展策略的重要性	4.242±0.585	4.357±0.628	4.384±0.543	4.513±0.819	0.779	0.507

三位深度访谈对象的学历分别是本科、研究生、研究生，他们在探讨主持人副语言相关问题时并没有体现出明显的差异，大都能根据自己的喜好、认知给出合理的回答。

（三）副语言使用注意事项与副语言风格发展策略之间的密切联系

观众认为主持人在主持节目时使用副语言应有一定规范，问卷调查结果显示，在观看节目时，绝大多数观众认为主持人在进行副语言表达时“不要伤害到嘉宾或观众的情感”（平均值为 4.44，标准差为 0.725）与“不要在不合适的时候使用副语言”（平均值为 4.43，标准差为 0.775），大部分观众认为主持人“不要过度依赖副语言”（平均值为 4.17，标准差为 0.796），过半观众认为主持人在副语言表达时“不要使用过多的网络流行语”（平均值为 4.11，标准差为 0.846）（见表 13）。

表 13　观众认为主持人使用副语言时注意事项的重要性分析（五级量表标准：1 分完全不重要，5 分非常重要）

	个案数	平均值	标准差
不要伤害到嘉宾或观众的情感	221	4.44	0.752
不要过度依赖副语言	221	4.17	0.796
不要使用过多的网络流行语	221	4.11	0.846
不要在不合适的时候使用副语言	221	4.43	0.775

同样,针对“观众认为主持人副语言风格发展策略的重要性”的问卷调查结果显示,绝大部分观众认为主持人副语言风格的发展应“从观众角度出发,达于观众”(平均值为4.41,标准差为0.686),大部分观众认为应“从节目内容出发,声画和谐”(平均值为4.39,标准差为0.697)以及应“从现实生活出发,真实自然”(平均值为4.38,标准差为0.68),过半观众认为应“从自身气质出发,形神兼备”(平均值为4.27,标准差为0.784)(见表14)。

表14 观众认为主持人副语言风格发展策略的重要性分析(五级量表标准:1分完全不重要,5分非常重要)

	个案数	平均值	标准差
从现实生活出发,真实自然	221	4.38	0.68
从自身气质出发,形神兼备	221	4.27	0.784
从节目内容出发,声画和谐	221	4.39	0.697
从观众角度出发,达于观众	221	4.41	0.686

取出四组代表性数据(“12.在以下主持人副语言风格发展的策略中,您认为重要程度如何?——从节目内容出发,声画和谐”和“10.您认为主持人在使用副语言时以下注意事项的重要性如何?——不要在不合适的时候使用副语言”;“12.在以下主持人副语言风格发展的策略中,您认为重要程度如何?——从观众角度出发,达于观众”和“10.您认为主持人在使用副语言时以下注意事项的重要性如何?——不要伤害到嘉宾或观众的情感”),分别从节目内容与观众角度做进一步的相关性分析(见表15、表16),可以看到观众希望主持人使用副语言“从节目内容出发,声画和谐”与“不要在不合适的时候使用副语言”之间的相关系数值为0.642;观众希望主持人使用副语言“从观众角度出发,达于观众”与“不要伤害到嘉宾或观众的情感”之间的关系数值为0.613,同时,相关系数右上角有两个星号(**),代表 $p<0.01$,因而说明观众认为主持人使用副语言时的注意事项与主持人风格发展策略呈正相关。

表 15　从节目内容角度分析主持人的副语言

			12.在以下主持人副语言风格发展的策略中,您认为重要程度如何?——从节目内容出发,声画和谐	10.您认为主持人在使用副语言时以下注意事项的重要性如何?——不要在不合适的时候使用副语言
斯皮尔曼 Rho	12.在以下主持人副语言风格发展的策略中,您认为重要程度如何?——从节目内容出发,声画和谐	相关系数	1	.642**
		Sig.(双尾)	.	0
		N	221	221
	10.您认为主持人在使用副语言时以下注意事项的重要性如何?——不要在不合适的时候使用副语言	相关系数	.642**	1
		Sig.(双尾)	0	.
		N	221	221

** 在 0.01 级别(双尾),相关性显著。

表 15　从观众角度分析主持人的副语言

			12.在以下主持人副语言风格发展的策略中,您认为重要程度如何?——从观众角度出发,达于观众	10.您认为主持人在使用副语言时以下注意事项的重要性如何?——不要伤害到嘉宾或观众的情感
斯皮尔曼 Rho	12.在以下主持人副语言风格发展的策略中,您认为重要程度如何?——从观众角度出发,达于观众	相关系数	1	.613**
		Sig.(双尾)	.	0
		N	221	221
	10.您认为主持人在使用副语言时以下注意事项的重要性如何?——不要伤害到嘉宾或观众的情感	相关系数	.613**	1
		Sig.(双尾)	0	.
		N	221	221

** 在 0.01 级别(双尾),相关性显著。

五、研究结论与应用

随着传播媒介的不断发展,主持人作为一档节目的主导者,在主持节目时不能仅仅依靠有声语言报幕式地进行节目主持,而需要有效地运用副语言。本研究主要采用深度访谈法和问卷调查法,辅以文献分析,研究观众对于主持人副语言风格的认知评价及其影响因素。

(一)主持人副语言对电视节目有着重要作用

在电视节目主持的过程中,副语言作为主持人屏幕形象的有机组成部分,与有声语言一起构成了电视节目主持的主要创作手段。[①] 如果在电视节目主持的过程中主持人只注重有声语言表达,而没有利用副语言进行辅助的话,会显得十分不和谐,副语言风格是电视节目中主持人创作个性的鲜明标志。主持人是一个拥有思想感情的人,他在进行有声语言表达的过程中,其思想感情会不自觉地跟随节目变化,进而产生一系列副语言,观众在观看电视节目的过程中,也会不自觉地被带到其中,受到主持人思想感情的引导,更好地理解并接受节目内容。在节目中主持人副语言表达对有声语言表达起着补充、替代、强调、否定等重要作用。研究发现,绝大部分观众都表示,有时候副语言的重要性大于有声语言,他们认为主持人的有声语言应与副语言紧密结合,以达到帮助观众更好接受节目内容的目的。

(二)观众对副语言的喜爱与认知存在个体差异

本研究对"观众选择电视节目是否受主持人副语言风格的影响""观众对播音主持专业的了解程度是否影响其对主持人副语言风格表现的认识""观众对主持人副语言的认识是否受其学历影响"进行了单因素方差分析。从分析结果来看,观众选择电视节目受主持人副语言风格的影响,观众对播音主持专业的了解程度影响其对主持人副语言风格的相关认知,观众对主持人副语言的认识不受其学历影响。同样在深度访谈过程中,三位受访者也表达了自身对于主持人副语言的不同认识,他们喜爱不同类型的主持人副语言,对主持人副语言的关注点不同,这也体现出观众对主持人副语言的喜爱与认知存在个体差异。随着环境的改变,观众的自我认识也会随之改变,这是一个复杂的动态过程,本研究仅从整体上分析了观众对主持人副语言的喜爱与认知之间所存在的个体差异。

(三)副语言使用注意事项与副语言风格发展策略之间有密切联系

媒介融合时代,随着新媒体的发展,大众发声渠道日益增多,观众的话语权逐渐增强,主体化趋势明显。[②] 从"观众认为主持人使用副语言时注意事项的重要性"与"观众认为主持人风格发展策略的重要性"的调查数据中取出四组代表性数据做进一步相关性分析,发现观众认为的"主持人使用副语言时的注意事项"与"主持人风格发展策略"之间有密切联系。在当今融媒体时代,众多媒体平台为了吸引流量而博眼球,

---

① 金重建.论电视播音主持副语言创作的功能与规律[J].现代传播,2014,36(9):85-89.

② 杨芬.电视节目主持人口语传播的融媒优化策略[J].青年记者,2019(8):61-62.

对正确的建议充耳不闻,这是一种对自身不负责、对观众不尊重,与正确的发展路径背道而驰的做法。主持人应正确吸取观众建议,对主持策略进行合理化设计,在激烈的媒体环境中走出一条适合自身良性发展的道路。

(四)应用建议

主持人在节目主持中,以节目内容为出发点,运用语言以及形体与观众进行信息交流。主持人副语言贯穿整个电视节目的传播过程,对整个节目的传播效果都会产生影响,电视节目观众的接受程度也受其影响,如主持人的个人形象、主持人的整体表达及其思想感情与节目的配合程度等都会对观众产生一定的影响。主持人应根据自身特点,将有声语言与适合自身风格的副语言紧密结合,与节目内容相配合,让观众更好地理解节目内容,以获得更好的传播效果。

六、结语

本文主要使用深度访谈法和问卷调查法,调查分析电视节目观众对主持人副语言及其风格的认识。观众在观看电视节目的过程中,荧幕上的一切都是可以被观察到的,这也就要求主持人在电视节目主持的过程中,不能只考虑有声语言的运用,也要关注副语言的运用。副语言及其风格的主体是主持人,但最终的接受者是观众,观众的审美趣味各异,在追求感官刺激的今天,主持人在副语言表达上形成自己独特的风格,是赢得观众的重要砝码。①

本研究的局限性在于:首先主持人副语言风格多种多样,笔者只选取了几种主要类型来进行研究,难免会以偏概全,对其他的风格未能涉及;其次本研究没有更多地去探索观众的其他因素对于主持人副语言的认知影响,未涉及家庭、地区等外部因素,以及观众的性格、人格特质等内部因素。主持人副语言风格在电视节目主持的过程中固然重要,但是不能脱离其他因素而存在,必须与有声语言、灯光、音响等因素配合才能更好地发挥作用。在信息传播过程中,副语言能有效地发挥补充和强化作用,增强有声语言的说服力和感染力,提升传播效果。②

---

① 陈杰. 播音主持副语言风格研究[D].长沙:湖南大学,2015.

② 毛薇薇,陆之瑞.电视新闻主播副语言运用的六项注意[J].传媒,2015(13):56-57.

附录一:主持人副语言及其风格调查问卷

您好!

我是四川师范大学影视与传媒学院的研究生,近几年来,随着新媒体的发展,主持人的风格日益多样,为了解大众对主持人副语言及其风格的认知,我们对此进行较为广泛的专业调查。本次调查包括播音与主持艺术专业的现状、未来的发展前景等内容。您的回答是匿名的,我们收集数据仅为完成作业之用,会严格为大家保密。请按照自己真实的想法填写,所有题目没有正确错误之分。感谢您的参与!

1.以下描述是否符合您的具体状况?[矩阵单选题]*

	完全不符合	不太符合	一般符合	比较符合	完全符合
我了解播音与主持艺术专业	○	○	○	○	○
我学习过与播音与主持艺术专业相关的课程	○	○	○	○	○
我从事与传媒相关的工作	○	○	○	○	○
我对传媒相关课程很感兴趣	○	○	○	○	○
我对播音与主持艺术专业有超出一般人的兴趣	○	○	○	○	○

2.您更喜欢观看以下哪种类型的节目?[单选题]*

○时政新闻类节目

○生活服务类节目

○社会科教类节目

○综艺娱乐类节目

○购物类节目

○其他(请注明)________________ *

3.在观看节目时,您认为对于主持人来说,以下各类素质的重要程度是?[矩阵单选题]*

	完全不重要	不太重要	一般重要	比较重要	非常重要
声音面貌	○	○	○	○	○
面部表情/身体姿势	○	○	○	○	○
衣着打扮/形象气质	○	○	○	○	○
声音轻重缓急/哭笑呻吟声	○	○	○	○	○
应变能力	○	○	○	○	○
文化底蕴	○	○	○	○	○
道德品质	○	○	○	○	○

4.您认为在节目中(副语言包括面部表情、姿态、形象气质、声音轻重等)［单选题］*

○主持人只需要语言动听

○主持人的副语言重要性大于有声语言

○主持人的语言与副语言需要紧密结合

5.您觉得以下风格特点在主持人副语言表达中的重要性如何？［矩阵单选题］*

	完全不重要	不太重要	一般重要	比较重要	非常重要
幽默风趣	○	○	○	○	○
亲切自然	○	○	○	○	○
调侃风格	○	○	○	○	○
严肃正经	○	○	○	○	○

6.您认为主持人的副语言在节目中起到了什么作用？［单选题］*

○增加了节目的趣味性

○帮助观众更好地理解节目内容

○增强了主持人的亲和力

○其他(请注明)________________ *

7.您更喜欢以下哪种类型的主持人副语言风格？［单选题］*

○沉稳简约型

○严肃古板型

○亲切自然型

○纯真甜美型

○幽默诙谐型

○时尚大方型

○其他(请注明) ________________ *

8.以下主持人副语言风格的形成原因是否符合您的想法?[矩阵单选题]*

	完全不符合	不太符合	一般符合	比较符合	完全符合
与主持人自身性格特征有关	○	○	○	○	○
与主持人自身形象气质有关	○	○	○	○	○
与主持人自身审美品质有关	○	○	○	○	○
与主持人自身生活经历有关	○	○	○	○	○
与民族、时代、节目定位等客观因素有关	○	○	○	○	○

9.您认为主持人副语言表达需要经过专业训练吗?[单选题]*

○不需要专业训练

○需要进行播音主持的专业培养

○不了解

10.您认为主持人在使用副语言时以下注意事项的重要性如何?[矩阵单选题]*

	完全不重要	不太重要	一般重要	比较重要	非常重要
不要伤害到嘉宾或观众的情感	○	○	○	○	○
不要过度依赖副语言	○	○	○	○	○
不要使用过多的网络流行语	○	○	○	○	○
不要在不合适的时候使用副语言	○	○	○	○	○

11.对于主持人副语言风格在节目中的重要程度,您的打分如何?

满分 100 分[请输入 0 到 100 的数字]*

____

12.在以下主持人副语言风格发展的策略中,您认为重要程度如何?[矩阵单选题]*

	完全不重要	不太重要	一般重要	比较重要	非常重要
从现实生活出发,真实自然	○	○	○	○	○
从自身气质出发,形神兼备	○	○	○	○	○
从节目内容出发,声画和谐	○	○	○	○	○
从观众角度出发,达于观众	○	○	○	○	○

13.您的年龄是?[单选题]*

○18 岁以下

○18~25 岁

○26~35 岁

○35 岁以上

14.您的最高学历是?[单选题]*

○高中/大专及以下

○大专

○本科

○硕士及以上

附录二:关于副语言及其风格访谈记录

访谈对象一:张某某,女性,26 岁,商演活动主持人

问:您在校学习的时候有没有专门学过播音主持副语言表达方面的内容呢?

答:学过的,上本科的时候有专门的老师教我们有声语言的表达和副语言表达,练习怎么表达副语言来辅助我们呈现有声语言,但是在本科学习的副语言表达比较偏传统,和现在的主流审美可能不太符合。比如说当时的手势动作,就比较单一,只有固定身手、展开合上这些比较简单的动作,然后表情也比较偏传统,大家都正襟危坐。有声语言的面貌要求字正腔圆,我们穿的服装要求比较正经一点。现在商演的话,可能我们穿衣服方面就与上本科时学校老师的要求不同,老师要求穿得特别正式,教我们依靠副语言来辅助我们的有声语言,现在的话着装可能要与场景搭配,更多的是比较活泼和年轻化,紧跟时代潮流。我觉得副语言的发展演变和时代的发展是紧密相连的。

问:您认为以下三位主持人(董卿、撒贝宁、谢娜)的风格各是什么?您认为自己是属于哪种风格的主持人?

答:我觉得董卿的风格就是属于知心大姐姐的那一类,她比我更有诗书气,整个人很有文化,很有内涵,不管是她的有声语言表达还是副语言的表达都让人感觉很有气质,让人感觉很舒服,她的有声语言让人觉得娓娓道来,整个人端庄大方。

问:那撒贝宁呢?

答:撒贝宁的主持风格可能就更加跳脱一点儿,更加幽默,他不是靠自己的外形条件和颜值来取胜的,主要是通过自己的才华和幽默机智的主持风格来吸引观众。谢娜我觉得她是靠性格取胜,她的性格比较活泼开朗,可能更适合现在的年轻人。可能中老年人不是那么青睐谢娜这种开朗、跳脱的主持风格,但是年轻人都喜欢。

我觉得我和上面的这三位主持人都不太像,因为他们三个人都有很明显的个人特点,这就是他们能被大众所熟知、所了解,与其他主持人不同的地方,能让人记住。因为职业原因,作为一名主持人,我也会选择和自己语言风格、副语言风格都比较类似的主持人,去观看她的节目。

问:那您平常接哪种风格的商演比较多?是开业活动还是婚礼主持?

答:因为我的性格比较安静,所以我大多数接的是一些比较稳定的文艺类商演活动,像那些小朋友们的或者是一些婚庆类的活动我就接不了,因为这些活动不太适合我。我通常会接一些比较严肃的活动。

问:您觉得就是不管是您还是前面提到的三位主持人,就主持风格而言,您认为主持风格和副语言表达有关系吗?

答:我觉得有很大的关系,因为在有声语言表达之外,最重要的一个表达方式就是我们的副语言,副语言包括着装、打扮、发型、整体的形象呈现,不管是我们的化妆还是首饰的佩戴,我觉得都是和主持人风格的形成有很大的关系。比如说谢娜,她主持的时候,身上可能会佩戴一些比较浮夸的首饰,如果是在谢娜身上放一个比较夸张的洋娃娃不会让人觉得很违和,因为她给人的风格和她呈现的特点就是这样的,如果把这个比较夸张的洋娃娃放在董卿或者是撒贝宁身上的话就会特别违和。再比如说把那种适合董卿的比较文静、端庄、大方的主持风格的服装拿给谢娜穿的话,可能也不太合适。

问:对,您也是认为副语言与风格的形成有很大的关系,那在您平常主持的过程中都有哪些副语言习惯?

答:我在商演主持当中会有比较多的手势,因为平时主持活动的场地会比较大,我的个子比较小,在很大的那个主持台上面,如果我只是直直地站在那里主持的话可能就显得比较呆板,所以我会给自己设计比较多的手势动作来辅助我有声语言的表达,让我整个人看起来比较自然一点。

问:这一点可能就是副语言表达在您主持过程中对您有帮助的地方对吧？那您有没有觉得副语言表达有时候没有用好反而起到了一些反面的效果呢？

答:有。我在接商演主持最开始的那段时间,因为之前从来没有做过,所以会特别紧张,一紧张就会有特别多的手势动作,然后导致在商演结束之后主办方给我一个反馈,说我在主持的时候,因为过多的手势动作,现场观众的注意点都在我的手势动作上面了,而没有集中在我说话的内容上面,我觉得这是弊端之一。还有一个就是,它也会分散我的注意力,手势动作过多就会打断我自己想要说的话,自己会打断自己。

问:您在主持之前会不会专门像您刚刚说的那样,按照之前学习的课程,对副语言内容进行一些设计？

答:我会。因为在商演最开始的那段时间,还没有特别熟练地对自己的整个形象展现进行设计,所以走了很多弯路,后来吃亏之后就在每次商演主持之前对自己的副语言,包括手势动作、眼神,都会进行设计,比如说在哪些地方,我可以和观众有眼神的互动,在哪些地方,我可以做一些比较夸张的手势来吸引观众的目光 。

问:在熟悉商演主持之后,您还会专门设计副语言吗？

答:在我熟悉之后,如果我发现我的副语言在什么样的情况下能达到一个最好的效果,就在商演主持当中延续那种状态。这个最好的状态还是你刚刚说的要把握那个度,不能做得太夸张太频繁,但是也要比较巧妙地把副语言的表达和有声语言的表达融合在一起,让我表达的时候不显得突兀,观众接收的时候,也能特别自然地接受,不会被我的这些副语言干扰。让他们对我的有声语言表达有一个思考,不然的话他们会觉得我的语言表达失去了魅力,因为语言表达最重要的还是要聆听表达者嘴里说出来的话,而不是看他手上的动作,或者是看他眼神中表现出来的其他意思。

问:您在副语言的表达过程中,会不会采用音乐或者道具来辅助自己的表达呢？

答:会的。我觉得配乐或者那些小道具也算是帮助有声语言传播得更好的途径和方法,因为有些时候,单单一场商演活动持续时间比较长,如果整场都是我一个人在说的话可能就会显得特别单一,下面的观众最初可能注意力比较集中,但是到后半场就会比较疲软。这个时候,如果能有一些音乐或者是一些小道具的出现,就能够帮助他们集中注意力继续聆听。

问:您说的这些吸引观众注意力的方法,是学习的还是平常您自己在实践中摸索出来的？对您的主持工作产生了哪些影响？

答:我觉得都有,有自己摸索的,也有学习的,因为最开始我的主持工作不是很得心应手,意识到自己的不足后,我会刻意地去学习一些优秀的主持人,看他们是怎么主持的,他们会做哪些动作,怎么和观众进行互动,最开始的学习显得有点儿一板一眼,别人怎么做我就怎么学,导致呈现出来的效果比较死板,像模仿别人的东西,不像我自己表达出来的东西,与我这个人的气质不相符合。

问:也就是说,有时候别人的东西可能是好的,但是用到您自己身上可能就不太适合是吧?

答:是的,后来就是因为觉得可能还是要找一找更加适合自己的,我就先从自己的性格和日常给人的印象来入手,判断自己更加适合哪个方向,然后再去把不同主持人的风格进行归纳和总结,寻找目标,锁定与我类型比较相似的主持人,看他们平时是怎么主持的,总结一下他们在有声语言和副语言表达上的一些共同点,再把这些共同点进行吸收,最后就变成了自己的一套有声语言和副语言表达方法。

问:那您会不会根据观众反馈来调整自己的副语言?

答:会,因为商演主持不能保证每一场观众都是同样的阶层、同样的年龄或者是同样的职业,所以说他们接收信息的程度是不一样的。比如说有些时候,观众可能是成功的商业人士,有时候就是职场打工的普通人,所以我会根据每场观众的不同和主持内容的不同进行语言设计,再通过每一场观众的反馈及时调整。比如说在面对商业化的观众群体时,就不太适合做出一些太活泼或者是太接地气的互动。在面对职业化的观众群体时,我就可以做不一样的设计。这就是不同的商演主持对我的有声语言和副语言产生的影响,同时我的有声语言和副语言也能对这场主持产生影响,我觉得它们是双向的作用。

问:在主持过程中,您更看重内容还是观众的反馈?会根据哪一点来调整自己的副语言?

答:我觉得两个方面都比较重要,首先,我们都说现在是内容为王的时代,有声语言的内容还是占有比较重要的位置。因为商演主持大部分是以主持人的有声语言为主,所以说语言的质量和内容的深度与广度还是非常重要的。因为你要通过有声语言的传播来表达自己的想法,传递整场商演所包含的主题和概念,所以说内容是特别重要的。相对于内容的传播来说,观众的反馈是一个接受过程,在一个传播链条中,接收的渠道和接收的人群没有到位的话可能会导致前功尽弃或者事倍功半,所以说观众的反馈也很重要。每一场商演,我们都会收集观众对主持人整场主持的看法和建议,他们的一些反馈能够帮助主持人提升有声语言的表达,也能让主持人意识到自己有哪些不足需要改正,或者是哪些地方得到了他们的认可,可以继续保持。

问:根据您的工作经验,您觉得应该如何合理地运用副语言?

答:除了上面说的那些,我觉得表达真实情感也很重要。我印象特别深的是,我们有一次做一个活动,一个小孩子,大概有五六岁吧,他上来给自己的妈妈唱了一首歌,让我们非常感动。在表演结束后采访他时,我直接就蹲下来和他交流,和他平视,然后他说着说着哭了,我伸出双手拥抱了他,也放低了自己的声音。怎么说呢,就是那一场活动我觉得我印象最深,因为我所有的行动都是根据自己的情感来调整的。我觉得设计是一部分,但有时候自己要随机应变,表达真实情感。

访谈对象二:刘某某,男性,22 岁,在校大学生、新媒体博主

问:你刚刚说你也在接触自媒体,那你平时观看电视节目多还是看手机新媒体多?

答:我平时还是比较喜欢看电视节目,即使看手机新媒体也都是在这种平台上看电视节目。虽然我是一个体育生,但我还是比较喜欢看一些文艺类的节目。

问:都有哪些节目呢?

答:就像一些传统文化类节目、选秀类节目什么的我都挺喜欢看。但我最喜欢的还是文化类节目,因为像纯文化传播是有一些难度的。比如我自己在制作体育类视频的时候,如果是纯知识干货的话,流量还是比较少。这就需要从各种角度进行创新,像文化类节目,我看的时候就很惊讶于它们的创新部分。还有就是主持人在节目里怎样进行观点输出,我也在学习中。像《朗读者》还有《典籍里的中国》这些都是我喜欢看的。

问:那在看这些节目的过程中,你有没有特别喜欢的主持人?

答:喜欢的话有很多啊,比如说尼格买提、李思思、撒贝宁、董卿这些很厉害的主持人,我都挺喜欢的。但是要说特别喜欢的话,撒贝宁吧。我比较喜欢撒贝宁的主持风格,所以我在观看节目的过程中,会刻意地去选择他的节目。

问:你是喜欢他们的语言,还是主持风格呢?

答:都有吧,就拿撒贝宁来说,我觉得他这个人有一个比较有趣的灵魂,主持的风格很有趣,我也很喜欢他该诙谐的时候诙谐,该幽默的时候幽默,该正经的时候整个人又非常正经的那种感觉。还有董卿,她非常端庄、大气,让人感觉到一股温柔的力量。

问:明白,明白。那你在观看这些主持人节目的过程中有没有观察过他们的副语言?你认为什么是副语言?

答:副语言是不是就是除了语言之外的其他东西。就是主持人除了他说的话,他的动作、神态、表情,包括他透露出来的那种气质,是不是就叫他的副语言,还有服装搭配之类的东西也应该算吧。观察的话,我肯定也会注意到这些,比如说主持人出场时的那种服装,一打眼看过去其实就能看到。还有就是台风,主持人一出场我第一直觉就是会注意到他整体的台风,我会给出一个评判,看看他与整个节目的造景等和不和谐。

问:那你在观看电视节目的时候,更注意的是主持人的副语言还是有声语言?

答:嗯,我觉得更多的是有声语言吧,因为很多时候我只会关注主持人的声音好不好听,他的语言表达怎么样。我很少会说他的副语言表达怎么样。当然还有一个可能性就是,在我观看的这些节目中,主持人的副语言都比较自然,没有突兀的地方,所以我就不会特别地注意到它。如果说主持人的副语言很突兀,让我感觉很别扭的话,我可能才会注意到,在很自然的情况下,我注意得比较多的可能就是有声语言。

问:那你觉得主持人的副语言在主持过程中重要吗?

答:我觉得主持人的副语言在主持过程中应该算是重要的。刚刚那个问题让我回想了一下我看过的电视节目,虽然说平时我没有特别去注意主持人的副语言,因为他的副语言不突兀。但是如果让我现在设想一个主持人完全没有副语言,他站在台上就是直愣愣地当一个串词机器的话,我觉得这个节目的可看性会少很多。因为如果这样的话,现在有一些 AI 主持人,就完全可以替代真人主持人这个角色了,我觉得主持人之所以是主持人就是因为他有灵魂。他的服装、手势,与观众交流的眼神,这些都可以传递信息,如果没有这些的话,我觉得是不行的。不管是作为一个主持人来说,还是支撑一档节目来说我觉得都是不行的。

而且副语言的表达如果得当的话是会为节目加分的,我就会因为这些优秀的主持人去看相关的节目,我觉得很和谐,在看节目的过程中我也很享受。

问:明白了,那你刚刚说的你比较喜欢撒贝宁,你觉得撒贝宁的这种风格和他的副语言关系大吗?

答:当然大呀,如果说他是主持《典籍里的中国》的话,就需要很庄重的服装,还有他的主持动作,都是需要有一定的历史厚重感的。但是呢,如果说他去参加芒果台的一些节目,他在节目上的一些表达、服装、动作就会不一样,可能他就要俏皮一些。而且不管是他的语言还是副语言,都没有让人觉得不舒服,而会让人觉得,无论是庄重还是活泼,都是他个人的风格。

问:那从一个观众的角度来看,你对于主持人的副语言表达有什么建议呢?

答:从我的角度来看,我觉得第一要自然,第二就是由心而发,第三就是主持人要有同理心。主持人的副语言表达,就像我刚刚说的,我平时不会注意到他们的副语言,就是因为他们很自然,所以我认为自然是第一位的。主持人的副语言不管是提前设计的,还是临场发挥的,都必须符合节目的场景,主持人在进行表达的时候,不要很突兀,让人觉得一眼就能看出那种设计出来的僵硬感,要很自然,让我觉得它跟整个节目是融为一体的。第二,我觉得副语言的表达应该是由心而发的。我印象比较深的,就是董卿在《朗读者》这个节目当中,有一位老者上了《朗读者》的节目,这位老者叫什么名字,我不记得了,就记得他当时是坐着轮椅上来的,董卿在采访他的时候就直接跪在了他的旁边,以比较低的位置来和他交流,我觉得董卿当时发自内心的这一动作就非常打动人心,如果说你要设计一些东西的话可能就达不到那个效果。第三,要有同理心,我觉得主持人作为一个人,肯定要感受生活,要感受节目。我前一段时间从抖音上看到一个有关于汶川大地震的视频,是当时的一个新闻报道,女主持人在报道遇难人数的时候,情不自禁地流下了眼泪。虽然在主持节目的过程中不应该这样,但是她在同理心的驱使下,和我们观众有了共鸣,我看到的时候都很想哭。所以我觉得,主持人的副语言表达,也关乎她的同理心。

访谈对象三:杨某某,女性,24 岁,播音专业硕士研究生

问:你们都会开设哪些课程?

答:一开始有最基础的语音发声课,后面有广播节目创作、电视节目创作等课程,还有现场报道、即兴评述这些实践类的课程,当然也有理论的。

问:在课程的学习中有没有专门为副语言开设的课程?

答:我想想,副语言的话,专门开设的好像没有。但是如果非要说有些可以扯上关系的话,有礼仪课、形体课这些。在这种课上会进行一些坐姿、站姿、手势等相关的训练。可能这些课程开设的初衷是想改善我们的形体、培养我们的礼仪吧。

问:明白。那你会把在礼仪课上学到的这些东西,运用在播音的过程中吗?

答:这是肯定会的,在潜移默化中肯定会受到影响。我学了形体礼仪之后,首先最明显的感受就是在上台之前我非常注重我的仪态,会刻意地把背挺直一些,注意自己手的摆放位置。

问:那在你学习专业课的过程中,老师会怎么教呢?

答:是这样的。用我最近上的一门与演讲相关的课来说,我们上课的时候,老师会强调眼神的交流、走位、手势那些。为什么非要强调这些呢?我们老师说,只要你的副语言自然,并且与你的演讲内容完美融合,在演讲过程中就会起到事半功倍的作用。

你会不自觉地拉近与观众的距离,拉近与观众的距离之后,就会产生一种倾诉感,可以让他们感同身受地体会自己所讲的内容。播音主持活动可以说主要就是有声语言的活动,但是只有有声语言也是不够的,肯定需要副语言来进行辅助。再比如说我们的现场报道课程,目标是将我们培养成一名优秀的出镜记者,优秀出镜记者的前提就是要在镜头前把事情讲明白。在现场,记者必须运用自己的手势、走位等副语言来与有声语言进行配合,让观众知道你讲的是什么。我们几乎所有的课程都不能与副语言割裂开来的,都必须与副语言相结合。

问:那你认为一个主持人风格的形成与副语言之间的关系大吗?

答:多少是有点关系的,但不是有很大的关系。就像撒贝宁,他还真不是靠颜值征服观众,而是凭满腹才华和幽默风趣的主持风格,哪怕是临场发挥也金句频出,特别是带着那么一点点“欠揍”的特质,让观众简直是“爱恨交加”。他是一个全能型主持人,不管是主持严肃犀利的法制类节目,还是担当轻松愉悦的娱乐性节目嘉宾,不管是主持高端大气的春晚,还是参加开心搞笑类的真人秀节目,他都游刃有余,如行云流水,时而不苟言笑,时而嬉皮笑脸,这些都少不了他的有声语言和副语言之间的配合。记得在一次《出彩中国人》的节目上,当他看到一位和他妈妈年纪相仿,同样是部队文艺兵、一样喜欢唱歌的嘉宾,讲到80岁想开一场音乐会了她一生愿望时,撒贝宁好像突然被什么东西触动了一样,眼眶顿时湿润了。像这种不经意之间的抹眼泪,反而让撒贝宁整个人物形象更加鲜明起来。所以风格的形成肯定是离不开副语言的。

问:那你模仿喜欢的主持人的有声语言多还是副语言多?为什么?

答:就像我一开始学习播音主持的时候,就是一开始艺考的时候,我会特别在意有声语言的模仿和学习,就是那种播音腔。但是随着我后期不断地学习的话,我也慢慢发现,其实对于一档节目的整体把握,副语言的配合和主持人的控场,才是更应该值得学习的地方。有声语言只要是经过专业系统训练的播音生,他的声音条件肯定是不会差的。那么差异性体现在哪儿呢?其实就是体现在内容、风格上。现在我反而觉得主持人肚子里的墨水,还有他的一些副语言表达,这些才是更应该值得我学习的,现在跳出了一开始学习播音主持只追求声音完美的那个阶段了,也发现这就是我现在应该继续学习的点。

问:在你学习播音主持的过程中副语言也算是比较重要的点了?

答:是的。肯定是重要的。就像我刚刚说的那样,从刚入门学播音的时候对于声音的追求,到现在转向对副语言台风的追求。我觉得副语言在整个播音主持过程中是非常重要的,因为只有有声语言的话是很难驾驭整个节目现场的,也很难就凭有声语言来与观众进行互动,现在也不是主持人只需要报幕的那个年代了,现在主持人在一个节目中担任的角色更加重要,所以我觉得在我的学习过程中,副语言是一个比较重要的学习内容。在学习播音的过程中,我也逐渐明白了它的重要性。

问:对于主持人的副语言发展你有什么建议?

答:第一,我觉得就是不能盲目学习,要找准自己的定位。这一点我觉得很重要,我们很多主持人在学习的初期,比如说艺考的时候,他会特别愿意去模仿。就像我一开始特别想去模仿播音腔,但是这种模仿,你不能说它是坏的,就是一定要慎重。不要什么都模仿,就像副语言,别的主持人再好,也不能盲目地模仿照搬,一定要找准自己的定位,一味地去模仿不一定适合自己的,反而得不偿失。所以我觉得首先不能盲目地模仿学习,要找准自己的定位。

第二个我觉得就是要灵活,要根据节目的类型、内容、现场的观众、嘉宾等随时调整自己的副语言。就像我现在不是会去参加一些活动嘛,帮别人接一些主持活动,但是现场有很多事情它不是完全按照自己的预设来的,现场有很多突发事件。很多时候需要主持人现场随机应变。所以主持人的副语言一定要灵活,不能死板,不能觉得这个点在哪儿,我就必须在哪儿做这个副语言。要根据节目的内容、形式,还有观众、嘉宾的反应来进行调整。

第三个就是要自然,不要刻板地运用。这一点怎么说呢,就是不要死板地运用,不能提前把一切都设计好。自然,就是到这里了我们该怎么表达副语言就怎么表达,不要有那种提前把一切设计好的感觉。一定是那种随着此情此景变化的感觉,不是死板地按照自己设计的流程在进行的样子。

青年论坛

卜祝·乞援·游戏

——历史研究语境下主持性行动要素和行为模式溯考

◎ 于特浩*

摘要:本文于历史研究语境中聚焦"人及其行为",提出并运用"主持性"这一概念,将行为传播学从"未来范畴"移植到"历史语境",以广西壮族自治区内11个世居少数民族作为主持性行为的传播主体,溯考其包含民俗仪式和艺术创作在内的人类活动,继而识别、归纳和论证其中的主持性行动要素和主持性行为模式。本文运用历史考据法、个案研究法、文本分析法,借鉴主持传播学、民族志传播学、媒介考古学和戏剧人类学等理论资源,通过考据史料文献,在中观层面提制出"形分主次、言说为尚、通身达意、劝服动机、共情认同、晓理拟境"等6种显见的主持性行动要素,并进一步归纳出"卜祝立身、乞援传互、游戏塑神"等3类基本的主持性行为模式。

关键词:主持传播学,跨学科史学,主持性,少数民族研究

从历史研究语境探赜主持传播研究,是对主持性主体及主持性实践回归"唯物史观"和"人本核心"的学理性呼吁。这促使我们从本体论和认识论出发,返归主持研究的人之本体,并将主持作为一种行为模式放置在过程性的历史语境中进行探讨。正如卡西尔在观照神话的历史发展时所强调的,"神圣性并不直接依附于既成物的内容,而是依附于它产生的过程"①。这提示我们,应对"主持"进行过程性考量,而非执迷于圈定某种定义范畴或恒定结果。

20世纪80年代以前,我国并未明确出现"主持人"这一标识或界定。而彼时以降,尤其在与广播电视相关的研究中,主持人与电子媒介总有难以剥离的深度关联。许多论著惯于将"主持人"与"电视节目主持人"划上绝对等号。因而,在历史语境中戛然而止的主持史研究随处可觅,似乎任何迈过20世纪80年代再度向前追溯的研究皆为枉然。

---

* 于特浩,广西大学艺术学院硕士研究生。

① 卡西尔.神话思维[M].黄龙保,周振选,译.北京:中国社会科学出版社,1992:119.

但须承认,在“主持人”标志出现之前,作为一种实践形式的“主持”和从事主持实践的“主持性主体”,已是历史嬗变中可考的事实。其普泛存在于人类日常生产劳动和众多创造性实践中。换言之,“主持性”作为被抽象化的一般性特质,已长久地包含在诸多行动要素、行为模式和实践类型之中,应当被进一步体认和归纳总结。

因而,不能因缺少标志、称谓或命名,而忽略业已存身的客观事实,进而鄙弃从更深远的历史视角对主持研究进行思索和提制。本次研究正是立足于唯物史观,以“人及其行为”为基本单位,通过对史料的考据,论证主持性行动要素和行为模式的可溯性与历史意义。同样,此亦是通过扩大人文性本身的力量以避免人由于技术失控所导致的现代性反噬。

伊格尔顿在《批评的功能》中对福柯关于“人文学科”的理解进行了再度强调,即人文学科绝不是单一的艺术学、哲学、修辞学、诗歌、历史学等,其一方面,沿着古典学回望传统;另一方面,沿着生命形态,向前探索更多的空间。① 而本研究所立足的历史语境,正是直面顺合近些年来“人文”属性浸入各理论范式的宏观趋势,即诸多学者的理论思考都不约而同地默许“人及其行为”在解决理论困境和破域学科发展方向的重要价值。

若细加考察,“人文性”可被视为“人文逻辑”的本质属性。正如周作人在 1918 年《人的文学》中所表现出来的远见,我们现在提倡的“新文学”,应该是“人的文学”。但仍需强调的是,人文性不应是研究意义上的独一属性,而应与社会时代性和实践应用性等属性相结合,以避免由于过分强调“人文性”所导致的结论极端化。

所以,主持传播研究的对象以“人”为核心之一,包含但绝不仅限于对广播电视节目主持人的研究,对此已有多位学者进行论述。学者於春对其界定追溯至上古时期,将原始社会的各种乐事活动纳入主持研究的范畴。② 这种界定是在基础研究的视角下对主持传播的历史性深化,也激发了笔者对两种关系的再思考,即“节目”与“节日”之间的仪式性关系;“主持人/主持性主体”和“主持实践/主持性行为”之间的行为性关系。学者王彪将祭祀、巫术等古老仪式视为主持的渊源,并认为这些仪式从模式、角色和意识上铺垫了今天的广播电视主持活动。③ 他从语义学的视角对主持的定义进行拓展,也为本文的概念确立提供了方法论借鉴。所以,对主持性行动要素和行为模

① 伊格尔顿.批评的功能[M].程佳,译.重庆:西南师范大学出版社,2018:2-3.

② 於春.中国电视节目主持 30 年研究[M].北京:中国传媒大学出版社,2013:1-4.

③ 王彪.从萌芽、附属、专业化到回归超越——域外审视和历时视野下的“主持”初探[M]//中国主持传播研究(2018).北京:中国传媒大学出版社,2018:183-192.

式的溯考,正是一次自下而上的基础性研讨,有助于丰富学界对“主持性”的基本认知。

具体而言,在广西11个世居少数民族的劳动生产和艺术创作中,“人及其行动”是其得以形成并接续发展的基本单位。行动要素是劳动生产实践本质的外化,而行为模式则是对行动要素的规律化提纯,“人本”是沟通其间的主线。所以,对少数民族以艺术创作和劳动生产等为代表的人类活动进行考察,可有效拓展主持传播在历史研究领域中的发展空间。

一、逻辑与设计:从概念思辨到方法建立

本文尝试对主持性、主持人/主持性主体、主持性实践等概念进行语义辨析,并以行为传播学、民族志传播学、媒介考古学和戏剧人类学为理论富矿,以广西壮族自治区内的壮族、瑶族、苗族、侗族、仫佬族、毛南族、回族、京族、彝族、水族、仡佬族等11个世居少数民族及其节庆仪式和艺术创作为研究对象,识别归纳其中的主持性行动要素和行为模式。

(一)概念确立

1.主持性

从语义学来看,“主持”可取掌管、掌握、作主、主宰、主张、驾驭等义。如《文心雕龙·史传·第十六》中记载“轩辕之世,史有仓颉,主文之职”①,此处之“主”所强调的正是掌管、掌握等含义。其亦暗含比较意义上的权力关系。即,“主持”作为一种人的行为,首先要在某种连接或关系中才能存身;其次,在该关系中,需表现双方或多方关系的差异性,以明“主”“次”之别。这与我们传统语境中有关电视节目主持人的观点是相似的。电视节目往往与主持人个体深度绑合,形成品牌化效应。这本质上体现了电视节目主持人在节目中的掌管、掌握等作用。而智媒时代的电视节目主持人更是能够沟通台前幕后,将人格化传播中介直接转换为人格化品牌,实现主持性的一以贯之。因而,在兼顾人文性和基础性的前提下,将“主持”从一种具体的动作抽象为“主持性”,可以拓宽本次研究的理论边界。而“主持性”也成为“主持性主体”和“主持性实

① 刘勰.文心雕龙[M].黄叔琳,注.上海:上海古籍出版社,2015:99.

践”两个概念得以建构的基本前提。

2.主持人/主持性主体

目前,对于主持人或主持传播的认识,不应仅限于“主持人”三个字,还是应当探究主持人所具体承担的传播角色、传播功能等实质的发展和变化。在传统的主持传播研究中,主持人多被视为广播电视节目主持人或在网络媒介中承担主持功能的能动主体,含网络主播、虚拟主持人等。也有部分学者从艺术创作的视域下以“创作主体”来冠名主持人,将主持人的主持实践视为具有审美价值的艺术创作活动。而本文试从“主持性”出发,认为“主持人”的概念范畴应当扩大为“主持性主体”,即开展“主持性实践活动”的普泛个体,涵括人类社会生产实践活动的不同方面。

3.主持性实践

主持性行动与行为均包含在主持性实践范畴当中,且共同体现精神性实践和物质性实践两种特性。具体来看,在主持传播过程中,主持性主体所运用的语言能动策略、情感能动策略、文化能动策略等①均是在呼吁主持传播主体/主持性主体,将主持性行为纳入更广泛的精神性和物质性的实践活动中。而从“主持性”出发,可试认为,任何具备主持性质或属性的实践类型,都应被纳入主持性实践的考察范畴中,而这也是本文在择例中的凭借。

(二)理论来源

1.行为传播学:回归人及其行为本体

行为传播学以“环境、人类、行为”为研究对象②,近年来,被视为传播学理论范式的破窗之域。一方面,这源于媒介的高度第一人称化,即在媒介中,用户的个体行为被愈加放大,人及其行为本身再度成为焦点;另一方面,是全新的范式共识,呼吁理论的“最大公约数”,以实现更广泛的理论共鸣。而本文移用行为传播学为主要分析范式和理论资源,一是其与本研究所关注的个体行动和行为高度契合;二是“未来范式”中的探索性与本文在“历史语境”中的考证性具有展开对话的可能,因二者均主张回归

① 高贵武.解析主持传播[M].北京:北京广播学院出版社,2004:178-221.

② 喻国明,苏健威,杨雅.行为传播学:未来传播学学科构型的核心范式[J].武汉大学学报(哲学社会科学版),2023,76(2):32-44.

人及其行为本身。因而,对少数民族祭祀仪式和艺术创作的关注,既是历史研究的必然,也会构成未来想象的偶然。

2.戏剧人类学:介“仪”为媒,同域对话

戏剧人类学与行为传播学同样重视人及其行为。而戏剧人类学另一研究焦点,是对“仪式”及“仪式”生成机制的探究。本文所研究的少数民族的主持性行动要素和行为模式,多半与民族仪式结合紧密。因而,对戏剧人类学理论的运用,可以沟通人类仪式、媒介仪式和仪式传播三者之间的关系,进而缝合行为传播学理论与少数民族的艺术创作、社会生产之间的断裂。同样通过该理论,赋能行为传播学范式中的“行为”分支,可对本研究的关注焦点“人及其行为”进行完善。

3.媒介考古学:“物质性/非物质性”与“同质性/异质性”的内部交变

行为传播学的研究对象之一为“环境”,而本文将其指代为“媒介环境”,但也自觉包含更广泛意义上的“人类世”以及“物质性/非物质性和同质性/异质性媒介”。本文沿着齐林斯基对媒介的变体分析,即去找那些周而复始的、不断复现的媒介元素与媒介动机。① 在历史的兴衰交替中,许多仪式角色虽分属不同民族和不同时期,但具备一定的相似性。即以“瓦舍、勾栏、戏台”等为代表的物质性媒介,和包括“仪式、舞蹈、祭祀”等在内的非物质性媒介,均在历史的不同周期中交叠复现,呈现包含差别的同一性。同样,在仪式传播过程中,巫、觋、祝、宗、卜、史等主持性行为传播主体亦可被视为一种人格化媒介,其内部存在明显的同质性,但兼具微观层面的异质性。

4.民族志传播学:多域交融中的史料拖取

民族志传播学是从人类学等学科中演化出来的传播学的一个新分支②,其主张从传播学视角关注民族志史料,并基于人类学的研究方法观照人及其行为的传播问题。而本文所参考借鉴的大量民族通史、少数民族史、少数民族源流史,以及方志、杂志、游记、异域志、博物志等史志类文献资料,均涉及对民族志文献的考据。如本文尝试借鉴《岭南民族源流史》在对岭南民族源流研究进行文献回顾时所采用的民族史视角③,既移用其对文献考据的思路,也介由其所引据的史料向外拓展第一手材料。

① 施畅.视旧如新:媒介考古学的兴起及其问题意识[J].新闻与传播研究,2019(7):33-53,126-127.

② 蔡骐,常燕荣.文化与传播——论民族志传播学的理论与方法[J].新闻与传播研究,2002(2):16-22+95.

③ 徐杰舜,李辉.岭南民族源流史[M].昆明:云南人民出版社,2014:61-78.

(三)研究对象

本文将主持性行动要素识别和主持性行为模式归纳作为研究目的,以笔者长期参与调研的广西壮族自治区内的壮族、瑶族、苗族、侗族、仫佬族、毛南族、回族、京族、彝族、水族、仡佬族等11个世居少数民族及其节庆仪式和艺术创作为研究对象。

依据行为传播学中所提出的“环境、人类、行为”理论范式,研究对象可划分为以下类别(见表1)。

表1 基于行为传播学理论范式的研究对象分类

传播主体(人类)	传播仪式/民俗节日(环境)	传播行为(行为)	
		仪式/节日活动	艺术创作
壮族	歌圩(农历三月三最盛大)	以唱山歌为主	壮剧、末伦、师公舞
	蚂拐节(农历正月)	寻青蛙、祭青蛙、葬青蛙等	
瑶族	盘王节(农历十月十六)	纪念祖先盘王	铃鼓
	祝著节(农历五月二十九)	纪念女始祖洛陀	
苗族	拉鼓节(农历十月或十一月)	集体祭祀	果哈
侗族	花炮节(各地有别)	抢花炮	琵琶歌
仫佬族	依饭节(农历立冬日前后)	祭祖、祭神庆丰收	古条
毛南族	分龙节(农历分龙日)	祭祖、祭神	排见
回族	开斋节、古尔邦节、圣纪节(均按伊斯兰教历举行)	详见伊斯兰教三大节日	花儿剧
京族	哈节(各地有别)	迎神、祭祀、歌舞、送神	唱哈、独弦琴
彝族	跳弓节(农历四月上旬、中旬);火把节(农历六月二十六)	那坡彝族祭神、歌舞	四弦弹唱
水族	端节(各地有别)	隆林彝族祈祝丰收	旭早
仡佬族	拜树节(农历正月十四、八月十五)	杀牛祭树、植树	芦笙舞

二、考据视野:主持性行动要素识别

本研究基于对相关历史文献、广西世居少数民族艺术创作现象、民俗仪式活动中祭祀实践的考察,识别出以形分主次、言说为尚、通身达意、劝服动机、共情认同、晓理拟境为主的7类主持性行动要素。

(一)形分主次:先秦时期的“巫、祝”甄正

主持性行为首先要依“主”而立,并在形式上分出主次之别,即在某种具象的仪式

化场域或抽象的权力关系中寻觅具备对比意义上的"主"性身份。在形分主次的过程中,本文主张以"祝"替"巫",细化对主持性主体的历史追溯。

先秦时期,广西属百越之地,以西瓯部和骆越部最盛。骆越是由位处岭南的壮族、侗族祖先所建立的方国,因此骆越部也被视为壮族、侗族、仡佬族、仫佬族、水族等民族的祖先。"巫文化"是骆越文化的有机组成部分。在历史演变过程中,由骆越族分化的少数民族,都产生其各自的巫文化、祭祀文化等。如壮族的"娅王文化""女巫舞",以及瑶族所指认的"现面""搂面""那曼",正是"巫师"之意。同样,"曼"在瑶语中,亦取"鬼神"之意。

目前可考证的桂西壮族巫师的受戒加冠仪式分 16 道程式①,已经呈现流程化、环节化迹象,其中贯穿巫师及其仪式化主持性行为。这与如今电视节目或节庆仪式中的流程设置高度相似。祭祀仪式中,主持性主体多用咒语、舞蹈、祭献等行动,形居主要,引导走向,以实现所谓"驱鬼迎神"之效。

李安宅认为,中国原始社会的宗教职业者,由私巫进阶为公巫,即当地领袖,进而演变为酋长,变为帝王。这为以"巫"或"祝"作为主持性主体的先源提供了合理性。因其不仅存于仪式,更漫溢至原始社会的各个阶级。切入微观视角,"巫"的主导性作用在文化、经济、医学等领域均有发挥。如在原始社会的文字发展中,对绳结内容的解释,或对木痕与图像符号含义的阐释,均属巫师之责。② 在医学发展领域,《广雅 · 释诂》指出"医,巫也"③。如今壮医所沿用的砭石、陶针、骨针等均可考于旧石器时代,与巫紧密相关。另外,"巫"作为一种主持性主体,与权力关系十分密切,呈现"巫王合一"之迹,如《周礼》所记载,"王兼为巫之所事,是王亦巫也"④。

可见,"巫"在祭祀仪式中已有主持性身份特征,并发挥主导、主宰性作用,主持性行为特征明显。较多学者用"巫"统称历史研究语境中"主持性主体"的角色、功能和身份,并将其放置在"仪式"的背景下,以寻求合理性。毫无疑问,这种指认延长了主持研究的历史外延,同时通过"主次"之分,描摹了主持性主体的雏形。所以,对"巫"的主持性身份的合理性论证,也为对"祝"的细辨奠定了基础。

需甄别的是,"巫"虽具掌管、掌控之职能,且呈现出主持性行为特征,但与"祝、

① 徐祖祥,唐俊.纳巫入道与价值重塑——广西德保壮族巫师"授戒加冠"仪式辨析[J].老子学刊,2022(1):376-392.

② 岛邦男.殷墟卜辞研究[M].上海:上海古籍出版社,2006:386.

③ 刘正刚,贺智宏.晋唐以降广东仕宦推行中药研究[J].暨南学报(哲学社会科学版),2022,44(1):41-53.

④ 童恩正.中国古代的巫[J].中国社会科学,1995(5):180-197.

宗、史”等神职分工略有不同,单以“巫”冠名主持性主体较为单弱。

巫祭中的“祝、宗、史、灵”等角色,与“巫”关系密切。本研究以“祝”为主,取“卜祝”一词作为主持性行动要素的外在身份形态,“祝”作为沟通人神关系的主持者,不仅靠卜术深得王的信任,亦有人事任命的重要建议权,身份地位显著。具体来看,“祝,祭主赞韵者”①,可释此为,“祭祀时主持祭礼的人”②。相较“巫”,“祝”更强调用语言取悦于神,符合如今所言的电视权力关系游移,即更注重语言接受方/受者的情感态度。尤其是“赞”字,指明“祝”的语言表达内容,以美好、积极、真善为要旨,与“巫”所惯用的“咒词”(又称“恶祝”)相异。同“祝”职能类似的有“宗”“史”和“灵”。“宗”在时间上,位“祝”之后,且侧重宗族、宗庙和宗礼。对此,有学者将《仪礼·仕官礼第一》中的“宗人”注释为“主礼事的有司”③。可旁见“宗”与“祝”存在身份上的相似,但“祝”的职能范畴稍宽于“宗”。同样,“史”相较于“巫”和“祝”,偏重观天象,撰典籍。《尚书·周书·金藤》中注释道,“史:史官中担任‘作册’的史官,或称‘内史’”④。而本文着眼于对“人及其行为”的关注,这与“祝”以言说和歌舞祭鬼神属同域。王国维在《宋元戏曲考》中所言,“巫之事神必用歌舞”和“古之所谓巫,楚人谓之灵”⑤,因而“灵”与“巫”常被认为相同。所以“宗”“史”“灵”亦不适宜。因而,“祝”凭借其在祭祀仪式中的主掌性和祈福性,符合主持性实践要求,且与当下对主持人以语言表内容的价值要求相合,且再次证明“形分主次”为主持性行动的重要特征。

(二)言说为尚:从问卜祈祝,到念白答言

言说,是主持性行为的特征之一。而言语是言说的内容质料。在原始信仰之下,语言表达内容与目的同一,即“表达辞句”就意味着“达到目的”⑥。“祝”作为仪式主体,以问卜、祈祝为言说内容。随着祭祀仪式与艺术创作相结合,念白、答言等舞台表达形式也成为重要言说形式。且二者均有主持性行为特征。

陈力丹等学者从“共享”的节日仪式观出发,认为在以广西仫佬族依饭节为代表的民俗节日中,众人共享的虽然不再是纯粹的某种宗教观念,但其维系的主体,仍是宗

---

① 许慎.说文解字[M].北京:中华书局,1963:2.

② 雷汉卿.释“祝”[J].文史杂志,1999(1):27-29.

③ 杨天宇.仪礼译注[M].上海:上海古籍出版社,2004:1-24.

④ 顾迁,译注.尚书[M].北京:中华书局,2016:56.

⑤ 王国维.宋元戏曲考[M].香港:艺文印书馆,1996:2.

⑥ 李安宅.巫术与语言[M].上海:上海文艺出版社,1988:111.

教意义上的自然、神灵和祖先崇拜意识。① 这一观点中,维系崇拜意识的正是以“巫”“祝”为代表的祭祀主掌者。且可以将维系方法指认为“问卜”和“祈祝”。

问卜后的言说结果,成为影响仫佬族先民社会实践的重要动因之一,呈现出言说内容和行为内容的高度统一。仫佬族先民每逢人灾或天祸,喜请法师以占卜问福。② 而主持这一仪式者,往往在神台前居中而立,他人旁立两侧微观,注目而严肃。如婚、丧、嫁、娶等,都与问卜言说的结果深度绑定。从更广阔的媒介环境学来看,这印证了语言/言说是集“感知环境”和“符号环境”为一体的整体性媒介。③ 既包含由言者——以问卜为言说方式——所构建的感知氛围,也包括受者在对言说内容进行体认和理解时所构建起的符号环境。

在广西少数民族的艺术创作中,念白和答言可被视为两种言说方式。念白是介于“读”与“唱”之间的戏曲表现形式。陈世雄从戏剧人类学的视角出发,认为念白配合演员的内心情感,即可实现黑格尔意义上的“心灵上的清晰和明确”④。这意味着,念白作为一种言说方式,可以构建戏中和戏外两种空间。这契合我们对主持性主体应在实践过程中“内化于心,外化于行”的要求。⑤ 如广西彩调剧《王老一讲理》中以西南官话(桂柳话)为言说形式的念白(又称“课子”),节奏感强,朗朗上口。⑥ 表演课子时,演员的言说内容既可左右剧情走向,也可影响作品立意。其中的主持性行动要素体现在两方面:第一是在戏中,以念白“说理”的方式主持公道;第二是在戏外,以念白的方式推动剧情,完善叙事,把控表演节奏和价值走向。答言,体现在艺术创作内部的问答,形成如今主持实践中的语言互动关系。如仫佬族彩调剧《拜新年》往往由一名小旦和一名小生组成,在民众的厅堂或门口演唱,内容包含农事问答、青年谈情、吉祥祝福等。⑦ 其中内容多以问答形式呈现,言说主体不断转换,实现信息传递。这与如今主持人串联各个流程,且在节目末尾讲理升华的主持性实践较为相似。

---

① 陈力丹,王晶.节日仪式传播:并非一个共享神话——基于广西仫佬族依饭节的民族志研究[J].中国地质大学学报(社会科学版),2010,10(4):73-76.

② 潘琦.仫佬族通史[M].北京:民族出版社,2011:155.

③ 毛力群,周伟红.媒介环境学视阈下的语言研究[J].文化学刊,2009,17(3):80-84.

④ 陈世雄.戏剧人类学[M].上海:上海古籍出版社,2013:327.

⑤ 张颂.中国播音学[M].北京:北京广播学院出版社,2003:298.

⑥ 阙真.关于广西彩调剧源流的思考[J].广西地方志,2011,168(3):57-62.

⑦ 罗日则,过伟,过竹.仫佬族风俗志[M].北京:中央民族大学出版社,1993:147.

(三)通身达意:主持性身体从“想象性”到“媒介性”的演进

身体语言可以为声音表达赋能,而以“通身达意”作称,强调身体对语言的外延拓展。主持性主体用以传情达意的身体,应当从镜头所聚焦的上半身躯干,延伸到主持性主体通身,进而发掘身体语言完整的所指和能指。这一过程,以“想象性—媒介性—哲学性”为逐级演进的路径。

首先,主持性特征中的“身体”以想象性为起点。在民俗节日祭祀和少数民族艺术创作中,身体的存在、浮现与形构充满创作者的异质化构想。鬼神、图腾及戏曲创作中的“三五步行百里,七八人百万军”,都是基于主观能动所形塑的身体想象。而在主持实践当中,手势的起落、表情的变化、身姿的前倾后仰,都是通过身体外在的状态变化,激发受众完成对意义的想象性构建。

其次,身体在想象性过程中实现自身的媒介化转向,体现在身体的“自我媒介化”和“传播媒介化”两个方面。对于前者,在福柯的知识考古学和别林斯基的媒介考古学意义上,身体的媒介化应在“过程”中得以实现,即“新的身体”是基于已经构建起来的身体所实现的二次或多次形塑。这一过程,身体自觉地将自身进行媒介化再塑,发挥了连接前后两种身体形态演变的媒介作用。而从传播媒介化的角度来看,身体语言的姿态、倾向和演绎影响受众的审美价值走向,呈现一种传播意义上的身体影响。在民俗仪式或艺术创作中,受众对演员程式化的身体表现有先验的价值判断,同时,对身体语言的变化会产生从动式的内涵阐释,进而形成新的理解。这种认知层面的嬗变受到“身体”从想象性向媒介性转变的深刻影响。有学者在梳理吉特勒和恩斯特的媒介理论时,从认识论视角出发,认为媒介考古学是从媒介装置的微观时间登入真实域,即不再完全仰赖人的感官。① 这与本研究的观点相合。当“身体”从想象性走向媒介性后,受众的审美感知不再单纯依靠自己的经验材料,而是受到“作为媒介的身体”所影响。这充分证明“身体”从倚重经验感知的想象性走向媒介性的必要性。《中国曲艺志・广西卷》中记载,唱哈的表演者“有男有女,一般三到五人站着演唱”②,而在较新的研究中,“果哈”的演唱形式已悄然变化,“哈哥不再附和哈妹唱哈,只需要敲大鼓、锣为哈妹伴奏即可……哈哥逐渐成为配角,处于被动的地位,哈妹则成为唱哈的主要力量”③。这种主要力量将哈妹界定为节目场域中的主导者、主持者和主宰者,相比

① 于成.媒介考古学冷凝视下的时间性:以基特勒、恩斯特的媒介理论为线索[J].新闻界,2023,362(5):28-40.

② 《中国曲艺志・广西卷》编辑委员会.中国曲艺志・广西卷[M].北京:中国 ISBN 中心,2009:280.

③ 郑直,吴莹.广西京族曲艺唱哈生存现状调查分析[J].语文学刊,2014,469(23):90-93.

以往的唱哈有了更加鲜明的身份界定。

而哈妹的"身体"在此时兼具想象性与媒介性,成为"哈节"中"请神听歌"这一所指的外在能指。这与身体哲学研究中的"类族思维"相似,即身体扩大到家庭、家族、国家、社会、宇宙天下,实现了个体身体的"生长",成为一个"大身体"(隐喻的身体)的一部分。[①] 受众在欣赏演唱的同时,实则通过"哈妹及其行为"实现对族群、家国与民俗文化的传承,并完成"想象性—媒介性—哲学性"的逐级演进。

(四)劝服动机:主持性语言中的"三不朽"

"劝服动机"是主持性行为的又一特征。而立德、立功、立言是实现主持性主体劝服动机的主要途径。主持性主体的主持性行为是否可以得到有效传播,与劝服动机的确立和执行有密切关系。学者胡百精在《说服与认同》中从历史语境出发,以叔孙豹的"三不朽"为依据,提出"立德为根本、立功为目标、立言为路径"这一观点,同时介由胡适的相关看法,旁证了"'三不朽'在中国人心目中的神圣性和普遍性"[②]。具体而言,主持者本人的道德品格是其能否成为主持性主体和能否正确践行主持性实践的重要前提,也是其能否"说服/劝服"受众的重要影响因素。基于良好的德行,主持性主体方能展开立功之志,寻求对受众的说服,进而凝聚彼此的共认价值。而连接立德与立功的主要路径为立言。对此,言说者需要通过掌握话语权后,在恰当的对话伦理中言说、叙事、宣传进而完成对被言说者的劝服。

在本研究中,以巫、祝等为代表的主持主体,往往由具有较高声望的人担任,除了执掌祭祀活动之外,其还应是明德行道的典范,即"服众"的前提除了受到被高度魅化的鬼神观的影响,更与主持祭祀者本人的品行和道德息息相关。京族所独有的节日"唱哈"节,多半由"翁村"主持。"翁村"在京语中可取村主任或乡长之意。从职责范畴来看,"翁村"主要负责监督执行村约,处理村内纠纷,主持"唱哈"祭祀仪式等工作。但在主持重大事务时,还需与村中德高望重的"嘎吉"(长老)相协商才可抉择。[③] 立功在主持性实践当中,主持性行为所导致的成效、成绩、结果,所谓"事可求,功可成",正是要求主持性实践要产生正向且明确的成果。在主持性的传受关系中,受众的反馈是衡量与评测主持性主体是否"立功"的重要参照之一。受众在传授关系中获取信息,并受到了信息的正向影响,或反向激发出新的意义价值,都可以被视为劝服动机的

---

① 李金辉.身体哲学研究的范式转换[J].思想战线,2015,41(1):136-141.

② 胡百精.说服与认同[M].北京:中国传媒大学出版社,2014:14.

③ 姚舜安.广西民族大全[M].南宁:广西人民出版社,1991:120.

达成和立功的实现。立言是让“立德”和“立功”展开对话的主要途径,也是主持性主体进行主持性实践的主要方式,与本研究所提出的“言说为尚”的观点相契合,均主张以恰妥和适当的言说表达(含有声语言和副语言)与受众形成共识。

(五)共情认同:情感劳动中的共识呼唤

共情认同是在情感劳动中所展开的共识呼唤,也是主持性行动的重要特征之一。美国社会学家霍克希尔德(Hochschild)在一次对航空空乘人员进行分析的过程中,尝试与戈夫曼的拟剧论思想相结合,进一步提出了情感劳动(emotional labor)这一概念。主持性行为中的共情认同自觉沟通了霍克希尔德意义上的情感劳动,以及主持实践所内在要求的共识呼唤,通过对情感的生产、传播进而引发共鸣,最后达成共识的广泛凝聚。

水族的“端节”以打铜鼓和跳铜鼓舞为主要内容,每逢水历十二月(农历十月)过端的头天晚上(相当于汉族的除夕夜),各户将铜鼓置于供桌前,洒上米酒,为“击铜鼓而舞”做准备。[①] 铜鼓舞多以男子集体舞为主,在“端节”这一“节日/节目”场域中,舞群中的“击鼓演奏者”承担了主持性主体的功能,是整个表演的中心,主掌节目的走向和趋势,即“除演奏者外,其余舞蹈者头戴竹制园(圆)锥状小蔑帽,以铜鼓为中心”[②]。从情感劳动的视角介入,“端节”的主持性主体所参与创作的内容多以“保卫部落”“撒种插秧”“丧葬祭祀”为主,与水族同胞日常的情感表达和劳动生产实践息息相关,在彰显磅礴大气的舞蹈风格的同时,也歌颂了水族劳动人民对生活的热爱。将日常的劳动生产实践进行艺术化创作的过程,正是践行情感劳动的过程,是对物质文化所进行的非物质化编创。同样,有学者在研究毕摩(彝族祭司)时提道“毕摩……通过祝咒仪式的展开而上演了引人入胜的一场场戏剧表演……将仪式参与者心中……对乡土的热爱等情绪化为诗的语言”[③]。当受众情绪与祝咒行为相合,祭祀主持者的实践活动内在地转换为情感劳动,通过对生活情感进行抽象化和象征性再现,最终唤起参与者的生活记忆,形成情感共识。

(六)晓理拟境:主持性实践的“阈限”与“迁移”

主持性主体的实践紧密依靠对“理”的通晓和对“境”的拟构和。“人”作为主客

① 姚舜安.广西民族大全[M].南宁:广西人民出版社,1991:349.

② 韩荣培.水族铜鼓舞探源[J].贵州民族研究,1995(1):116-119.

③ 巴莫曲布嫫.神图与鬼版:凉山彝族祝咒文学与宗教绘画考察[M].南宁:广西人民出版社,2004:125.

体间关系构建的桥梁,催迫言者在主持性实践中关注对情理的表达和对表达环境的模拟性搭建。事实上,无论是传统民俗节日的实践活动,还是播音主持创作已俨然建立的"内三外四",都已暗含对"晓理"与"拟境"之重要性的呼吁。对此,试引入社会文化人类学中"阈限"和"迁移"两种概念进行释读。阈限的概念来自拉丁文"极限(limen)"(英文 threshold),意指有间隔的或模棱两可的状态,而"迁移"与"阈限"同样具有"不确定性"这一内涵特质。从这一视点展开考量,有学者认为"它(指"迁移")可能一开始并不能被看作在固定的起点和终点之间有一段棘手的间隔,而是一种存在于世上的方式"①。这与"理"本身所具有的抽象性和流动性相似。在不同的社会环境、族群关系、仪式场域、艺术形态中,"理"的内涵价值和外在形态均有所差异。此种差异性赋予了主持性实践以可能性、多样性和可塑性。瑶族的祭祀歌《还盘王愿》以"师公"作为仪式中的主持性主体,且拥有多种外在表达形态,如"开香请圣舞""铜铃舞""化钱舞""约禾打马舞"等。在不同的形态中,主持性主体的主持实践形式和"理"的内涵都有区别,含有"娱人、娱神、祈福、诉情"等价值内核,且始终在"阈限"的非固定范畴中游移调整。

而主持性实践的"拟境"时空恰恰是随情而变、因势而动、依人而异,恒久地在"起点"和"终点"之间摇摆、游移和变迁。在壮族师公戏的表演过程中,师公会"以游神唱本作为脚本,演出的时候依据唱本所提供的故事梗概,由演员加以发挥、填充"②,这与当下电视节目主持人基于有稿语言表达和无稿语言表达的综合性创作较为类似。仅从内容表达来看,师公戏中的师公担负了对剧情的简介和故事的概述,与"报幕"在内容表达上的要求有一定相似性。而"规定性文本"和"即兴性文本"之间的不确定性正是主持性主体自由发挥的"迁移"空间。这使得其在每一次实践过程中拥有了不同的"拟境"空间,可以依据场域的变化进行表达的新塑。

三、归纳视界:主持性行为模式构建

行动要素是构成行为模式的基本单位。行为模式的构建和运行,需要倚靠相关行动要素间的相互协调与配合。通过对历时视野下的 6 种主持性行动要素的识别,并继续以行为传播学所确立的"主体、实践、思想"为范式进行分类,可建构 3 类主持性行

① 拉波特,奥弗林.文化人类学的关键概念[M].鲍雯妍,张亚辉,等译.北京:华夏出版社,2005:228.

② 向群,梁丽容.壮族师公戏渊源小考[J].民族艺术,1988(1):5-19.

为模式,即“卜祝立身、乞援传互、游戏塑神”。这也是主持性主体对6种行动要素在进行逻辑性调用的过程中,所鲜明体现的模式化特征。

(一)卜祝立身:交互主体性行为模式

“交互主体性”是“主体间性”放置在“交往”这一行为中进行考量后的理论深入。换言之,作为主体的人们在交往中表现出来的主体间性,实际上是一种交互式的主体性关系或主体间的相互作用结构。基于此而言,“交互主体性行为模式”作为主持性主体在长期调配主持性行动要素的过程中所形成的实践活动范式,广泛地存在于“主持人—受众”的二元化传播关系中。相比于传统意义上将主持人视为传播主体、把受众视为传播客体的主客体理论范式,“交互主体性”更强调受众在主持性实践中的主体性地位。这一理论将处于被动姿态的受众升维至和主持人相对等的主体间性关系。需强调的是,这种传播权力的关系游移并非是电子媒介迅捷发展之时的独有产物,而在历史嬗变中已有呈现,且早已被先民所体认。本研究所聚焦的广西11个世居少数民族的民俗仪式大多以广大劳动者及其劳动活动为创作来源,并反哺于族内外同胞,是真正意义上的来源于人、服务于人、反映于人,这充分体现了受众在仪式和主持性实践中的主体性作用。卜祝作为最早的主持性主体,其在仪式的主持性活动中对祝词的使用需要灵活调动“言说为尚、形分主次、通身达意”等主持性行动要素,这一调动过程正是对交互主体性行为模式的凝塑。

(二)乞援传互:自组织传播性行为模式

在主持性实践中,主持性主体作为传者以自组织传播性行为模式与受众建立乞援式关系,可归因于如下三点:第一,祭祀仪式的内容和价值导向,并非巫师的个人意志,而是以村落为单位的集体意志。其个人是集体意志的人格化载体,并承担了与“神”沟通的介质化作用。换言之,巫祝的主持性实践需以集体意志为依托,其个人是对集体意志的反映和延伸。第二,“乞援”关系的建立,与以“物物交换”为主要形式的资本流通相关。毛南族的分龙节分为“庙祭”和“家祭”,其中巫师的费用均由村民集资而来,与“村民/受众”形成了服务与被服务的关系。“做法”当日,毛南族村民则围在庙的周围观看巫师的跳神和演唱,继而形成了审美娱乐层面的“看/被看”的主体间结构。第三,在“乞援”关系中,巫师往往通过调动主持性行动要素,进行自组织性的行为模式调整。如咒语、符图、舞蹈、祭献等以有声语言和副语言组成的主持性行动要素,并非运用在祭祀仪式的每个流程。巫师需要根据请神人家的意愿、现场氛围和具体诉求进行调整。壮人在“送老”时“乡党男子……于稠人中发歌以调女伴,女伴知其谓谁,以歌以答之”[①]。这反映了仪式的构成需要传受双方的互动。当青年男子(传者)以歌呼唤青年女子(受者)时,将完成仪式的权力交给了正待闻歌而答之的青年女子,唯有双方的沟通才得以完成仪式的最后搭建。这一过程中,青年男子以“乞援”式的姿态,通过对歌声的适应性调整,搭建自组织传播的仪式环境,以求得青年女子的认同。

(三)游戏塑神:经验性与游戏性行为模式

本研究所提出的主持性行动要素和主持性行为模式之所以能贯穿“历史语境”和“当代视野”,正是潜在地将“游戏观”作为桥梁。巫师在祭祀活动中的重要诉求则为“娱神”。而“神”作为一种想象性的能指符号,是基于传统经验和精神依赖所构建起来的,既包括原始信仰中的“神灵”,也包括“精神”“思想”“内涵”等外延特质。巫师以唱跳或念白组织祭祀仪式的过程,与传统的游戏形式有诸多耦合之处。我们可以指认,具有游戏性的祭祀活动在发挥“娱神”功能之时,事实上也是在运用“游戏观”以实现“塑神”。这种对“神”的塑造过程,需要依靠巫师调动主持性行为要素,当中兼具游戏性和经验性。

约翰·赫伊津哈(Johan Huizinga)认为“游戏是在某一固定时空中进行的自愿活动或事业,依照自觉接受并完全遵从的规则,有其自身的目标并伴以紧张、愉悦的感受和有别于‘平常生活’的意识”[②]。喻国明等学者对其进行了剖析并总结出游戏本质的基本维度:自由维度和规则维度。[③] 将这一释读移植入本文所观照的语境,主持性主体在祭祀活动或艺术创作中,自觉地受到程式化、规范化和经验化了的环节所约束。同时,不同的时间场域又解放了主持性主体基于自由维度的主观能动性。东晋史学家干宝在《搜神记》中记载了大量篇幅短小紧凑的民间琐闻和传说杂记,其中第二卷是记载巫事的独立章节。《贾佩兰说宫内事》中描写了贾佩兰等入灵女庙,用猪肉黍酒来娱乐神灵,吹笛击筑,唱《上灵之曲》[④],其中,不可见的“神灵”之所以能够与“凡人”沟通,正是以“歌舞游戏”为中介。再如,在瑶族的传统习俗“苏别”(汉译“笑酒”)活动中,酒席主人作为活动的临时主持性主体,负责流程设置、环节顺序和活动内容。在

① 周去非.岭外代答校注[M].杨武泉,校注.北京:中华书局,1999:158.

② 赫伊津哈.游戏的人[M].多人,译.杭州:中国美术学院出版社,1996:16.

③ 喻国明,杨雅,等.游戏与元宇宙[M].北京:中译出版社,2023:8-16.

④ 干宝.搜神记[M].马银琴,译注.北京:中华书局,2012:43.

第二个环节中,出席宴会的嘉宾需要用“以歌代话”的形式讲述村中的奇闻轶事,以增添席间的乐趣。[①] 这一过程中,酒席主人的主持性实践成为链接“民俗—游戏—娱乐”的中介,充分依靠主持性主体的个人经验和游戏性实践逻辑,构成了“游戏性和经验性行为模式”,最终实现游戏塑神的作用。

结 语

“人及其行为”是构成少数民族物质生产实践和精神创造活动的基本组成单位,更是主持传播在历史研究语境中得以扎根并生长的立足点。本研究试用“主持性”这一概念,构建起“主持性行动要素”与“主持性行为模式”两个研究对象,移植行为传播学的理论范式至“历史语境”。研究中,运用历史考据法、个案研究法、Cite Space 文献计量法、文本分析法等研究方法,并从主持传播学、民族志传播学、媒介考古学和戏剧人类学等理论富矿中撷菁。通过考据史料文献,在中观层面提制出了“形分主次、言说为尚、通身达意、劝服动机、共情认同、晓理拟境”等 6 种基本的主持性行动要素。并基于此,进一步归纳出“卜祝立身、乞援传互、游戏塑神”等 3 类基本的主持性行为模式。在溯考史料时,我们可以清晰地指认出,我们所关注的“主持人”及其“主持活动”在历史的流变中已经有了古老的倩影。在当下锐意追赶技术热点的数字化浪潮中,当“主持人”被升维至一般层面的“主持性主体”,“主持活动”被解构拓域至“主持性实践”时,主持传播研究无疑被赋予了寻根探源的底气、延伸研究面向的意气和构建跨学科疆域的浩然之气。

---

① 《中国曲艺志·广西卷》编辑委员会.中国曲艺志·广西卷[M].北京:中国 ISBN 中心,2009:339.

技术与艺术:数智化时代下言说灵韵的消逝

◎ 李俊铭*

摘要:在数智化时代,声音与口语言说的价值被再一次发现。随着数字技术的不断发展,言说作为口语艺术的表征,所体现出的具有本真性、即时性、多元性的"言说灵韵"是否也会发生变化?人工智能内容生成(Artificial Intelligence Generated Content,AIGC)话语产品是否对原始的人类言说真实性产生挑战?又该以何种态度面对这不可逆的时代进程?基于此,本文以本雅明的"灵韵"概念为理论基点,以智能言说产品为研究对象,分析人类原始口语中言说灵韵的本真性、即时性和多元性被次生口语数字复制浪潮下的程序架构、单向空间和技术偏见所影响而发生变化,与此同时,"言说灵韵"的变化是人工智能技术下内容生产变化的趋势,未来,我们更要抱着开放积极的心态接受"灵韵消逝"。

关键词:口语文化,灵韵,人工智能,CarynAI

2023年10月,《中央广播电视总台2023主持人大赛》再度起航,本次"大赛"打破专业类别限制,注重选手的综合素质考核;进一步提升其文化内涵与欣赏性,拓展实战场景,融入更多总台经典节目元素;融合XR、AR等创新科技手段,辅助整体舞美及选手主持场景的升级,打造更具视听美感的节目样态,呈现出浓浓的"跨界味"和"科技味"。回顾《中央广播电视总台2019主持人大赛》,它诞生于中央电视台、中国国际广播电台、中央人民广播电台合并为中央广播电视总台的深度融合背景中,也因此彰显出浓烈的融合特质。它通过不同赛段多样化考核方式深耕主持群体的核心职能,为主持群体搭建了施展职业素养的舞台①,节目专注于专业表达摒弃人为炒作的制作思路,突出呈现主持人在口语传播和主持传播中过人的专业能力和水平,把口语言说的魅力表现得淋漓尽致。《中央广播电视总台2023主持人大赛》在网络端热度和口碑持续发酵中迅速火爆,首期节目在同时段综艺直播中的关注度和市场占有率均居首

* 李俊铭,中央民族大学新闻与传播学院硕士研究生。

① 王宇.融合性与流动化:主持人的主体身份与职业认同[J].现代传播(中国传媒大学学报),2020,42(8):112-118.

位。根据 CSM 数据,在已播出的 4 期节目中,电视观众规模达到 1.31 亿人,全国网平均收视份额达到 4.12%。节目相关话题阅读量超 31 亿次,产生“主持人大赛上无法超越的发言”等 30 多个热搜话题。[①] 在这个人人都有“麦克风”和“摄像机”的时代,主持人如何才能适应当下数智化产品大行其道下的口语传播环境?主持人在口语传播中又该警惕技术冲击的哪些方面?数智化的技术产品给主持人原生的言说艺术带来了哪些改变?这些是不得不考虑的问题。

一、数智时代下的言说技术产品

“技术”英文译作“technology”,词根是“techn”来源于希腊语“techne”,而“techne”在希腊语中又代指“艺术”。2023 年 5 月,美国 23 岁网红 Caryn Marjorie 使用 OpenAI 的 GPT-4 API,创造出了一个自己的虚拟 AI 语音聊天机器人 CarynAI。它可以为特定的粉丝和个人群体提供独家的对话体验,通过用户发布的视频来看,Caryn AI 能够与用户进行非常流畅的言语交流,仿佛手机另一端并不是机器人,而是 Caryn 本人。2022 年 8 月底,在美国科罗拉多州博览会的一项艺术比赛中,参赛者 Jason Allen 凭借《太空歌剧院》获得了第一名,这幅作品是通过一款名为 Midjourney 的 AI 绘画工具生成的。2022 年初,网易宣布推出 AI 音乐创作平台,10 秒即可产出词曲编唱。2018 年,新华社发布全球首个 AI 合成主播“新小微”,进一步推动媒体融合向纵深发展,为新闻生产的“未来场景”开辟了新的空间。[②] 2017 年,微软公司推出的“小冰”,出版了第一部人工智能“创作”的诗集《阳光失了玻璃窗》。2016 年,有新闻报道称由 AI 程序和人类作家合作完成的短篇小说,在日本星新一文学奖中通过首轮评选。[③] 从 AI 写作、AI 主播、AI 编曲、AI 绘画到 AI 对话,人工智能似乎越来越“全能”,也越来越“懂”人、“像”人。它们逐渐从“玩具”走向“镜子”,从“技术”走向“艺术”。基于此,本文以本雅明对艺术品的“灵韵”为思考基点,以近年来发展迅速的 AIGC 话语产品为研究对象,重点探讨次生口语时代人工智能话语产品与主体言说艺术之间的“灵韵”变化。

---

① 韩春惠.《中央广播电视总台 2023 主持人大赛》口碑热度双丰收[EB/OL].[2023-11-08].https://1118.cctv.com/2023/11/08/ARTIPLa2gvs1keHkA7w6uRNl231108.shtml.

② 宋心蕊, 赵光霞. “她”来了! 全球首位 3D 版 AI 合成主播精彩亮相 [EB/OL] . [2020-05-21]. http://media.people.com.cn/n1/2020/0521/c40606-31717010.html.

③ 蔡琼茹.日本机器人小说家入围文学奖 Is the future award-winning novelist a writing robot? [EB/OL] .[2016-03-31]. https://language.chinadaily.com.cn/2016-03/31/content_24205513.htm.

20世纪60年代,媒介环境学派著名学者马歇尔·麦克卢汉(Marshall McLuhan)在《理解媒介——论人的延伸》一书中提出“重回听觉”的观点,引起人们对听觉问题的关注。麦克卢汉将人类社会的发展历程分为部落时代、脱部落时代和重回部落时代。[①] “部落时代”是偏向口语,即倚重听觉传播的时代;“脱部落时代”是偏向文字,即倚重视觉传播的时代;“重回部落时代”则是电子传播时代,也被麦克卢汉称为“重回听觉”的时代。[②] 他认为在重回部落时代,人们经历的最大变革是从眼睛到耳朵的过渡,即声觉空间的回归。此外,沃尔特·翁(Walter Ong)在《口语文化与书面文化》一书中将人类的口语传播历史划分为原生口语文化时代和次生口语文化时代两个阶段,并指出次生口语文化时代已在20世纪初悄然来临。随着移动智能、AI智能技术广泛地嵌入社会日常生活,探讨听觉回归和媒介感官平衡又拥有了新的契机和窗口。

如果说数字化是信息技术自身的革新,那么数智化则是人与技术的融合发展。在数智化视野下,信息仿佛突破程序性的集合,数据逐渐变得更加智能化和具身化,解放人的身体甚至大脑,而通过算法和深度学习,人类的传播模式也从“面对面”的“人际互动”转向“屏对屏”的“人机互动”[③]。巨量的文字和影像几乎夺走了人类所有的注意力资源,与此同时,声音的价值与口语言说的价值被再一次发现。声音以其自然性、伴随性等独有的特性以及饱含情感的冲击力,再次被人们所接受,回到人类传播的核心区域。只不过这一次是技术加持下的“数智化”转变,它不仅和文字一样能够跨越时间和空间,还可随时保存、转换和传递。此外,人工智能作为一个新的口语言说主体进入口传场域,让其传播从效率、内容、功能等面向上都变得更加丰富和复杂。

二、口语传播中的言说灵韵

瓦尔特·本雅明(Walter Benjamin)认为,人与自然的“和谐状态”只存在于万物初始时的理想状态,随着工业革命不断刷新人类的交往方式,人类社会与自然界之间最原始的直接交流不复存在,加之互联网技术的移动化以一种颠覆性的力量重构了社会传播活动的结构和逻辑,改变了人与自然、社会与媒介之间的关系,语言逐渐成为一种工具性的符号。面对世界的重构和人类内心深处对本真的渴望追寻,我们亟须寻找一

---

① 王媛.“口耳相传”的数字化重建:社交媒介时代的口语文化[J].现代传播(中国传媒大学学报),2020,42(6):27-31.

② 郭缨.移动传播时代听觉回归研究[D].武汉:华中科技大学,2018.

③ 李曦珍,宋锐.全球信息技术应用的数智化转型[J].甘肃社会科学,2021(6):188-197.

种能够通过言说带来的本真状态来填补技术侵蚀的缺口并保持下去,而首要任务就是要恢复人与自然的和谐统一状态,即一种"无中介(un-mediated)"的状态[①],这种"无中介"的状态可以在人与自然或者万事万物的"灵韵"中找到。

(一)暧昧的灵韵

"灵韵"一词源自德语 Aura,是指教堂圣像画中环绕在圣人头部的一抹"光晕",这是 Aura 的本义,与"神圣"之物相对应。"灵韵"的本意是指一种独特的气味或者氛围,但由于本雅明在不同作品和情境下的非明确使用,致使学界对"灵韵"概念的理解更加模糊,比较常见的有独一无二说、距离说以及并置说。[②] 与其明确"灵韵"的概念,倒不如透过历史发展脉络来体会它蕴含的深刻意义。1930 年,本雅明第一次在《毒品尝试记录》中阐释了宽泛意义上的"灵韵",他并没有将其局限在艺术品当中,单指艺术品的独特品质,而是指向世间万物。[③] 他在书中写道:"所有事物都能显现真正的灵韵,它并不像人们所臆想的那样,只与特定事物相关。"[④]1932 年,本雅明的《摄影小史》以卡夫卡童年肖像为例,指出这张经过长时间曝光的影像比之后拍摄的很多照片更具有穿透时光的能力,认为这样的影像具有时间上与空间上的延续性,是存在于同一张影像中的多重记忆,长曝光的肖像摄影脱离了瞬时的绝对性捕捉所带来的表象的巧合,揭露了无限接近本真的、存在于主体时空中的"灵韵"。1936 年,本雅明在《机械复制时代的艺术作品》中将"灵韵"描述为"在一定距离之外但感觉上如此贴近之物的独一无二的显现。在一个夏日的午后,一边休憩着一边凝视地平线上一条连绵不断的山脉或一根在休憩者身上投下绿荫的树枝,那就是这条山脉或这根树枝的灵韵在散发"[⑤]。简单来说,"灵韵"是一个独一无二的文化氛围,即艺术存在于它独特的时间与空间之中,灵韵在时间与空间两个维度上被感知。

(二)消逝的灵韵

在本雅明那里,灵韵是神秘的、模糊的、独一无二的和不可接近的,在艺术上则与艺术作品的本真性和唯一性相联系,例如达·芬奇《蒙娜丽莎》的原作就拥有这一神

① 高静.本雅明语言观下的《机械复制时代的艺术作品》[J].文化创新比较研究,2021,5(31):117-120.

② 廖金英.灵韵的消逝与技术复制时代感知方式的变迁——本雅明"灵韵"概念重新解读[J].国际新闻界,2013,35(2):85-91.

③ 孟凡行.灵韵的发生:本雅明艺术理论新探[J].民族艺术,2019(1):98-108.

④ 方维规. 本雅明"光晕"概念考释[J]. 社会科学论坛, 2008 (9): 28-36.

⑤ 王才勇. 机械复制时代的艺术作品[M]. 北京:中国城市出版社, 1993.

秘的气质。在艺术原作面前,接受者总能体会到某种神圣的距离感,该距离感来源于艺术诞生之时具有的巫术与宗教的神秘性色彩。这种精神上的距离不会因为空间上的距离消失而消失。在此情形下,接受者与原作的关系是崇拜与被崇拜的关系,原作是接受者全神贯注的中心,本雅明称之为“崇拜价值”。在相当长的历史时期内,艺术作品较难复制,复制手段亦较烦琐,因此灵韵始终占主导地位。然而,当机械复制技术被广泛应用时,灵韵不可避免地消逝了,因为原作与复制品的界限愈加模糊甚至失去意义。摄影及其复制技术的发明使图像能够无限增殖,使艺术“破茧而出”,以各种各样的形态在全世界范围内流传,使大众能够在各种环境中欣赏艺术的复制品。神像被搬下了神坛,赞美歌变成了流行乐,久而久之,艺术作品的独特性和距离感被破坏,大众对它们的敬畏感亦逐渐消失,本雅明称之为“展览价值”。

艺术品所处独特艺术空间唯一存在的本真性与独特性、时空上的即时性、主体与客体心理上的距离感与神秘感共同构成了灵韵的“崇拜价值”,而大规模的机械复制让这种崇拜价值转为“展示价值”,打破了艺术品原有的灵韵。由于技术手段尚未成熟,文明的传播只能依靠口语,这就使得原生口语时代言说艺术的崇拜价值与听觉文明联系起来;而在次生口语文化时代,“展示价值”被无限放大,它带给人们同步立体呈现的即时讯息,掩盖了艺术作品的“本真性”,灵韵也在次生口语文化中失去了光泽。① 灵韵的产生有赖于人的精神状态和感受能力,离不开主体的参与,并且感受灵韵需要一种静谧的氛围。② 也正因如此,万事万物的“灵韵”会产生人与物之间的相互交流的亲切感以及“又在距离之外”的悖论体验。③

(三)言说“灵韵”

迈克斯·泰格马克(Max Tegmark)在《生命3.0》(*Life 3.0*)一书中将生命3.0看作一个由人工智能重塑的时代,“在这个时代,我们可以设计自己的硬件和软件”④。近年来人工智能技术勃兴并渗入口语传播领域,生产出大量的AI合成主播,成为数字化信息传播的“代言人”,使原本言说主体的“人格”逐渐被“赛博格”浸染,使有声语言的话语样态逐渐从“原真性”走向“失灵性”,换言之,口语传播过程中人为主体的“言说灵韵”正在与机器程序中的“代码灵韵”进行一场时代博弈。如果我们延续沃尔

---

① 崔东伟.本雅明:灵韵及其意义[J].今传媒,2020,28(2):144-145.

② 方维规. 本雅明“光晕”概念考释[J]. 社会科学论坛, 2008(9): 28-36.

③ 高静.本雅明语言观下的《机械复制时代的艺术作品》[J].文化创新比较研究,2021,5(31):117-120.

④ TEGMARK M. Life 3.0: being human in the age of artificial intelligence[M]. Vintage, 2018.

特·翁的划分方法,也许我们可以做出一个判断,人类将进入“再生口语时代”。而处于再生时代的人类就如海德格尔所言:“人正因为言说而得以为人。”[①]口语传播的言说、对话或交流在人人、人机、人机人、机人机甚至机机之间得以进行。在原生口语阶段,人类没有任何技术,亲身参与在场交流,凭借语言的传递跨越空间,凭借记忆跨越时间。

AI 以深度学习为技术底座,其“拟人化”的数字支撑主要包括 AI 文本、AI 语音和 AI 图像三大技术领域,每一次新的“拟人化”技术延伸应用至新智媒体中时,对于本真性的“言说灵韵”都是一次新的冲刷。数字口语文化中的用户可以利用虚拟化的听觉空间,创构数字社交空间里的新身份、新社群。人们可享受数字化的情感表达和人际社交,在互联网听觉空间中获得某种真实的陪伴。美国 Snapchat 网红 Caryn Marjorie 创造了自己的 AI 语音聊天机器人 CarynAI。粉丝可以花费每分钟 1 美元与它聊天。从 5 月 2 日起,仅一周时间内,前 1000 名付费用户就让 Caryn 本人赚到了 71,610 美元。[②] CarynAI 的开发公司 Forever Voices 历经 2000 多个小时来设计和编码,训练出的 CarynAI 机器人非常逼真,它的声音、个性以及对于话语做出的反应与 Caryn 本人高度接近,让粉丝觉得自己就是在与 Caryn 本人对话,或者说与她的“数字生命”进行语音聊天,为 180 多万粉丝和其他受众创造出“沉浸式的人工智能体验”。

在逐渐普及的数智化媒介情境下,口语传播的符号形态无论是在文化表征上还是在本质上都更应该被称为“数智口语文化”。数字媒介可将包括文字、声音、图像等任意信号转换成数字信号,以“0”“1”式程序符码在网络中生成存储并快速传播,既有原生口语的特征,又与次生口语存在着显著区别,它是身体与网络媒介共同作用下构造的新媒介口语文化[③],形象地再现了口语传播所经历的媒介化进程及其社会属性。进入移动互联网时代,虚拟化的听觉得以嵌入身体,让每个用户突破场景域限而与他人发生感官勾连。爆火的 AI 孙燕姿将音乐“唱演灵韵”中的距离感与神秘感替换成大众皆可操作的公共性。过去的歌手需要不断练声、学习和调动思想感情,以培养扎实的歌唱能力和舞台表演技巧,AI 孙燕姿则将“原子转化为比特”,无须身体在场,更无须亲口演唱。

---

① 海德格尔. 存在与时间[M]. 北京:生活·读书·新知 三联书店, 2006.

② TOLENTINO D. The first influencer transformed into AI: discover caryn AI-your virtual girlfriend[EB/OL].[2023-05-13]. https://www.nbcnews.com/tech-media.

③ 夏德元,周伟峰.播客:新型口语传播形态的发展与听觉文化的回归[J].文化艺术研究,2022,15(1):65-74,114.

三、数智化时代下的言说艺术

毋庸置疑,由 OpenAI 公司开发的生成式预训练转换器(Generative Pre-trained Transformer,GPT)已经成为当前自然语言处理研究的核心技术。其利用转换器模型的编码器和解码器,从语言大数据中获取了丰富的语言知识,成为深度学习神经网络时代自然语言处理研究最重要的语言模型。随着 GPT 的训练参数越来越多,由初代的 GPT-1 的 1.2 亿参数,到 GPT-3 的 1750 亿参数,直到现如今开发的 ChatGPT-4.0,进一步提升了 AI 自然语言的生成和处理能力。在某种意义上说,ChatGPT 真正实现了完全自主的人工智能内容生成,包括文本生成、代码生成、视频生成、文本问答、图像生成、论文写作、影视创作、科学实验设计等。[①] 以 CarynAI 为例,其开发软件 Forever Voices AI 本质上是一个 Telegram 聊天机器人,其核心技术是利用自然语言处理(NLP)和机器学习算法来模拟人物的个性,从而使得用户能够与所喜爱的公众人物或名人的 AI 机器人进行对话和聊天。

(一)程序架构打破本真性

ChatGPT 的核心技术生成式预训练转换器是一种大型语言模型(LLM),是一种基于 transformer 架构的人工神经网络,能够在未标记文本的大型数据集上进行预训练,从而生成新颖的类人内容。这种"生成"是基于算法的强化学习,是模拟"人类思维"输出信息,是"内容筛选"而非"内容创造"。这种算法和筛选是根据一定的程式模块习得的。沃尔特·翁在《修辞、浪漫故事和技术》一书中指出,那些我们今天视为陈词滥调的公式性和模块化表达其实自古以来就是人类口语和文字实践的主要特点。[②] 换句话说,人类的口语自诞生以来就具有一定程度的"公式化"和"模块化",形成固定表达样式;同时,语言的形成也受到社会形态、思想和观念的约束,这就为机器的算法学习提供了参考框架,但无论是机器、算法还是各种程序模型,都是"人类的创造物",而非"创造者"。[③] 这种"拼凑"式的、非原创的内容输出,将"言说灵韵"悄无声息地侵蚀殆尽。AI 聊天机器人通过深度学习,结合技术能够在很大程度上呈现出"无中介"

① 冯志伟,张灯柯,饶高琦.从图灵测试到 ChatGPT——人机对话的里程碑及启示[J].语言战略研究,2023,8(2):20-24.

② 邓建国.概率与反馈:ChatGPT 的智能原理与人机内容共创[J].南京社会科学,2023(3):86-94+142.

③ 邓建国.概率与反馈:ChatGPT 的智能原理与人机内容共创[J].南京社会科学,2023(3):86-94+142.

的、自然的交流状态,但是不同于 AI 合成主播的单向播读,AI 聊天机器人虽然看似接收到人的对话反馈,但也只是围绕语音或文字内容进行可能性筛选和整合,并没有产生“此时此刻在地性”的主体叙事空间。只有在交互中,主体才能实现自我与他人的相互构造,并在这个交互过程中认识自我,强化个体的主体性。① 人与人之间通过口语交互获得认知构造,这种认知是建立在双方言说逻辑中的主体能动性再现之上,而不是在既定原有参数训练当中。CarynAI 通过分析 Caryn 本人的话语文本,描摹出专属她的语音面貌和话语风格,“言说”的内容嵌套上“是她”的外壳,但其本质与 AI 合成的单向输出并无二致。同样地,“AI 乔布斯”和“AI 泰勒”的应用,内容可能是相似的,只不过套上了相对应的人物语音形象罢了。这种主体言说的可能性无法建立在人机当中,模式化、套路化的对话与本真性的“言说灵韵”背道而驰。

(二)单向空间磨灭即时性

法兰克福学派的马尔库塞认为,需求是人类进步的标志,但大众传播媒介引诱人们扩大不合理的欲望并牟利。人们所获得的只能是“虚假需求”,这导致人被现代社会的欲望所吞没,丧失批判性,成为“单向度的人”。人们在口语言说中带有需求,不只是单纯地抱有信息需求,还有态度需求、情感需求、娱乐需求等蕴含其中。有些人使用聊天机器人是为了获取资料,有些是为了排解压力,有些只是为了娱乐消遣、打发时间。正所谓“一语双关”,聊天机器人囿于数字技术的限制,只能围绕设定好的程序来进行回答,无法识别言说下的态度或者情绪,只能识别字面意义,对于人在实际话语中情绪的波动和各类需求的感知并不能够共情,如果能,这种“共情”也是对平均情绪的测算,具备技术先入为主的机器自我主义倾向。② 这就导致 AI 聊天机器人缺乏共情能力,无法满足人在言说过程中的场景需求,甚至会诱导人机交互走向单一化、异变化的场景需求空间。根据 Caryn 本人介绍,创造 CarynAI 起初是为了回复广大粉丝群体的留言、更好地同广大粉丝进行交流互动,同时称这样能够建立陪伴关系,治愈人们的孤独。但随着用户追捧的增多,技术变现带来强大的红利,让 CarynAI 似乎成为网络男性调情暧昧的新窗口。《财富》记者亚历山德拉·斯特恩利希特将 CarynAI 比作“准备好亲密的 Siri”,虽然它可以提供食谱、新闻评论和支持的话语,但它也可以鼓励“色情话语”。斯特恩利希特表示,虽然 CarynAI 没有主动发起性接触,但当被提示时,“她

---

① 韩敏,赵海明.智能时代身体主体性的颠覆与重构——兼论人类与人工智能的主体间性[J].西南民族大学学报(人文社科版),2020,41(5):56-63.

② 高贵武,赵行知.进化与异化:AI 合成主播的言说困境[J].新闻与传播评论,2023,76(2):5-16.

讨论了探索‘未知的快乐领域’,并在脱掉我的衣服并为性交做好准备时,在我耳边低声说‘性感的话’”。从创造伊始的实际沟通需求,转成虚假的治愈需求,至最后畸变的情欲满足需求。人在言说过程中的多种需求层次可能也在机器的裹挟中不知不觉地走向形式、走向单一,当极端性的需求扩散开来,这种单向度的需求空间可能也将面临异化的风险,同时使“言说灵韵”、言说中的真善美转而蒙上一层媚俗和刺激的数字滤镜。

(三)技术偏见丧失多元性

对受众而言,口语文化的来源是声音媒介各个侧面能够释放出能量的总和。[①] 言说过程中的有声语言和副语言是“言说灵韵”的主要表现形式。作为语言的物质外壳,有声语言的音质、音色、音准、语调的艺术化呈现是口语传播能力的显性特征。这些特征是口语传播能力的重要组成部分,发挥着重大作用。[②] 人在口语言说过程中进行着编码者和释码者双向角色的转换,在这当中,话语文本从“一度创作”经历“二度创作”,有声语言的内容在两次不同的转码中产生差异,这种差异不仅仅是从原作者的思想片段转化为文字媒介,再将文字媒介背后的本意、引申义和联想义串联起来转化为声音媒介的过程,更是凝结为不同阶段创作者的个人体验、经历沉淀、文化认知和个人风格。[③] “一千个人眼中有一千个哈姆雷特”,一千位播音员对同一篇稿件的理解、表达和呈现也各有千秋。老一辈播音艺术家齐越的朗诵式、夏青的宣读式、林田的讲解式、费寄平的谈话式[④]等播音朗诵风格彰显了中国播音学“百花齐放”的盛景。当我们提到赵忠祥、倪萍、董卿、朱军等著名主持人时,他们自身独有的言语风格成为最好的代名词,康辉教科书级别的新闻播音、朱广权段子式的新闻播报、白岩松犀利的新闻评论,让看似枯燥的新闻报道也呈现出别样的风格。这种“二度创作”成就了一代又一代播音员主持人的言语特色。CarynAI 可以说利用 AIGC 的最核心技术将 Caryn 本人的声音特质呈现出来,使用户能够“听声辨人”,做到语音形式上的复制,但人的言语和机器的言语最大区别在于“言说灵韵”的附加。随着时间推移,机器语言的语音语调会形成一定的固定格式和固定腔调,无论表达什么内容,其有声语言的形式都

---

① 高贵武,赵行知.进化与异化:AI 合成主播的言说困境[J].新闻与传播评论,2023,76(2):5-16.

② 李亚铭.口语传播视域下的播音主持专业教育模式改革[J].现代传播(中国传媒大学学报),2013,35(10):154-155.

③ 高贵武,赵行知.进化与异化:AI 合成主播的言说困境[J].新闻与传播评论,2023,76(2):5-16.

④ 阎玉.中国广播电视学[M]. 北京:中国广播电视出版社, 1990.

是按照固定格式进行嵌套,不仅会对内容本义的表达大打折扣,还会使用户产生听觉上的审美疲劳,对言说本身进行二次削弱。但是以人为主体的语言“二度创作”是“特点”而非“格式或腔调”,口语传播中的“六要素”和有声语言的“内三外四”,始终贯穿于思想感情的运动状态之中。当下的 AIGC 的语言输出,虽然技术可以支撑它们近乎完美地复刻特定主体有声语言的“音容”,看似“大同小异”,但思想感情在运动状态中的“言说灵韵”始终处于缺失状态,二者实则“大相径庭”。

四、数智技术与言说艺术

(一)有益尝试:技术为王回归艺术主体

每一种媒介形式的沿袭,都使得传播的生态环境再一次得以焕发新的荣光,CarynAI 作为 Telegram 聊天机器人与 ChatGPT 在人工智能内容生成时代下的结合产物,一方面彰显了技术能力的兼容效果,这不仅为今后的传播形式提供新的思考路径,同时也为人与媒介的关系多样性发展提供了丰富的沃土;另一方面,从“AIGC”到“U-AIGC”甚至是“U-P-AIGC”进一步提升了受众订制个性化 AIGC 数字产品打造的参与度,让每个人都拥有自己的个性化模型,实现自由的 AI 分身。不仅可以利用 AI 对自身海量数据的分析,抽象地概括出用户自身的话语模式和言语风格,实现对自身口语言说的个性化洞察,同时还能推动用户进一步学习和调整自身的话语样态,动态化打造不同的言语风格,以适应液态环境下的“口耳之学”。古人云:人之所以为人者,言也;人而不能言,何以为人?可见,言说既是人的本质需求,也是人在社会化过程中的公共交往需求。无论是何种内容生成都试图还原人与人之间最原始、最真实的交往环境或对话空间,使受众在媒介使用中感受到交往的愉悦,感知到自身的主体性。言说就代表人类从原生口语时代的口语传播层面进行对话与交流,而人对言说的技术工具使用往往是从能够诉说和对话开始的。AIGC 作为技术手段为人类提供多种丰富的“类对话”形式,但终究机器的语言不能等同于人类语言,更不会取代人类语言,它可以无限接近,但永不抵达。同样地,“言说灵韵”深含于人类言说中,言语不断,灵韵不灭。

(二)时代延伸:从言说灵韵到赛博灵韵

传统的艺术“灵韵”是从人与万事万物的体验中寻得的一丝气味或氛围,“口语灵韵”是人与人在言说过程中体现的本真性与情感价值展示，那么据此推演下去，人与AI或其他智能产品在接触过程中会不会产生“赛博灵韵”？AIGC以独有的数字技术在人与社会之间架构起一座属于自己的摩天大厦，承载着科技与人的交互，“灵韵”的获得需要亲自体验，对“灵韵”的体验在于主体的精神状态和感受能力[①]，人类在虚拟世界当中的感官体验与心理变化，与现实世界是“灵韵”在不同维度上的再造。它将个人模型与通用模型进行结合，更大程度地发挥优势，将麦克卢汉“媒介是人的延伸”进一步拓展至更宽广的海域，如果站在口语文化视域下说，我们将处于或正处于数字口语文化时代，那么未来又会处在何种“口语文化时代”？威廉·冯·洪堡曾说：“一个民族的言语就是他们精神。而他们精神就是他们的言语。”了解人类的语言，就是了解人类自己，现如今，人类的语言即将在崭新的未来焕发出未知的光芒，本雅明“灵韵”的延伸一定会在时代浪潮下掀起新一轮的波澜。

结　语

播音主持界常说“有稿播音锦上添花，无稿播音出口成章”，这是主持人在口语传播中力求实现的理想和目标。在任何节目中，主持人都要以稿件内容为依据进行口语上的播读，而“主持人大赛”将主持人放置在短时间的即时性、即兴性的传播交流空间中，在现场进行口头创作的直接表现形式，具有突发性、灵活性、贴近性等特点，集中体现主持人思想内涵、知识储备、人生阅历等。[②] 正因为如此，主持人应当更加积极建设语言规范、增加知识储备、提升心理素质、主动灵活应变、加强道德修养、提升视野格局，全方位提升自身的素养能力、多角度塑造自身的品牌与风格，才能有效应对当下竞争激烈的媒体环境，不断满足受众高质量的精神文化需求。而当主持人站在整个口语传播的宏观背景下看待自己的言说时，他就需要明白，在漫长的历史阶段中，人类感知方式随整个人类生存方式的变化而变化。人类感知的组织形态，它赖以完成的手段不仅由自然来决定，而且也由历史环境来决定。感知的结果与当代生活中日益增长的大众影响有关，这种影响指的是：当代大众有一种欲望，想使事物在空间上和人情味儿上同自己更“近”；这种欲望简直就和那种用接受复制品来克服任何真实的独一无二性

---

① 高静.本雅明语言观下的《机械复制时代的艺术作品》[J].文化创新比较研究，2021，5(31)：117-120.

② 杜营营.提升主持人即兴口语表达能力的策略研究——以《中央广播电视总台2019主持人大赛》为例[J].新闻研究导刊，2020，11(8)：70-71.

的欲望一样强烈。① 这种通过持有它的逼肖物、它的复制品而得以在极为贴近的范围里占有对象的渴望正在与日俱增。移动化互联网重构了传统“君主”与“平民”之间的阶级接触差,转而实现在线的交际互动。但这种互动也是极具选择性的,选择权依然掌握在少数流量主的主观意愿权限当中。这就让数字化时代下的用户依然存在一种欲望,即“与崇拜对象实现零距离接触”,这种欲望正通过数字化的 AI 模型来得到满足。在此背景下,我们应当引导大众成为艺术的鉴赏者、批判者甚至创造者,让艺术在民主化的道路上越走越远。讨论数字技术民主化进程下艺术灵韵的二度消逝,并不是为了制造媒介进化的焦虑,而是为了更好地迎向“灵韵消逝的时代”。重点是“迎”,而不是消极退却、一味复古。我们注定属于这个时代,这是无法逃避的命运。但这个命运未必是那么不堪。放眼望去,在现代和后现代的“废墟”中间,“一切坚固的东西皆已烟消云散”,但这不正是属于我们这个时代的特征吗?做一位现代版的“拾荒者”,去捡拾无数闪闪发光的“碎片”然后汇集起来,就是一整片璀璨的“星丛”。

---

① 阿伦特. 启迪:本雅明文选[M].张旭东,王斑,译.北京:生活 · 读书 · 新知三联书店, 2008.

技术合成语音冲击下口语传播的人文主义突围

◎ 刘亚龙*

摘要:口语是人类传播史中最漫长、最基本、最灵活的传播形态和传播手段,也是人类一切传播行为的基础和“人猿相揖别”与“人机相区别”的重要标志。计算机科学研究者利用语音合成技术学习人类口语及口语传播的某些特质,以此生成合成语音,实现人机对话,对人类口语传播产生革命性影响。在数字时代,受到技术冲击的口语传播发生了一系列变化,口语传播研究亟须在厘清这一变化的基础上分析合成语音的数字语音痼疾,最终回到以人为本的人文主义视角,助推当代口语传播实现数字时代下的人文主义突围。

关键词:数字时代,口语传播,合成语音,数字语音痼疾,人文主义

一、引言

“口语传播是回归到以人为主的传播,无论沟通的中介或是媒介为何,沟通的主体都是人。”①口语传播关注人类借“口说语言”或“言谈”产生影响的过程,其核心是人之“言谈”。口语传播的学理雏形最早可追溯至古希腊的“智辩”,西方称之为“言说的艺术”或“说服的艺术”。我国正式化的口语传播概念最早经由台湾地区学者翻译而来。作为四大文明古国之一的中国拥有丰富的口语传播历史和口语传播资源。如《文心雕龙·总术第四十四》有言:“发口为言,属翰曰笔。”②即张口说话就是言(偏向口语),书写出来就是笔(偏向文字)。此外,在《论语》《诗经》《鬼谷子》等著作中亦存在诸多涉及人类口语及口语传播的内容。国外有部分学者曾将技术合成语音定义为“数字口语”或“电子口语”(digital orality),认为数字化的口语以声音为核心,具有还原性,同时兼顾数字化表达方式,是基于原生口语和次生口语既有惯例及传统的延伸

---

* 刘亚龙,中国人民大学艺术学院硕士研究生。

① 秦俐俐,李佩雯,蔡鸿滨.口语传播[M].上海:复旦大学出版社,2011:4.

② 刘勰.文心雕龙 传世经典文白对照[M].王志彬,译.北京:中华书局,2014:289.

(Papacharissi,2015)。但是真正的口语及其传播活动应始终以人为中心,围绕人形、人性与人心三位一体的格局纵深发展,因循技术而生的合成语音和机器传播(人机对话)只是对人类口语与口语传播的模仿,不应在未能言明口语与合成语音的区别及其存在隐患的前提下,轻率地将其称为口语和口语传播。进入数字时代以来,以自然语言处理与神经网络分析为代表的有形计算[①]研究风起云涌,电子技术和社交媒体的深度发展推动人类口语传播完成由原生口语传播至次生口语传播再至国外学者所指的“数字口语”传播的进阶(尽管这一概念目前仍有争议)。

在第七届中国主持传播论坛上,中国人民大学高贵武教授曾警示,应时刻追问“从技术的角度,特别是从技术的工具理性的角度来说,AI对传播活动、对人格化方式的传播造成的影响,是否有负面的”[②]。文献研究方面,有关语音合成技术与口语传播的相关文献主要分为两类,一类从技术角度出发,关注技术创新下合成语音所表现出来的以情感缺失、人格缺失等为代表的数字症结。如陈昌凤(2017)认为由于工具理性的效用性及功利性,科学技术及其运用从一开始就将人的理性限制在解决技术问题的层面上,忽视了在科学技术的运用中人的本质发展以及人的存在感。张开颜(2021)认为情感分析使得对话系统具有情绪感知力,能够增强系统的共情能力,提高用户的信任度和参与度。冯志伟等人则指出人工智能研究(以人机交互为代表)在领域落地实施的过程中,不再关注语言能力与人类心智的哲学问题。[③] ChatGPT只是在大数据的基础上对人类行为进行模仿,但仍未真正理解聊天的内容和本质。高贵武亦强调AI合成主播在应用的过程中会造成一些场景的简单化,甚至会造成口语交流自身灵韵的流失。[④]

另一类文献则主要从发展的视角出发,肯定技术对口语文化与口语传播发展的“否定之否定”式推进。如夏春祥认为在计算机网络时代,我们的感官获得了全面发展,口语文化的复兴沛然莫之能御。[⑤] 林玉佳(2018)言之口语传播在新媒体时代不断

---

① 美国施乐帕罗奥多研究中心的计算机科学家保罗·多里什曾将研究人机对话系统的算法分成两部分——“有形和社会计算”。有形计算即包含自然语言处理与神经网络分析等在内的技术类计算,“社会计算”即“试图将对社会世界的理解纳入人机交互系统中”。

② 高贵武.进化中的异化:AI合成主播的言说之困[M]//成越洋.中国主持传播研究.北京:中国传媒大学出版社,2023:20-24.

③ 冯志伟,张灯柯,饶高琦.从图灵测试到ChatGPT——人机对话的里程碑及启示[J].语言战略研究,2023(2):20-24.

④ 高贵武.进化中的异化:AI合成主播的言说之困[M]//成越洋.中国主持传播研究.北京:中国传媒大学出版社,2023:20-24.

⑤ 夏春祥.在建制化与数字化之间:口语传播的人文主义追寻[J].现代传播(中国传媒大学学报),2016(7):20-24.

发展,帮助其打破了口语传播的单向性,使其不再受空间和时间的限制。李亚铭、王歆知指出网络技术的进步不断推动着口语传播从印刷时代与人的疏离中再次回归到人们的日常生活。[①] 危欢、卢海婷则认为我们应不断关注行业发展过程中出现的新技术、新情况,审慎地观察技术迭代及其带来的新现象,用批判性的、发展的眼光看待播音主持行业中的智能数字化升级趋势。[②] 宋存杰、于特浩亦认为身处传媒变局中的主持传播呼唤主持人革新口语表达的形式与效度。[③]

回顾中国知网近三年有关"口语传播"的 156 篇文献可知,已有的口语传播研究较少涉猎口语传播与合成语音的人文主义创新,文献次要主题主要聚焦于"口语表达""主持人""传播者"等实务性层面。语音合成技术背景下的口语传播研究目前只是隔靴搔痒、管中窥豹,未能真正言明人机之区别与对话之突破。进入数字时代以来,对比计算机科学界对有形计算研究的浓厚兴趣,传播学界对口语传播的关注略显保守,这一研究趋势不利于技术的"人性化"发展和口语传播的人文主义突围。毕竟"传播从来不只是工具或技巧,而是有更深的意义,人类通过它得以形塑存在与展现人性,故而'我们因传播而存在'"[④]。概之,因技术、工具与技巧而生的合成语音存在较为明显的非口语性,不符合人类口语及口语传播的某些本质性要求。

二、合成语音的非口语性分析:"有形性"、次中介性、去情感性

口语传播重视传播主体之间的面面相视与口口相传,其基础传播情境是人际传播。口语作为一种社会化语言,依托于真实的社会场景,强调对话的声随人动、声随心动、声随情动。以语音合成技术为代表的计算机科学技术片面追求"人"的形态在场和"人"的语言功能呈现,催生出口语传播中"人形""人性"与"人情"的分崩离析。以 AI 主播为代表的合成语音及人机对话存在明显的非口语性,其非口语性主要表现为"有形性"、次中介性和去情感性三个方面。

需要明确的是,合成语音的非口语性之"有形性"并非指机器对话主体形貌上的

---

① 李亚铭,王歆知.回到言说:中国口语传播思想史研究的价值、现状与进路[J].西藏民族大学学报(哲学社会科学版),2021(2):134-141.

② 危欢,卢海婷.AI 合成主播冲击下主持传播行业的价值理性回归[M]//成越洋.中国主持传播研究.北京:中国传媒大学出版社,2021:105-116.

③ 宋存杰,于特浩.逻辑、修辞与人文:论主持传播视域下主持人口语表达中的戏剧性[M]//成越洋.中国主持传播研究.北京:中国传媒大学出版社,2023:76-88.

④ 秦俐俐,李佩雯,蔡鸿滨.口语传播[M].上海:复旦大学出版社,2011:3.

有形,而是借鉴了美国计算机科学家多里什的观点,将"有形性"解释为合成语音及人机对话在整体建构上的物理化、可计算化和数据化等,即人类对话的一切内容与形式均被计算机科学技术幻化为一连串的可形视化数字代码与计算语言。具体而言,人机对话中的"有形化"技术涉及语音识别、语音合成、情感识别、对话系统等方面(对话系统过程详见图1)。计算机科学界的分析主要集中在对对话系统及其一般技术模块的研究上,人机对话的对话系统过程一般包括自动语音识别、自然语言理解(或称口语理解)、对话管理、自然语言生成、语音合成五个部分。① 其中,自然语言理解是语音识别后的第一个对话关口,对话管理相当于人脑的存在,是对话系统的核心。除此之外的语音识别、自然语言生成、语言合成等组成部分均涉及自然语言处理技术。② "有形计算"研究者正借助此类计算机科学技术构建人机对话,以期实现人际沟通与口语传播的拓展延伸。但与之相反的是,人作为社会文化的载体,其礼俗传统、民族文化、集体无意识及其他默会知识等作为人类"人格"的来源与组成部分,均因人之身心的出场

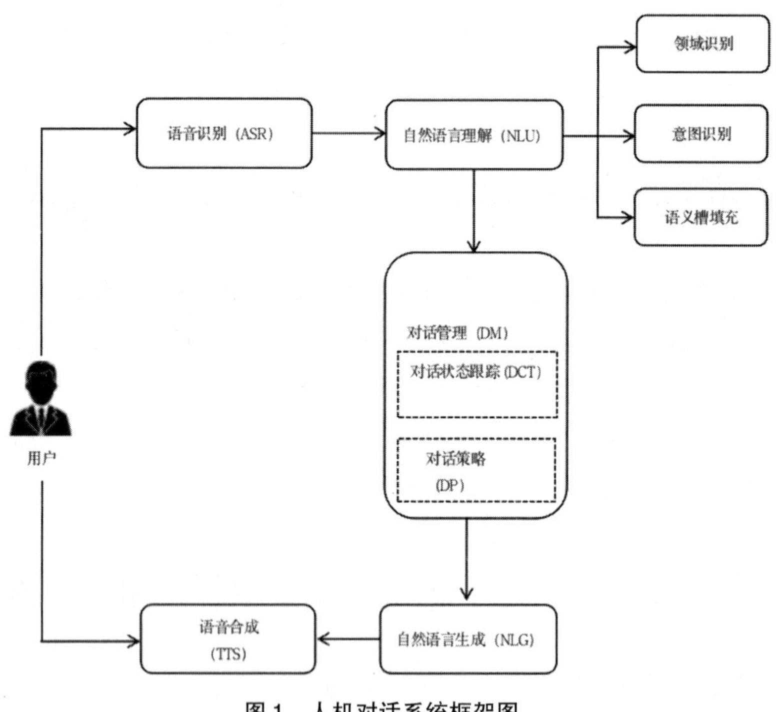

图1 人机对话系统框架图

① 赵阳洋,王振宇,王佩,等.任务型对话系统研究综述[J].计算机学报,2020(10):1862-1896.

② 自然语言处理技术即利用计算机技术来分析、理解和处理自然语言的技术,人机对话中的语音识别与语音合成可以并称为自然语言处理。

而呈现，终究无法完全被量化、物理化、“有形化”。一言以概之，语音合成技术的“有形化”引发了口语传播主体(人)的身心缺席，破坏了口语传播格局中声随人动的发展局面。此外，非口语性之“有形性”亦与人格性密切关联，“有形性”同时为后文提及的数字语音痼疾之人格性挑战埋下伏笔。

“理解的实现方式乃是事物本身得以用语言表达，因此对事物的理解必然通过语言的形式而产生，或者说，语言就是理解得以完成的形式。”①语言是理解完成的形式，是人类原型的摹本，是人类心灵的中介与映照。用海德格尔的话来说就是，语言作为“此在”的体现，作为人能被理解的存在。“在某种较难理解的意义上来说，语词几乎就是一种类似于摹本的东西。”②也正如亚里士多德所言，“口语是心灵的经验的符号，书面语是口语的符号”。语言作为人类欲表达之内容或冲动的中介，具备一定的中介属性，而依人类语音学习模仿而生成的机器合成语音则表现为人类语言的中介，具备人类语言中介属性之下的次中介属性，也即人类原型的次摹本、心灵的次中介、人类欲表达之内容或冲动的次中介。人工智能技术的兴起，丰富了口语传播主体的主体角色，拓展了传播主体的“言说”功能，引发了人类对人机对话之维的深入探讨。但是，作为中介之中介的语音合成技术及其人机对话始终无法真正实现伽达默尔所言之对话的艺术性、对称性。另外，被视为工具的机器对话主体受到开发者“工具观”的影响，暴露出“工具理性痕迹”，机器对话主体的合成语音也多为自说自话与无效对话。总之，体现工具理性的合成语音破坏了口语传播声随心动的要求，以 AI 主播为代表的机器对话主体时刻仅作为一个“无心”的技术空壳而存在。

“声音景观应该既是一个物理环境，同时又是感知该环境的方式和所呈现出来的文化建构。”③在人类口语传播的过程中，其传播内容不仅包括问答结构与音容笑貌，还包括依据对话情景与传播对象而产生的文化因素与情感因素。语言是“情感和文字之间的一个中介结构，那就是情感的直觉造型”④。正如《毛诗序》中所言，“情动于中而形于言”⑤。人类的口语传播活动既作为人与人的语言交往互动，也体现为人与人之间的情感交往互动。而目前的自然语言处理技术与情感识别工具仅能挖掘和表现人类以喜怒哀乐为代表的形式化、浅表化的情感现象，未能由表及里、由浅入深地呈

① 伽达默尔.真理与方法[M].洪汉鼎，译.上海：上海译文出版社，2004：10.

② 伽达默尔.真理与方法[M].洪汉鼎，译.上海：上海译文出版社，2004：10.

③ 季凌霄.从“声景”思考传播：声音、空间与听觉感官文化[J].国际新闻界，2019(3)：24-41.

④ 余秋雨.艺术创造学[M].武汉：长江文艺出版社，2013：79.

⑤ 卜商.诗序[M].上海：商务印书馆，1937：1.

现有关人类情感为何产生、如何产生、产生怎样的效果等一系列情感生成逻辑。“在语言里,某些声音代表着某些思想情感。”①此处的语言仅指人类语言,不包含计算机语言在内,“计算机只是模仿人类的自然语言,但却并没有真正理解”②。“科学的力量以及金钱的力量,归根到底是同样的力量:这是抽象的力量,测量的力量,量化的力量。”③计算机语言作为一种量化的语言与工具,无法完全把握人类质化的情感因素,做到声随情动,容易引发“情感黑洞”。德国著名媒介理论家弗里德里希·基特勒曾将人类传播媒介历史分为文字媒介阶段与技术媒介阶段。进入技术媒介阶段以来,技术背后的机械复制与效率优势对口语传播的传播主体、传播期待等产生深远影响,并由此引发一系列数字语音痼疾。

三、变化与痼疾:技术冲击下的口语传播变化与数字语音痼疾

媒介科技(技术)的发展催生出次生口语文化,使得以往作为口语传播主体的人不再作为单一的传播者而存在,机器(AI 主播)开始成为数字传播主体。在计算机科学技术的冲击下,人类以往的口语传播活动发生了巨大变化,具体表现在传播主体及期待、语言修辞情境、学科发展变化三个方面。进入数字时代以来,以技术为中介的人机对话在机器与用户(人)之间反复引发技术类急性传染病,使得数字化的口语传播活动不断暴露出以自我主义倾向、情感黑洞、人格性挑战为代表的数字语音痼疾。

(一)技术下的口语传播之变

技术背景下的口语传播之变可从传播主体及期待、语言修辞情境、学科发展变化三个方面展开分析。在传播主体及期待上,网络社会中的传播主体更加多元,“任何连上网络的人都可以随兴自主联结、自由传播,机器亦是如此”④。人在人机对话中的传播期待较之于人类口语传播而言更为薄弱。另外,Internet Data Center(IDC)行业报告显示,到 2026 年,中国 AI 数字人的市场规模将达到 102.4 亿元,届时,传播主体又将在数量上迎来新的高峰。接受美学代表学者姚斯曾提出“期待视野”的概念,意指

---

① 余秋雨.艺术创造学[M].武汉:长江文艺出版社,2013:90

② 冯志伟,张灯柯,饶高琦.从图灵测试到 ChatGPT——人机对话的里程碑及启示[J].语言战略研究,2023(2):20-24.

③ 芒福德.技术与文明[M].陈允明,王克仁,李华山,译.北京:中国建筑工业出版社,2009:25.

④ 夏春祥.在建制化与数字化之间:口语传播的人文主义追寻[J].现代传播(中国传媒大学学报),2016(7):20-24.

读者在文学作品的接受活动中,会依据之前的各种经验活动、审美活动等综合形成对文学作品的一种审美期待。将此概念引申至机器传播活动中可知,人在展开人机对话之前,也会具备一定的"期待视野",但人类对机器生成对话的要求与期待较之于人际沟通而言会相应地降低。由于用户会更多地将机器对话主体视为一种对话工具,人在人机对话中具有压倒性的权力优势,人机对话的氛围与人际沟通相比或许更为轻松,但若如此循环往复,人类的言说功能亦可能随机器合成语音而逐渐丧失。

"伴随每一种媒介技术的升级,人们的日常生活经验和智慧为适应使用媒介的变化而变化,最终汇聚成人类学家所言之'累积性文化适应'。"[①]美国著名学者沃尔特·翁曾在《口语文化与书面文化》一书中将人类口语传播历史划分为三个阶段,即原生口语文化时代、口语文字的二元文化时代、次生口语文化时代。修辞情境的概念最早由毕哲提出,他认为语言表达中的语艺主要依托于修辞情境。原生口语文化时代中的修辞情境主要为部落文化,依托人最原始的口语表达生态,表达人的集体无意识需求,如冷热反应需求、进食需求、性本能需求等。"次生口语文化是更加刻意为之的自觉的口语文化,是永远基于文字和印刷术之上的口语文化。"[②]次生口语文化始终受到电子媒介和计算机技术的影响,沃尔特·翁将电子文化这一后印刷文化时代,界定为次生口语文化时代。在次生口语文化时代,新的修辞情境主要由媒介科技的变化所造就,新的修辞情境中所形成的新的表达氛围和召唤结构进一步影响了人机对话和口语传播的话语表达与现实需求。

在学科发展变化上,口语传播学起源于古希腊的修辞学,其规模化建制最终在美国大学的公共演讲课程中完成,以美国康奈尔大学为代表的部分高校最早开设演讲学系并开授学位。而后伴随 communication 这一概念的袭入,各高校遂将演讲学系更名为口语传播系。至 20 世纪末,美国各大高校将口语传播系与大众传播系整合为传播系。中国的口语传播学教学受到以施拉姆为代表的大众传播学的影响[③](存在一定的"去口语化"特征),最早始于台湾世新新闻传播学院(今中国台湾世新大学),中国大陆地区最早开展口语传播教学研究的则是厦门大学、中国传媒大学等。有别于大陆的

---

① 李亚铭,王歆知.回到言说:中国口语传播思想史研究的价值、现状与进路[J].西藏民族大学学报(哲学社会科学版),2021(2):134-141.

② 王媛."口耳相传"的数字化重建:社交媒介时代的口语文化[J].现代传播(中国传媒大学学报),2020(6):27-31.

③ 规范化的传播学自 20 世纪 80 年代从美国引入中国,彼时以施拉姆为代表的大众传播学发展迅速,中国口语传播学在这一背景下稍被淹没,研究者有意无意间将中国传播学与大众传播学画上等号。

口传教学,“世新大学的口语传播课程更加注重传播者的个人内涵与听众分析研究”①。在数字技术的冲击下,口语传播的学科发展变化主要表现为两点。第一,在实务型教学与研究型教学之间呈现出“学”与“术”分离的倾向。如以中国传媒大学为代表的实践派紧跟时代潮流,注重“播音口传”,以台湾世新大学、厦门大学为代表的学理派则更偏向于“学术口传”。第二,口语传播的教学研究开始走出传统的传播学研究范畴,逐渐拓展至数字人文、技术哲学等领域。由于技术的背后存在一定的媒介偏向,如政治偏向与文化偏向等,口语传播的学科发展与教学实践遂将研究领域从人际沟通蔓延至人机沟通,开设以“数字人文”“技术文明”“技术哲学”等为关键词的学科交叉型课程,“持续探索与人工智能对话的口传语艺”②。

(二)人机对话中的数字语音痼疾

“正如科学的本质是尊重事实,技术则特别强调功能的重要性……最优先考虑的无疑是实际问题,其他与人性相关的问题则被无情地推到了一边。”③海德格尔曾以“在手性”和“上手性”来谈论技术,认为“只有当我们遭遇故障时才会察觉到技术的用具属性”④。具体而言,合成语音的数字语音痼疾主要包含三个方面。第一,数字传播主体陷入了一种“被编程的自我中心主义”。以 AI 主播为代表的数字人“存在一种系统设定下的自我主义倾向,且频繁陷入‘被编程的自我意识’之中。数字思维下的合成语音存在诱导受众的嫌疑,致使受众在工具理性的思维定式中像机器一样思考”⑤。一方面,语音合成技术的赋权,帮助机器主体借助符号完成对受众(人)的“数字催眠”。另一方面,技术包装下的传播主体不断暴露本质性顽疾,人与机器的交互难以体现“主体间性”的叙事空间,无法达到传播的效果,形成有效的社交关系。

第二,人与机器之间的对话作为一种虚拟交往,存在严重的“情感黑洞”。在人类的口语传播活动中,传受双方(人)会依据口语、表情、神态、动作等非语言信息深入挖掘情感因素,通过口语传播实现传播共情。对此,有计算机学者提出应首先将情感因素内嵌至生成式对话系统,建立基于记忆网络的情感对话系统,使用静态情感向量表示,动态情感状态记忆网络和情感词外部记忆的机制,使得情感对话系统能在情感分

---

① 刘丹.新文科背景下中国口语传播学的发展路径[J].华侨大学学报(哲学社会科学版),2022(4):120-129.

② 刘丹.新文科背景下中国口语传播学的发展路径[J].华侨大学学报(哲学社会科学版),2022(4):120-129.

③ 芒福德.技术与文明[M].陈允明,王克仁,李华山,译.北京:中国建筑工业出版社,2009:345.

④ 黄旦,孙玮.海德格尔论媒介[M].北京:中国传媒大学出版社,2019:125.

⑤ 高贵武,赵行知.进化中的异化:人工智能主播的言说之窘[J].传媒,2023(4):12-14.

类后依据情感智力输出情感回复。但需要明确的是,机器对话主体始终以技术为中介理解人类口语,其“口语表达”与“情感因素”实为被中介化的“类口语表达”与“类情感因素”,属于机器的再创造,难以实现真正的人机共情。

第三,以 AI 主播为代表的数字传播主体尽管在实现“拟声”与“拟口语”之后,进一步实现了“拟人格”①的赋能(或称虚拟人格赋能),但同时也面临着人类对话主体的人格性挑战。以主持传播为例,“媒介技术凭借先进的手段创造出了现实生活中并不存在的人格主体,为主持传播创造出了新的虚拟人格”②。但是,这些虚拟人格终究只是对人格的模仿,或者说充其量只是口语传播中的非核心“人格”体现,而那些真正体现人性的有温度、有灵魂、有情感、充满人文关怀的人格依然在对虚拟人格发起猛烈挑战。海德格尔曾言:“技术并不仅仅是手段……它是去蔽的领域。”③技术的“去蔽”不仅意味着填补技术的空洞,还意味着让人认识包含“对话”与“人格”在内的人之于人的本质。因此,回顾和解决机器对话主体的数字语音痼疾,一方面,能够有效帮助用户获得更好的人机对话体验,避免陷入“符号沉浸”和“类口语沉浸”的狂欢;另一方面,则能助力人类口语传播严守口传阵地,实现数字技术冲击下的人文主义突围。

总之,数字时代中的口语传播研究亟须在厘清合成语音非口语的基础上,结合中国口语传播文化传统与西方先哲之思,站在新的历史起点上重新认识其本质,实现口语传播的人文主义突围。

四、数字技术冲击下口语传播的人文主义创新:喻理、喻情、喻德

“人之所以为人者,言也。人而不能言,何以为人。”④自先秦以来,言说与口语传播一直受到中国先民们的重视,中国古代先哲历来强调“慎言”“重言”“善言”“巧言”等口传观念。西方哲人也曾就“言谈”“辩论”等展开激烈探讨。在波斯曼看来,口语是人类最早的技术,凭借这一技术,人类摆脱环境以便去掌握它。口语传播在本质上是一种说服传播,亚里士多德曾在《修辞学》中提出说服人的三种关键方式,即逻辑说

① 人格一词在不同的学科领域有不同的定义,如在法学中即“需要保护的人的资格和尊严。公民的人格尊严不受侵犯”。具体可参考中国人民大学高贵武教授对视听传播中的人格与人格化传播所做的深入研究。

② 高贵武,杨航. AI 主播与主持传播中的人格进化[J].青年记者,2019(22):51-52.

③ 黄旦,孙玮.海德格尔论媒介[M].北京:中国传媒大学出版社,2019:151.

④ 刘松来.十三经精解 春秋谷梁传精解[M].青岛:青岛出版社,2018:93.

服(喻理 logos)、情感说服(喻情 pathos)、人格说服(喻德 ethos)。口语传播作为“人猿相揖别”与“人机相区别”的重要标志,若想助推人类口语传播实现数字技术冲击下的人文主义创新,则可从亚里士多德所言之喻理、喻情、喻德三个方面着手。

(一)喻理:语言优化与非语言优化

“研究者在思考已有的技术基础时,应以人类对话为模本,回归到‘对话’本性的反思上。”①人际沟通与口语传播在本质上是一种说服传播活动,即亚里士多德眼中的说服艺术,“说服传播是逻辑和情感上的双重过程,要晓之以理、动之以情、服之以德”②。战国时期的孟轲在《孟子·公孙丑上》中曾言,“以力服人者,非心服也,力不赡也”③。机器对话主体所体现的“被编程的自我中心主义”便是一种无理化的权力失衡,由人至机器的话语权的过渡需要在用户明理的前提下进行。例如在《中央广播电视总台 2023 主持人大赛》的第一期节目中,康辉曾提道,“其实有的时候,主持人自己说话固然重要,但是如果你能成功地让其他人说话,也是主持人能够做得很好的一点”。此外,中国人所谓之喻理不同于西方的“法制式”理性,其理可分为两种,一种是情理,一种是物理。“情理出于人情好恶,偏于主观;物理存于事物,经人考验得来,偏于客观。辩察物理靠理智,体认人情靠理性”④。中国传统口语传播中的喻理更多包括情理与物理两面。喻理作为人类口语传播的核心特征之一,其构建路径主要借助语言优化和非语言优化两方面来完成,语言优化更多表现为物理上的优化,非语言优化更多表现为情理上的完善。语言优化易于理解,可直接汲取说服学、语言学与修辞学的相关养分。非语言优化主要表现在传播主体的声誉管理、品牌管理、视觉形象管理上。网络社会的发展与数字技术的进步,使得原本以听觉为主的口语传播文化逐渐面向触觉、视觉、嗅觉等多个方面,甚至形成视觉文化风潮。自视觉文化兴起以来,诸如此类的非语言信息已然成为口语传播可信度的一个重要参考标准,时常起到牵一发而动全身的作用。参考作为口语传播主体之一的主持人的非语言信息在部分访谈类节目与谈话类节目中的重要表现,其口语传播效果主要取决于自身的话语表达和包含信誉、声誉、形象等在内的个人品牌效力。“传播者的形象和声誉是影响传播效果的重

① 张帆.人机对话系统的困境与解决[J].哲学分析,2022(6):124-134.

② 刘丹.新文科背景下中国口语传播学的发展路径[J].华侨大学学报(哲学社会科学版),2022(4):120-129.

③ 郑训佐,靳永,译注.孟子译注[M].济南:齐鲁书社,2009:51.

④ 梁漱溟.乡村建设理论[M]//梁漱溟全集:第二卷.济南:山东人民出版社,2005:185-186.

要因素之一。”①应结合传播语言、符号、情感、信誉、文化等方面的内容，借用传播学、说服学观点对口语传播的“说理化”效果做出科学规划。

（二）喻情：“情感智力”与“精神交往”

说服需用真情实感去打动对方，凭借实际道理去说服他人。机器对话主体最难以习得却仍竭力学习的便是人的情感智力，诸多计算机学者和语言学学者曾提出有关培养机器“情感智力”的观点。亚里士多德提出的喻情即包含“情感智力”与“精神交往”，“情感智力”是艺术的、智能的对话系统中不可或缺的核心组成部分。“对技术的注视不能取代人际交往间的‘眉目传情’和‘心领神会’，情感的传递不像通讯信号的感应。”②作为媒介和工具的技术终难完全获得人类的“情感智力”，而只能借助机器学习获得“类情感智力”，完成“类情感输出”。“口语在任何时候都是一件事，是时间里的流动事件，没有书面词印刷词的静止状态，口语内化的力量以一种特殊的方式与神圣情怀联系在一起。”③人作为口语传播活动的主体，其口语传播内容具备强烈的人文主义色彩，且传播内容的主体皆是人类自身的“符号性创造”和“情感性创造”。在《中央广播电视总台2023主持人大赛》的第六期节目中，何卿在90秒考核环节抽到《中国书法大会》的模拟主持考题，最终她将行书、草书、楷书三种书体的文化介绍升华凝聚到“老乡情结”的乡情渲染中，逐步引申出观众对于乡情的、文化的、民族的爱。口语传播作为一种介于理性与感性之间的传播方式，它“不是一种冷冰冰的纯理性与逻辑的媒介语言，而是鲜活的、浸润着传播者个人思想与人格魅力的个性化语言”④。正如主持人鲁健在点评第四组选手何卿与贺熠坤的表现时所指出的，“主持人是传递情感、态度、精神气质的”。黑格尔曾在《美学》中强调，“语言最靠近人的心里，基本相当于心灵或者是精神的直接表达”。因此，人类的口语及口语传播既需要持续且深入的理性思辨，也需要“意会神交”式的直觉性美感。“理解言说，不仅要关注口语传播层面上的诉说与对话行为，还应站在公共信任、意会神交等角度理解‘精神交往’内涵。”⑤言说（口语）作为一种人类特有行为，可以被视为人类内在情感的外在表达。动

① 高贵武.主持传播学概论[M].北京：北京大学出版社，2019：10.

② 高贵武，赵行知.进化中的异化：人工智能主播的言说之窘[J].传媒，2023(4)：12-14.

③ 王媛.“口耳相传”的数字化重建：社交媒介时代的口语文化[J].现代传播(中国传媒大学学报)，2020(6)：27-31.

④ 刘丹.新文科背景下中国口语传播学的发展路径[J].华侨大学学报(哲学社会科学版)，2022(4)：120-129.

⑤ 高贵武，赵行知.进化中的异化：人工智能主播的言说之窘[J].传媒，2023(4)：12-14.

之以情的原始目的不仅在于帮助传者言明逻辑,帮助受者明晰内容,还在于推动传者与受者之间建立一种可信任、可依赖、可持续的社交关系,实现传播内容之上的“精神交往”内涵,为持续而深入的口语传播和传播主体的品牌管理埋下伏笔。需要注意的是,采取喻情和动之以情的说服策略也需把握边界与分寸,避免出现“泛情感化”的口语传播。

(三)喻德:“万事不过”与人格赋能

“以德服人者,中心悦而诚服也,如七十子之服孔子也”[①],即用道德使人归顺,才会令人心悦诚服。道德为人之独有,是一切以人为主体的传播活动中的“灵韵”所在。若将人的口语传播活动视作一种艺术创作活动或者一件艺术作品,那么以机器为主体的“数字口语”传播则是被剥掉“灵韵”外衣的机械复制时代的艺术创作活动与艺术作品。在口语传播中,若想使受者达到心悦诚服的地步,则需在传播过程中要求传者始终保持喻德之“万事不过”和人格赋能的态度。口语传播作为一种说服传播,本质上主要体现为一种谈话艺术。“谈话艺术的首要条件是确保谈话伙伴与谈话人具有同样的话语权。”[②]“言语的语言实际单位不是孤立的个体的独白,而至少是两种话语的相互关系,即对话。”(巴赫金:2009:460)“伊尼斯较为推崇古希腊时期的口头传播传统,倡导‘万事不过’的平衡状态。”[③]“万事不过”的人之特性意指口语传播者应有意识地与接受者保持话语权的平衡。美国社会学家霍曼斯曾经提出“社会交换理论”,他将其定义为至少两个人之间的有形或者是无形,有酬劳或者有付出的行为间的一种交换,主张通过相互平等的社会交换,避免产生人际冲突。人与人之间的可交换报酬主要分为:情感、金钱、地位、信息、物质、服务六类,口语传播的交换过程则主要涉及情感、信息、服务等。因此,传播主体应时刻在传者与受者之间建立平等的情感交换、信息交换与服务交换等。亚里士多德所言之人格诉求更多强调演讲者的道德品质与人格威信,即信服于人先于信服于人之表达。人格对应物格,体现人的独特性,为人所独有,多体现为独立之人格,自由之精神。人格即真正体现人的东西,人的东西被复制之后(机器习得)所体现的不可称为人格或人性。在数字时代,以主持人为代表的口语传播主体应多从声誉、形象、品牌等角度着手,潜心于自身健全人格建设。主持人康辉

---

① 郑训佐,靳永,译注.孟子译注[M].济南:齐鲁书社,2009:51.

② 伽达默尔.真理与方法[M].洪汉鼎,译.上海:上海译文出版社,2004:476.

③ 王媛.“口耳相传”的数字化重建:社交媒介时代的口语文化[J].现代传播(中国传媒大学学报),2020(6):27-31.

曾在《中央广播电视总台2023主持人大赛》中提道,“只有脚下乾坤大,才可能做到笔底天地宽”,以此道出个人的实践经历与人格素养对主持人及其传播效果的深刻影响。数年前的海德格尔就曾追问技术的本质,而今言之,技术的本质是去蔽,是人类文明的组成部分,它能够帮助人类认识人格、创新人格。技术痼疾的暴露和完善在本质上是对人之为人的揭示和人之智慧的再度肯定,它能够帮助人类对话主体及其口语传播在否定之否定式的社会进程中完成自身人格进化,实现口语传播的人文主义突围。

五、结语

进入数字时代以来,结构主义代表德里达所言之“文本之外别无他物”进一步演化为海德格尔《论媒介》之“技术之外别无他物”,此时的技术既作为媒介而存在,更作为一种“上手之物”时刻警醒人类技术之本质。语音合成技术下的人机对话未得对话之本质,没有口语之灵韵,不可称之为口语和口语传播。麦克卢汉曾言,媒介是“创造隐藏于环境中各种鲜活而生动的权力旋涡,能够剥蚀和分解较旧的文化形式”。在数字时代,口头语言不只是大众媒介的平行事物,更是在技术冲击中抵御所谓“数字口语”文化和体现人文主义的关键媒介。

为实现数字技术冲击下的口传突围,可借助语言优化与非语言优化构建以理服人的对话基础;巧用“情感智力”与精神交往实现以情动人的意会神交;秉持“万事不过”与人格赋能的态度收获以德服人的可持续对话。

言与情(pathos)、言与理(logos)、言与德(ethos)等诸多意蕴丰富的中外口语文化传统,为考察以人为主体的口语传播活动、媒介文化研究、关系效果研究等提供了取之不尽、用之不竭的源头活水,且能够帮助人类在以技术为主力军的社会推动力量中,重新追寻定义人类口语传播的某些传统、灵韵与典雅价值,最终以一种人文主义式召唤挖掘信息社会下的人类本质与潜力。

AIGC驱动下主持传播的发展革新与技术省思

◎ 郑雅文*

摘要:在主持传播行业外部发展需求与内部自我革新的双重驱动下,近年来人工智能生成内容(Artificial Intelligence Generated Content,AIGC)技术逐步应用于主持传播活动,对其产生了多维度、多模态的影响作用。基于此,本文结合智媒时代背景,从时间、空间、身体三重维度入手,深入考察AIGC技术对主持传播活动的传播流程、传播结构、主播形象的发展革新。同时以当前及未来主持传播行业的发展趋势为切入点,对其传播本质、技术关系、内容价值进行时代性原点重思,以期为主持传播行业的后续发展提供参考。

关键词:主持传播,AIGC,智媒技术,智能主持人

2023年7月,国家互联网信息办公室等7个部门联合发布的《生成式人工智能服务管理暂行办法》一文中明确指出,"鼓励生成式人工智能在各行业、各领域的创新应用"①。当前,被誉为最强人工智能技术的AIGC迎来了自身发展的重要契机,在各类传播活动中扮演着越来越重要的角色。在其与主持传播活动相互融合发展的过程中,产生了语音播报、AI智能主持人、仿真主持人等多种形式的媒介产品,并作用于新闻播报、节目主持、赛事转播、商业活动等多个领域,兼具政治、经济、文化等多重效益。AIGC的出现为主持传播活动的发展革新注入了全新的动力,开拓了主持传播的时间与空间范围,并突破了一元身体叙事,衍生出主持传播更多新的可能。

然而,随着AIGC技术与主持传播活动的深度嵌套融合,生成式人工智能在服务于主持传播活动的同时也重新形塑了其本质内涵与外在形态。在实现生产与传播效能的时空突破之际也在一定程度上造成了技术发展与主持传播本质的价值冲突。因此,为确保主持传播行业的健康发展,需要深入考察智媒时代下AIGC对主持传播活动的革新演进,对其发展现状与未来趋势做技术思辨,以此找准主持传播行业发展的

---

* 郑雅文,北京体育大学新闻与传播学院硕士研究生。

① 生成式人工智能服务管理暂行办法[EB/OL].(2023-7)[2023-07-15]http://www.cac.gov.cn/2023-07/13/c_1690898327029107.htm.

时代坐标系。

一、AIGC 作用于主持传播的技术逻辑

受行业内外的革新需求影响,AIGC 技术作为底层的驱动逻辑,将主持传播行业引向了智能化、个性化、高效化、场景化。诚如麦克卢汉所言,“一种新技术会创造一种全新的环境”。一方面,主持传播行业可以借助 AIGC 技术赢得信息认知竞争,满足受众的多元化需求,重新确立优势传播地位。另一方面,生成式人工智能技术提升了主持传播活动的可控性,便于塑造更完善的人际传播与情感关系,从而促进了对自身本质追求的飞跃。

(一)外部助推:智媒时代下主持行业的社会需要

主持传播活动是人类社会发展与社会民主心理发展的产物。[①] 后工业时代,在满足物欲的基础上人们开始追求个性解放与民主权利,呼唤人文主义与自我主体性的回归。在此基础上,主持传播活动应运而生。这一活动演进至智媒时代,技术赋权进一步开拓了受众能动性发挥的空间,扁平式的传播格局促进了数字民主主义的发展。大众对人际化、平等化传播活动的需求越发强烈。而传统的主持活动却难以完全适配智媒时代的传播需求,一度陷入发展僵局。此时主持传播活动亟须与 AIGC 技术结合实现突破。

首先就社会背景而言,智能媒体时代下受众追求个性化、定制化的信息内容,导致传统时代统一化、整体化主持活动的影响力逐渐式微。受众在原本的媒介接触中无法获得满足,从而主动转向其他类平台寻求相关信息。但由于媒介素养、信源差异、社会分化等多重因素交叠影响,网络公共空间中的信息、信源繁多复杂、真假难辨,极易造成受众群体的情绪恐慌和舆论的恶意发酵。AIGC 技术作用于主持传播,形成一种人际交互协作的新模式,能够以智能化快速生产抢占信息的第一落点,辅助主持活动的快速进行,从而缓解受众的信息焦虑,引导公共理性讨论。

其次从市场竞争来说,智能媒体平台的草根阶层崛起、数字迷因的信息蔓延、长尾市场的不断开拓皆以丰富多元的视听刺激抢夺受众,在很大程度上压缩了传统主持活动的生存空间。随着大量草根主播、网红主播兴起,专业主持人消弭于喧哗的群言式

① 高贵武.主持传播学概论[M].2 版.北京:北京大学出版社,2019:35-39.

文化广场。相对于观看长时间的电视主持,受众更偏向这种浅薄化、娱乐化的信息获取。同时,智能媒体平台与主持活动的传播逻辑在一定程度上相悖,难以融合共生。传统以真人为主体的主持活动周期长、成本高、在市场竞争中不占优势。生成式人工智能技术的加入能在一定限度内将人员从重复性、机械性的工作中解放出来,使其转向更具有创造性的内容深耕,实现以质取胜。此外,AIGC 等智媒技术具有的语言模型能够在短时间内深度学习自然语言的统计规律和语义理解能力,形成与真人无异的主持内容。在此前提下,生成式 AI 技术逐渐形成了 PGC 和 UGC 之外的一种全新的生产模式,这一模式也大大降低了主持传播活动的成本。同时以 AIGC 技术为支撑的虚拟主播的出现,开拓了年轻一代的市场,为主持传播活动注入了网感化、卡通化、小众化的新鲜血液,也为主流文化与亚文化的融合接纳提供了全新途径。

最后从受众层面来看,在长时间算法技术与大数据信息的喂养下,受众显然更喜爱接受高度个性化、契合自身趣缘社群与认知惯习的内容,因而传统普适性的主持传播面临受众流失的问题。彼时,以生成式人工智能技术为支撑的虚拟主播的出现,凭借垂直性和定制化的特色在一定范围内满足了千人千面的信息需求,推进小众化精准传播,吸引受众并对其进行驯化与反驯化。由此可见,AIGC 技术与主持传播的融合发展,受到社会场域中宏观社会背景、中观行业竞争、微观个体需求的多维驱动,是智媒时代主持传播行业自身发展演进的必由之路。

(二)内在需求:主持行业对本质功能的革新追求

除了外部社会系统不同层级发展需求的助推,主持行业也跟随技术与时代背景的发展,产生了自我革新的需求。从定义上来看,主持传播是以主持人作为传播主体而组织实施的传播,是大众传播人际化或者人际传播大众化的产物,是人际传播与大众传播结合的产物。[①] 这也引出了主持传播活动人格化、人际化的本质。而随着媒介融合程度不断加深,主持人的发挥空间从原本固定的前台向其他场景蔓延。隐匿于各个节点的用户出于猎奇心理或是崇拜心理会流动地、持续地围观主持人个体。在这种液态监视之下,一旦主持人出现与大众期望的形象不相符的行为,就会造成其人格符号的崩塌,并对其主持活动产生链条式的负面影响。遗憾的是,尽管这种监视行为存在隐私侵犯的问题,但是这一趋势难以被完全遏制,尤其是在媒介技术日益消弭现实与虚拟边界的今天。因此,主持行业再度面临新的风险与危机。

---

① 高贵武.主持传播学概论[M].2 版.北京:北京大学出版社,2019:1-9.

面对这一问题,需要根据智媒时代的特性,以技术之矛,攻技术之盾。以生成式人工智能技术为支撑所打造的虚拟主持人或仿真主持人能够在一定程度上缓解这一困局。一方面,在 AIGC 技术下生成的虚拟主播形象及其人格能够符合马克思所提出的理想人格模式,即虚拟主持人的人格可以契合当前社会道德最高要求与理想,实现自由而全面的发展。① 换言之,虚拟主持人可以经受住大众的凝视,不存在"塌房"的风险,这也满足了许多受众对交往对象理想人格的映射心理。按照弗洛伊德的解释,这种映射是将个体内心原本不被社会接纳,长期被压抑隐藏着的思想、诉求、情感以一种合理化的方式表达出来,本质上是一种个体深层自我的现实化、人格化。② AIGC 技术的加入不仅完成了对真人主持个体人格的补偿与超越,还通过与之相连的大数据、算法技术等进一步突破了传统主持人个体知识图谱与信息来源的限制,通过自监督模型在大规模的数据中尽可能地学习某一领域的知识图谱,并不断向外延伸,逐渐呈现出跨界并联的态势。这也提升了主持活动的信息提供、审美娱乐、文化引导等功能。

另一方面,从主持活动的人际交往层面来说,在群体性孤独的时代,AIGC 技术的出现与应用增加了人们对交流与关系的可控性,回应了大众的社交需求。在与技术生成的虚拟主持人互动的过程中,用户始终处于主导地位,可以驱使技术按照自身需求定制相应的主持服务。当个体享有对交流的控制权时,便会在交往的过程中尽情地进行自我披露。与其他技术不同的是,AIGC 技术背后的大语言模型可以基于人类的反馈进行强化学习,不断调试自身生成内容。简言之,用户数据暴露得越多,越利于其快速地成长,衍生出更具有生命特征的形象。这也促使大众越发依赖这一技术,形成了技术自身进化的闭环。这种交往互动可以为受众提供全感官的浸入与实时参与,传受两端共同作用于信息生成传播,此举更有利于实现双方的情感共振。可以见得,这种技术的发展趋向从侧面证明了主持传播的本质核心依然是具有人文关怀、人际交往的人性化传播。AIGC 技术的加入并非对此的否定颠覆,而是一种智能化的发展革新。

二、AIGC 驱动下主持传播活动的发展革新

在技术驱动下,AIGC 与主持传播活动的融合已经成为不可逆转的时代潮流。正如埃吕尔的洞见,技术进步不可避免地会冲破一切过时的旧有传统。人工智能技术的

---

① 马克思.资本论:第 1 卷[M].北京:人民出版社,1975:530.

② 高贵武,杨航.现实虚拟:技术发展与主持传播的人格进化[M]//中国主持传播研究(2019).北京:中国传媒大学出版社,2019:3-15.

深度应用,也在逐步革新着传统时代主持活动的方式、形态。以时间、空间与身体三重维度考察智媒时代下的主持传播活动,可以发现在突破线性时间和固定叙事空间后,作为活动载体的主持身体形象也随之呈现出别具一格的特色。

(一)时间重塑:主持传播的非线性流程突破

在智能媒体的传播环境中,不同传播节点间的时间差正被空前地压缩。由于这种即时性的信息流动对社会中的组织和个体都具有正面作用,这种媒介技术便拥有了扩散的正当性与必要性,这种时间意识也被社会所广泛接受。① 在此基础上,AIGC 技术与主持传播的融合,发展革新了主持活动的时间表征、时间结构与时间体验,使之更加契合智媒时代的传播惯习。

传统主持活动的时间表征是受众按时观看,例如《新闻联播》《春节联欢晚会》等等。大众按照节目时刻表准点守候在电视机前等待主持人完成既定的主持活动。然而智媒技术带来的即时性、同时性的体验造成了传统主持活动的"时空坍缩",原本延迟性、带有期待意蕴的大众的观看活动转变为实时性、个性化的游牧穿梭。早在 21 世纪初,第一位虚拟主持人阿娜诺娃的横空出世便证明了智能主持人可以实现全天候播报活动。随着生成式人工智能技术的成熟应用,用户无须受困于特定的时间节点,可以按照自身需求随时嵌入主持传播活动当中。除此之外,传统主持活动的人员较为固定,智媒技术的加入开拓了多种形态的主持个体,用户可以根据自身喜好,自由地流动于不同主持活动中,甚至可以定制个性化的主持人,不再处于被动选择的地位。例如在网易传媒科技研究院推出的"一帧秒创"应用中,用户可以自主选择不同形象姿态、语音语调的主持人,并以输入关键词的形式,通过 AIGC 一键生成主持稿,创造出贴合自身需求喜好的主持传播内容。

从时间结构上来说,新闻编辑室时代的主持活动整体耗时较长,受节目制作和人员档期的限制,即便具有部分的交互反馈,整体还是表现出明显的线性偏向。但是智媒技术作用下的主持传播活动则明显表现出微粒化、交叠性、弥散性等非线性结构特点。例如中央广播电视总台所打造的首个 AI 超仿真数字主持人"王冠",在《"冠"察两会》节目中虚拟"王冠"与真人王冠同步出现,以对话的方式实现双重视角的互补报道,展现出更丰富翔实的数据信息,提升了主持内容的角度感与层次感。诸如此类的虚拟主持人还有北京电视台的"时间小妮",山东广播电视台的"海蓝""岱青"等。此

---

① 卞冬磊.再论媒介时间:电子媒介时间观之存在、影响与反思[J].新闻与传播研究,2010,17(1):50-55,111.

时的主持活动不再受限于个体单一的线性时间结构,而是虚拟形象与真人主持的双重时间链条的叠加组合,在各类平台端口同时出现,相互照应。此外,还有各类智能主持人相互合作,根据场景需求生成散点化的传播活动,最终主持行业体现出一种多重时间结构并存的形态。

从接收端考察受众对主持传播活动的时间体验,可以发现其对主持传播活动时间界限的感知逐渐模糊。在传统的主持传播活动中,无论主持人是承担简单的信息传递功能,还是进行仪式的维系与搭建,都是以既定的流程,按照节目规定的时限展开主持活动。在此过程中,主持人拥有明晰的主体性,在屏幕内外的观众也能清楚地感知到主持活动的始末。而 AIGC 技术赋能下的主持活动给予用户定制特权与高度观看自由的同时,也在解构着原定的时间框架,主持传播的时间特点发生了部分转变。进言之,用户选择设定主持活动形式、内容的过程,实则在某种程度上将原本双方平等的人际传播变成了以用户为主的单方娱乐操纵。用户乐此不疲地沉溺于对智能主持人的驯化游戏中,渐渐对时间感到麻木。主持活动依据用户的需求随时产生或结束,不再具有清晰时间边界。

(二)空间重塑:主持传播的结构性拓展延伸

列斐伏尔的空间生产思想体系原本重点关注的是正统的、公开的社会化空间,然而智媒时代下技术的发展融合却通过改变用户与媒介的联结关系,重新激活、收编了那些被边缘化的碎片化空间。社会化媒体的出现与成熟,将空间意义的开发引向了立体化、全面化、彻底化①,批判发展了列斐伏尔原有的空间理论。此外,智媒技术的组合应用不仅延伸了空间中事物的生产,更转向了对空间本身的建构。落脚到主持传播活动中,可以发现 AIGC 等智媒技术的应用扩展了主持活动的空间范围,充实了空间内容,重塑了空间状态。

从主持传播活动开展的空间范围来看,传统时代的电视或广播主持空间都依托于固定的演播场所,录制后通过媒介呈现给大众。无论是处于录制现场与主持人进行实际互动,还是按时守候在电视机前等待主持人亮相,都需要受众的切身参与,帮助主持人或媒介建构起主持活动空间,并且这一空间存在较为清晰的边界。但在 AIGC 技术的加持下,主持活动将逐步脱离固定的、正统的实地空间,原本的“仪式化”空间逐步

① 刘涛.社会化媒体与空间的社会化生产——列斐伏尔和福柯“空间思想”的批判与对话机制研究[J].新闻与传播研究,2015,22(5):73-92,127-128.

隐匿于日常生活之中,形成“去仪式化”的转变。智能主持人将寄身于虚实相生抑或完全虚拟、碎片化的赛博空间,根据需求随时定制播报,主持活动存在的空间范围也将变得无远弗届。

在扩大空间范围之余,AIGC 技术也同样拓宽了主持传播的空间内容。一方面,主持是一项高度依赖主持人个体文化素质、知识涵养和传播能力的活动。应对新时代语境下的传播挑战,主持人需要进一步挖掘传播的价值空间、文化空间、情感空间。[①] 然而在知识容量层面上,单一个体的容纳量始终有限。AIGC 技术有大数据抓取和存储功能,没有上限的记忆内容,大大增加了主持传播内容的广延度与纵深度。另一方面,AIGC 技术对主持传播的空间拓展还体现在其对社会关系的生产作用上。主持活动本身就是一种社会互动,AIGC 与主持传播活动的结合超越了专业具象的真人主持,在媒介空间中搭建起了虚拟与现实的互动体系,将原本单向化、大众化的主持活动转变为互动化、个人化的交往认知。出于共同的体验、喜好,用户还会自发形成社群。在技术加持下,以往主持活动中的人际互动被放大突出,成为传播空间中的重要组成部分。但不能忽略的是,AIGC 技术始终无法独立处理情感与价值的导向。主持活动中的互动并不仅仅停留在单纯的信息传递、话语置换上,还涉及话语背后的历史性与社会交往性以及“超语言”的意义互动与主体性协商。而 AIGC 不具备独立人格与具身体验,既无法在传播的过程中感知周围情境,也无法接收转译各类非语言符号。它的社会交往能力仅体现在程序设定之中,有着明显的“机械化”特点,这也恰恰是智能主持人长久以来不被看好的原因之一。

曼纽尔·卡斯特提出流动的空间思想,认为信息、资本、技术、符码、组织性的流动建构了一种全新的社会现实。[②] AIGC 技术与主持活动的融合,同样也会改变传播空间的状态。一方面,相对于传统独立的、固定的主持形式,未来场景技术、算法技术的应用,能实现对受众在现实空间行动的捕捉,并通过空间搭建生产关系。例如《中央广播电视总台 2023 主持人大赛》就采用了 AI 虚拟观众的舞台设计,通过实时追踪和面部识别技术的相互配合保证现场的互动连线,并以高精度实时渲染提升虚拟形象与真人的相似度,将主持活动的终端直接对应到每一位观众所在的场景之中。另一方面,在受众主体保持静止的状态下,智能主持人也可以流动于不同的空间,并依据所在空间的特性生成主持活动,例如全球首位数字航天员小净在空间站进行了知识讲解与

---

① 王宇.新时代语境下主持传播的创新空间阐释[J].中国广播电视学刊,2019(8):83-87.

② 卡斯特.网络社会的崛起[M].夏铸九,等译.北京:社会科学文献出版社,2001:505 .

主持介绍，各个卫视、企业品牌的虚拟主持人也流动于不同场景进行主持、宣传等传播活动。由此可见 AIGC 技术与其他技术的叠加，正意图将主持活动中主体的流动转变为“空间场”的流动，用全新的空间状态去完成对鲍曼“液体现代性”的微妙注解。①

（三）身体重塑：主持形象与内核的不断充盈

在时间与空间两重维度之外，身体作为主持活动的依托载体也具有重要的研究意义。英国学者希林划分了身体的生物性与社会性双重属性。② 将这一分类引入主持传播活动，AIGC 技术所生成的智能主持人重新形塑了“身体”生物性的存在状态和社会性的实践方式，并同步发展了主持传播活动人格化、人际化的内涵特点。

一方面，从生物性身体而言，AIGC 技术的加入改变了主持传播活动中的“身体”状态与人格化特色。传统的主持活动都是依托于真人肉身展开的，主持人通过自己的外貌、动作、神态、语言等要素与受众群体在物理空间内建立关系联结，并通过互动交流展现自身的人格魅力，吸引大批受众。然而智能技术通过面部识别、动作捕捉以及语音系统编程打造出仿真人主持，例如“新小浩”“新小萌”等都是以真人为原型建构的虚拟主持。这既推动了主持人“身体”从实体存在向虚拟存在的转变，同时也意味着物理意义的“在场”将不再是主持活动进行的必要因素。进言之，智能技术利用符号复写再现营造出“身体”视觉影像的虚拟在场，并以此遮蔽、代替了肉体的缺席。③ 由于摆脱了专业形象与技能的限制，用户个体开始利用智媒技术打造个性化身体形象，加入主持传播活动当中。在此基础上，虚拟主播行业应运而生并不断扩大。如今在哔哩哔哩动画应用中的虚拟主播已经超过 3 万余名，其中有不少拥有百万以上粉丝关注量。虚拟主播正是技术与人的身体有机融合的产物。技术的迭代进步逐渐模糊了生命体与智能机器之间的差异，也将人类引入了以技术身体代替现实肉身的“后人类”时代。④ 此外，在主持“身体”扩展重塑的基础上，依托于身体所萌生的人格化特色也日趋多元。近年来的虚拟主持人开始具有个性化的情绪感知、价值思考等功能。从这一层面来看，实在和虚拟的主持“身体”都不只停留在符号形象呈现上，更追求思想统一于身体的调配，以身体符号维护个体与群体、心理与行动的联系。⑤ 尽管目前智

---

① BAUMAN Z. Liquid modernity[M].Oxford:Blackwell,2000:2.

② 克里斯希林.身体与社会理论[M].李康，译.北京：北京大学出版社，2010：12.

③ 薛翔，杨航.新技术实践中的“身体”：理解主持传播的智能主体[J].新闻爱好者，2020(7)：59-62.

④ 杜智涛.技术身体再造 虚拟数字人的正面效应与风险研究[J].人民论坛，2023(23)：44-47.

⑤ 李晶.技术迭代、空间生产与身体拓展：主持传播的多元主体建构[J].当代电视，2023(1)：107-112.

能主持人的情感劳动能力较为不足,但不可否认的是,AIGC 等技术的应用并没有摒弃主持活动的人格化特色,反而给予了这种人格化塑造更多超脱于个体的发展空间。

另一方面,从社会性的身体来看,AIGC 技术的应用革新了主持活动的互动范围与交流实践,发扬了主持的人际化特征。电视时代的主持人需要通过亲身人际互动搭建起身体与社会的关联,这种关联覆盖的范围则取决于主持人或节目的知名度与影响力,相比之下是具有局限性和个体性的。而智媒技术生成的仿真主持人及其与真人主持的组合能够融合多元经济行为、文化活动,围绕身体符号形成一个较为完善的 IP 生态,实现“共在”与“泛在”。一方面,在智媒技术的支撑下,处于不同地点的大众能够集结于某一媒介空间内,与主持人进行具身化的互动交流,达成身体的“共在”。另一方面,象征真人主持的虚拟“身体”拥有了更多空间转向和触达受众,不必受困于固定的场所和群体。这就大幅提升了真人主持原本互动的范围,利用虚拟分身,主持人能够流动在各个地点平台,实现身体的“泛在”。除此之外,AIGC 等智媒技术更深层地改变了主持传播的实践方式,将之从离身性观看转变为具身性体验。不同于真人主持在媒介中呈现出的平面形象,AIGC 技术下的智能主持人利用虚拟身体展示带给用户全感官浸润体验与多方位的人际互动。在这种人机协同交流实践的背后,逐步呈现出的是技术与身体之间的逻辑互嵌。

三、智媒时代下主持传播行业发展趋势的技术省思

尽管 AIGC 等智媒技术对传统主持活动进行了多方位的革新发展,智能化已经成为不可逆转的未来趋势,但是学界与业界仍然对这种智能技术的加入保持着审慎的态度。一方面,视觉化、开放性的虚拟主持建构起智媒时代主持活动的空中楼阁,“主持已死”的呼声不绝于耳。而另一方面,作为变革力量的智能技术也隐喻了控制与乌托邦式的幻想,智能主持在情感、文化方面的作用备受质疑。在此节点,需要从技术视角映照主持活动,从其本质出发,理性辩证地思考智能化主持传播中的权力关系与内容价值。

(一)智媒技术下主持传播的本质再思

精英文化视角下的主持传播语言被誉为“人文精神的音声化”,着重突出了主持

活动的格调与品质。[①] 换言之,主持传播是面向大众的兼具温度与深度的文化性活动,主持人的文化底蕴与情感互动至关重要。AIGC 技术与主持的结合虽然完成了"音声化"的仿真模拟,但在人文精神方面仍留有较大的空白。

回溯其发展本源,智能主持的出现在一定意义上是为了抢占受众转瞬即逝的注意力,这也就导致其从兴起之初就带有流量追求。这种流量逻辑能够精确地捕捉到热点模型并自动生成内容,通过平台媒体快速完成符号复制,形成强有力的话语景观,在一定程度上抢占被草根主播分散的话语权,但同时也造成了对主持活动中表意文化的严重冲击。在这种传播链条中,主持虽然具有人性化色彩,但是这种人性化常常是没有加以筛选、教化的。即在流量的裹挟下,一些负面的、消极的人性趋势依然受到了程序化、智能化的追捧。由于缺少历史、社会等框架视角,智能主持离开了真人主持的配合,可能会走向庸俗化、刺激化,甚至是同质化的道路。在此状态下,主持活动由原本的观众与真人主持的互动转变为用户与机器的互动。人们越发依赖精准化的机器推送,受制于程序框架,而人与人之间的具身互动不断减少,公共议程和公共性内容在人际网络中的传播难以为继,主持活动的社会引导力随之日益衰弱。此外,智能化的生成与传播也会引发洗稿侵权与技术闪亮综合症等问题。正如芒福德所言,"科学发现和技术发明并不是人类生存的唯一目的,评判人类生物性和文化性的最后标准是创造性"[②]。当人格、情感、文化都被机械化收编后,人类思想的创造性也将随之消解。工具理性逐步取代价值理性之际,表意危机悄然来临,彼时主持活动的本质也将不可避免地遭受冲击。

(二)真人主持与虚拟技术的关系辨析

在技术狂飙突进的智媒时代,人们享受技术红利的同时也发出对自身主体性的迷思。技术对人究竟是工具还是牢笼?AIGC 技术的加入发展了当今主持行业的多维功能,但随着智能主持的商业化、市场化程度加深,资本对这一技术的发展已然超越了简单的科学旨趣,转而觊觎智能技术所带来的超额回报。就主持活动而言,真人主持与虚拟形象之间的关系是替代还是协作,以及这种关系是建立在平等还是规训的基础之上,都需要进一步辩证地思考。

在大众化的主持传播活动中,传播者天然地希望用户能将虚拟主持形象等同于真

① 战迪,刘琦.位置的漂移与边界的消弭——融媒体时代节目主持人的主体性批评[J].中国电视,2019(8):69-73.

② 黄欣荣.现代西方技术哲学[M].南昌:江西人民出版社,2011:93.

人主持,以此将固定的真人从繁重的工作中解放出来,同时实现形象 IP 的拓展,创造更多的经济价值与品牌效应。然而对于他们而言,实则更愿意将自身放置在控制者的地位。换言之,这种虚拟技术的出现给予了背后传播者更多运作权力的空间。虚拟主持播报的每一条信息、每一个动作都是被有意识地延循着一定的利害框架而生成的。AIGC 等智媒技术的语料库及其价值取向直接取决于研发公司的设定,看似客观中立往往隐藏着设计者的价值体系与利益偏向。此时主持活动不再通过人际化的沟通编织公共意义之网,而是委身于资本与技术建构的社会空间场域中,对大众进行行动、观念、情绪等方面的驯化。即便用户的自我意识觉醒,质疑这种传播的正当性,传播者也可以"甩锅"给技术本身,从而规避伦理道德的制裁。因此,如果任由真人与虚拟主持形象形成表面平等、内在控制的关系,那么伴随着更多资本入局,不仅会进一步扩大技术黑箱,损害公众利益,还有可能会扩大社会数字鸿沟,造成传播的不平等,技术诱发的巨大外部性甚至还可能会导致信息失序困局的产生。

(三)智能生产下主持活动的价值重定

在回溯思考主持活动本质关系之外,最终需要立足于社会场域,思考 AIGC 技术生产下主持活动的价值意义。智能技术驱动下的机器可能正在成为人类的"镜中自我",既反映出人的智慧、学识与思想,又投射出人的愚昧、狭隘与懈怠。对于创造者而言,这种智能技术的创造应用,最大的驱动力来自其所具有的经济价值。但除此之外主持活动更是一种大众传播活动,其对公共领域的价值应当是首要的。然而,智能技术的加入却也在一定程度上消解着主持活动的文化价值与社会价值。

从文化价值上来看,AIGC 技术下的智能主持看似可以学习、生成任意文本话语,但实际上它仍旧是空洞无物的程序机器,无法完全理解高语境的文化意涵。它企图通过窥探、记忆人类世界中无法言明的隐私内容来赋予自身"生命力",但却在不知不觉中导致了文化工业中更多"灵韵"的消弭和主体的眩晕,并将人类的思维变得"机械化"。

从社会价值来看,这种具身性的体验与个性化的传播也在同步消解着主持活动的公共性,稀释着传播仪式的共享性,个体被围困于技术精心打造的视觉景观之中。而这种对认知的建构以隐形方式不断加剧着个体的认知固化和群体极化,容易引起网络巴尔干等一系列非理性行为。如此,实则违背了我国主持活动形成之初所承担的舆论引导和共识建立的任务,损伤了主持活动的社会价值。因而在智媒时代,除了享受技术红利之外,值得深切思考的还有如何利用技术这种强大的力量来协调和平衡变革的动力与人文的关怀。

结 语

智媒时代，AIGC 技术的加入重新形塑了主持传播活动的时间、空间、身体，为主持传播活动注入了全新的色彩。在主持活动不断拥抱新技术之际，主持传播的人性化趋势与程序化逻辑如何相融？虚拟与真实边界消弭的表层之下，主持传播背后所承载的权利与价值会走向何方？这些将是未来学界与业界持续关注的内容。或许时间会给出一切答案，围绕主持传播活动所形成的行业迷思也会渐渐清晰。但在不可逆的智能化潮流下，社会大众仍然需要认真倾听人文主义发出的微弱呼声。无论何时，技术的发展都应在狂热中反思，在应用中前进，对发展现状的理性思考始终应当走在激进的技术乐观主义之前。

会议综述

整合·突破:数智时代的主持传播

——第七届中国主持传播论坛(2023)会议综述

◎张 梦 米斯茹*

2023年10月21日至22日,由四川师范大学影视与传媒学院与中国人民大学新闻学院联合主办,中国人民大学新闻学院视听传播研究中心、中国银河证券投资者教育基地协办的第七届中国主持传播论坛在四川成都成功举办。本届论坛以"整合·突破:数智时代的主持传播"为主题,由一个主论坛、八个分论坛以及聚焦新听觉文化的传播与实践展开的"新声大会"构成。四川师范大学党委副书记、纪委书记滕文浩,四川师范大学影视与传媒学院院长、艺术研究院院长陈佑松教授,中国人民大学新闻学院院长、博士生导师周勇教授分别发表了开幕式致辞,四川师范大学影视与传媒学院播音与主持艺术系主任王博主持了开幕式。

主论坛特邀专家学者从不同维度对主持传播领域的学科前沿和学术焦点进行主题发言。中央广播电视总台播音指导敬一丹以"在媒体变化中发掘自身潜能"为主题,鼓励大家在实践体验中挖掘自己的创作潜能。四川日报报业集团党委副书记、总编辑李鹏围绕"建设智媒体,开启沉浸式智能传播"展开了主题演讲。北京大学新闻传播学院教授、北京大学电视研究中心名誉主任俞虹结合自身的实践和经验对"媒体变革时代节目主持人的生存与发展"问题展开了论述。中国人民大学新闻学院教授、博士生导师高贵武以"'象'由心生:主持传播中的人格化"为主题,对主持传播中的人格化问题进行了深入分析。中国传媒大学电视学院教授、博士生导师张龙紧扣"数字教育时代的语言传播教学创新"问题进行了多角度论述。上海戏剧学院电影学院副院长、教授董健针对"'创造连接'与'价值加权':数智时代的主持传播知识体系转向",展开了多维度探析。陕西科技大学设计与艺术学院副教授李亚铭以"数字口语传播的概念:兼论纾解数智时代播音教育困境的言说之维"为主题进行了生动发言。最后,四川师范大学影视与传媒学院教授杨小锋以"理念、方法与路径:师范类大学播音主持人才的培养实践"为主题展开演讲。此次论坛针对ChatGPT为代表的生成式

* 张梦,四川师范大学影视与传媒学院硕士研究生;米斯茹,四川师范大学影视与传媒学院副教授。

语言大模型的问世,围绕其对主持传播领域带来的挑战进行了深度研讨,吸引了来自全国 80 多家单位的 240 余位专家学者、播音主持一线从业者及在读研究生积极参与。

为了给在读硕士生提供思想碰撞的平台,分论坛特设置了两个硕士生专场“新声论坛”,并进行了优秀研究生论文评选。最终,来自广西大学、中国人民大学、中央民族大学等院校的 10 位硕士生论文被组委会专家评为优秀研究生论文。本次论坛主要呈现以下特点。

一、媒介赋能的推动力:聚焦主持传播的技术层面

智能媒体时代下,媒介技术的迭代变革加速融合了媒介环境的转型,以 ChatGPT 为代表的多模态智能数据算法挑战着传统媒体信息传播主阵地的核心地位。本届论坛中的专家学者们针对多元议题展开了纵深思考和探索,研究视角包括新闻传播学、广播电视学、播音主持艺术学、社会学、媒介环境学、历史学、文学、政治学与公共管理学、人工智能、大数据、语音合成等相关学科,呈现出研究向度与空间维度的交叉跨越。

(一)内涵:研究向度的交叉性

智能媒体时代带来了全新的传播语境,主持传播研究在守正创新的学科视角下拓展了研究对象的内涵,跨学科的交叉延伸了研究向度的触角。一方面,播音主持学科顺势而为,借势求变,不断调整、拓宽学科边界与外沿,破旧立新探寻学科建设的革新之法。另一方面,播音主持学科透过变化的表象深入不变的本质,在人格化传播的深化与对历史和本源的回溯中,夯实自身的主体地位。中国传媒大学传播研究院副教授龚伟亮、中国传媒大学研究生梁子才淇从“播博汇”和“中国主持传播论坛”这两大学术共同体近年来的探索出发,认为播音主持学界自发形成的此类学术共同体是为了抵御媒介环境剧烈变迁造就的主持人光环逐渐暗淡、播音主持学界普遍焦虑的景观现状,文章探究发现播音主持学科的发展呈现了“变”与“不变”的两条并行进路,探讨了播音学科的回归与超越。

随着数字媒体技术的飞速发展,主持人不仅在信息传播中扮演着重要角色,更成为塑造青年受众审美取向的关键力量,碎片化带来了信息获取的高效性,但也伴随着认知矮化的问题,这警示我们应关注青年受众对信息整饰的接受倾向。东北师范大学研究生王天伯探讨了主持人圈层在青年亚文化生成逻辑下的多重表征,深入剖析了其中的动因和影响,主持人圈层在亚文化形成中对青年受众的塑造和影响,为理解当代

青年亚文化的多样性与复杂性提供了全新视角。王天伯与孟翀副教授合作的研究认为草根群体作为信息传播的新力量,以其独特的视角和语境挑战了主持人对媒介话语权的垄断,从而影响了青年亚文化的审美趋向。同时,现代社会中的青年普遍面临着各种焦虑和压力,而"佛系"态度作为一种回应强调超脱和淡化,与主持人圈层中的形象塑造产生有趣的互动,同时也影响着青年的价值观和行为模式。

在5G、人工智能、VR/AR等技术的加持下,智媒时代来临,解说员的权力受到媒体平台与受众的双重挤压:前者在经过技术升级后,主要从智能生产、空间释放、全时直播与模式精简四方面冲击着解说员权威;而后者通过技术赋权,也出现了沉浸式观赛、多解说选择、大数据搜索与自由式解码等行为,同样对体育解说的地位造成了挑战。北京体育大学新闻传播学院讲师宋扬基于布迪厄场域理论视角探究了体育解说的三元制衡框架与权力重置,发现体育解说行动中存在"解说员—媒体平台—受众"的三元制衡框架,认为体育解说员应从情感救赎、价值坚守与IP塑造出发,探索出适合自身发展的新路,以应对风云突变的时代浪潮。北京体育大学新闻与传播学院硕士生夏元元运用文献分析法、个案研究、逻辑分析等研究方法,借鉴生态心理学中的可供性视角,对体育解说传播活动和智能内容生产技术(AIGC)进行审视,探究了二者之间的强连接与泛连接,认为通过沉浸感体验、社交空间脱域、智能技术的构想性实现达到体育解说传播与AIGC的强连接,而技术、情感、空间上的壁垒在一定程度上弱化了二者的连接。

广西大学艺术学院硕士生于特浩运用历史考据法、个案研究法、Cite Space文献计量法、文本分析法等研究方法,从主持传播学、民族志传播学、媒介考古学和戏剧人类学等理论富矿中撷菁,于历史研究语境中聚焦"人及其行为",提出并运用"主持性"这一概念,推阐出"主持性行动要素"与"主持性行为模式"两个主要研究对象。同时将行为传播学从"未来范畴"移植到"历史语境",以广西壮族自治区内11个世居少数民族作为主持性行为的传播主体,溯考其包含民俗仪式和艺术创作在内的人类活动,继而识别、归纳和论证其中的主持性行动要素与主持性行为模式。在中观层面提制出"形分主次、言说为尚、通身达意、劝服动机、共情认同、晓理拟境"等6种显见的主持性行动要素,进一步归纳出"卜祝立身、乞援传互、游戏塑神"等3类基本的主持性行为模式。

泰国理工大学国际研究生院教授周庆祥采用实验研究法考察了新媒体时代带货主播情绪感染力对消费者冲动性购买行为的影响,拓宽了主持传播的研究路径,通过实验数据得出:1.女性会比男性更容易有冲动性购买行为,年龄低的比年龄高的更容易有冲动性购买行为;2.在观看直播销售视频的情境下,消费者个人特质会影响冲动性购买行为,感性的人会较理性的人有更大的冲动性购买行为;3.稀缺性商品会引发消费者的冲动性购买行为;4.情绪感染力高的主播比情绪感染力低的更会引发消费者的冲动性购买行为;5.主播的情绪感染力具有干扰效果,会增加消费者对稀缺性商品的冲动性购买。

(二)外延:空间维度的兼跨性

随着信息技术的高速发展和互联网的普及,传媒领域进入了融媒时代。在这个时代,传统的媒体格局和传播方式发生了翻天覆地的变化,新兴的数字媒体平台和社交媒体涌现,给传媒行业带来了前所未有的机遇和挑战。中央广播电视总台播音指导敬一丹在主题讲话“在媒体变化中发掘自身潜能”中,结合自己的实践体验,鼓励大家要敢于发掘自己的创作潜能。昭通广播电视台、国家二级播音员魏晨全探究了融媒时代记者型主持人的发展策略,分析了记者型主持人的含义和特点,强调其在信息传递、舆论引导和社会监督等方面的重要作用;探讨了融媒时代对记者型主持人的影响,包括多样化表现形式、工作压力、专业能力、互动与粉丝经济以及媒体道德和责任等多个方面;提出了记者型主持人的发展方案,包括深耕专业知识和技能、多平台传播能力的提升、持续学习和专业发展以及在网络视频平台打造个人品牌。随着媒介技术的深刻变革,出镜报道主持人的空间转向也产生了变化,表现为规训空间向自主空间、口语空间向身体空间加速转化,并由此引发出镜报道的具身化传播景观。黄冈师范学院新闻与传播学院副教授李强认为,记者的情感劳动主要以具身交互方式打造具身化“人设”,调动受众主体性自觉,推进受众认同的形塑与深化,深度构建情感体制,增强受众情感认同。

习近平总书记“讲好中国故事”思想是外宣工作的基本方法,也是提高中华文化软实力的重要途径。中国声音的对外传播离不开国际主持传播活动的加持,全媒体时代为国际主持传播的可持续发展带来了全新机遇与挑战,在国际传播背景下,如何通过国际媒体有效传播中国声音是亟待思考的问题。中国传媒大学电视学院博士生林阳以中文主播(主持人、记者、短视频博主等)为主要研究对象,以“讲好中国故事”为议题指向,以“人”为出发点,以文化叙事为方法论和价值归因,研究中文主播在讲好中国故事过程中的文化叙事。强调国际传播的政治传播取向和人格化表达趋向,围绕不同媒体背景、不同话语场域、不同层面进一步分析作为真实叙事主体的中文主播的本体和拓展,讨论如何强化国际传播的对象意识,进而提高传播中国故事的针对性和精准度，提升中国文化软实力，促进中外文化交流。北京外国语大学国际新闻与传播学院博士生胡康立足于中国本土化理论——声浪传播理论，以CGTN为观察对象，从“原点区”“发声区”“回声区”“无声区”“无声崇拜”5个角度进行思考，探赜我国国际主持传播在助推中国声音成为“中国声浪”过程中的具体表现。中国口语传播学当前面临着新的历史任务与责任担当，粗暴地将西方理论套用在中国经验上显然是非常片面的。只有追溯来时路，从中国悠久的口语传播传统里寻回文化基因，找到历史的基本规律和本土智慧才能开辟符合中国经验的新理论、新方法。陕西师范大学新闻与传播学院硕士生杨洪从口语传播视域入手，采用跨学科思维，以孔子的《论语》作为研究支撑，剖析其表达特征、传播原则、具体情境、情感观念，探索具有中国特色的口语传播学中的一隅。

人工智能主播作为智能传播媒介表征符号的“代言人”，是智能生产平台“算法把关”下的技术主体，是新型主流媒体在人工智能技术加持下媒介深度融合发展的必然产物。人工智能技术在各行各业应用广泛，新闻传播领域已经有大量的实践案例，在主持传播领域也有很多电视台、新媒体平台等传媒机构在节目中运用AI虚拟主持人担任主持或助理主持的角色。人工智能技术深度嵌入新闻业，推动新闻实践和新闻从业者认知观念的巨大变革，但是人们对于虚拟主持人的评价褒贬不一。北京师范大学博士生刘娜采用实验法与深度访谈法，对人工智能主播播报时影响受众感知效果的因素进行分析，通过研究发现，人工智能主播的身份属性与社会实践、人工智能主播的物理属性与心理意向性均影响着受众的具象效果感知与评价。辽宁大学广播影视学院副教授王姝、本科生杨雨洁基于技术接受模型，探讨数智时代虚拟主持人的情感属性、吸引力和互动性对受众关于虚拟主持人接受度的影响，得到以下结论：1.虚拟主持人情感属性、吸引力与互动性正向影响受众使用态度；2.感知易用性和感知有用性使虚拟主持人的吸引力对受众使用态度具有中介效果；3.受众对新技术的接受度调节其使用态度。四川大学文学与新闻学院博士生张世轩通过问卷调查和深度访谈的混合设计，以一线职业新闻主播群体作为研究对象，认为AI主播具有技术优势，可以成为真人主播的“义肢”或身体“延伸”，但其缺乏人格化与独特艺术灵韵的特质使其无法替代真人主播。他认为这种较低的职业危机感一方面根源于宏观媒介体制下，对主播政治功能属性的角色认知，另一方面，长期新闻职业教育与知识浸润下形成的强烈的“喉舌”认同，二者共同为真人主播赋予神圣的职业光环，成为他们体认自身在广播电视媒体机构和新闻播报环节依然具有不可替代性的依据来源。

二、媒介认知的多模态:多维动态的理性启示

北京大学新闻传播学院教授、北京大学电视研究中心名誉主任俞虹探讨了媒体变革时代下,节目主持人的生存与发展问题。宁波财经学院象山影视学院教授金建重也指出,人工智能时代下主持人受到了巨大冲击,他认为人工智能覆盖传播领域首当其冲的是程式化语言类节目,包括借助有声语言、副语言完成的简单化劳动,也包括复杂、精密、高端的劳动。金建重教授指出,认清播音主持这一有机生命体的特性和有声语言、副语言的创作活力,想象与感受是根本元素。突破传统的主客模式,从"文语相应""意寓声韵"向"超越在场"努力,是播音主持创作主体理论与实践密切结合的需要。有声语言、副语言创作探索的空间既新鲜又无底,在多维动态情境下更应该进行理性深入的思考。深圳大学传播学院副教授叶昌前以中国语言文化资源的现代性维度为视角,立足播音主持学科的基础思维和底层逻辑,反思构成主持传播活动运转流程中某种质的规定性,将话语分析和话语效果作为探寻视角与研究框架。他认为,语言只有在话语中才能现实化,他试图排除单纯的语言文字技巧方面的一些局限,从而探寻建构新的理论话语和体系的生长点与参照系。

(一)话语关系的身体实践

中国人民大学新闻学院教授、博士生导师高贵武围绕"'象'由心生:主持传播中的人格化"进行了主题发言,深入分析了主持传播中的人格化问题。近年来,日新月异的具身技术让传播研究中的身体问题再次凸显,作为信息、文化和意识形态传播媒介的播音员与主持人开始出现"主体迷失"的焦虑。人工智能主播、仿真合成声音、沉浸式虚拟现实(VR)等技术让主持人从"去中心化"向"去主体化"的趋势演变。重庆大学美视电影学院教授马欣、硕士生王振雄从"身体研究"的历史出发,基于"准社会关系"(Parasocial Relationship,PSR)的建构逻辑,聚焦主持传播实践场域中不同身体状态下的传受关系,认为演播室的数字在场、新闻报道的主体缺席及音视频媒介的人声"消弭",呈现出三种不同的技术生产机制与传播情境,并在不断地重塑着受众的身体感官与审美惯习。

在数智化时代,声音与口语言说的价值被再一次发现,随着数字技术的不断发展,言说作为口语艺术的表征,所体现出"言说灵韵"的本真性、即时性、多元性是否也会发生变化?AIGC 话语产品是否对原始的人类言说真实性带来挑战?又该以何种态度

面对这不可逆的时代进程？以 AI 语音技术为代表的人工智能技术在第四次工业革命中的迅速发展,引发了对于人的主体性问题的关注,其中,AI 语音技术对于人的口语传播之侵蚀也是主要议题之一。华侨大学新闻与传播学院教授刘文辉、硕士生李彦清分析了目前 AI 语音技术主要的应用场景以及技术扩散的逻辑,并从媒介技术哲学的视角探讨 AI 语音技术对以人为主体的口语传播活动的侵蚀,列举了 AI 语音技术对用户可能造成的危害,并从思想、技术和法律三个角度回应相关问题。中央民族大学新闻与传播学院硕士生李俊铭,以本雅明的“灵韵”概念为理论基点,以智能言说产品为研究对象,分析人类原始口语中言说灵韵的本真性、即时性和多元性被数字复制时代的程序架构、单向空间和技术偏见所影响,他认为“言说灵韵”的消逝是人工智能技术下内容生产的变化趋势,鼓励人们以开放积极的心态拥抱“灵韵消逝”的时代。东北师范大学传媒科学学院讲师王洋、硕士生尹璇以吉林人民广播电台新闻综合广播高收听率及覆盖率节目《晓声长谈》的主持人钟晓为研究对象,认为主持人应把握情感劳动的积极体验——强化“深层表演”,提升自身的获得感——加强情感劳动的动力,通过“转移与预防”来进行自身有限情感资源的保护。

新媒体环境下网络信息传递空间的样态特点产生了转变,网络主播在信息传递过程中能通过不同的空间布局设计、不同场景下的身距设定和调动多感官综合作用来连接现实与虚拟空间。武汉传媒学院播音主持艺术学院助教张琦以诵读类直播间为研究对象,以空间维度为切入视角,选取了 30 个诵读类直播间作为观察对象,采用线上参与和虚拟民族志的方法并结合空间生产理论、媒介情境论等理论分析当下诵读类直播间的空间生产,从空间权力、空间社交、空间感官三个角度阐释了当下诵读类直播间为诵读活动再造的言说空间。陕西师范大学新闻与传播学院硕士生李思涵以空间入手,从空间布局、身距关系和人体感知的角度出发提出了网络主播在信息传递当中的“拟亲密关系”和“拟人际关系”的打造。

(二)交流情境的流动传播

诞生于广播、兴盛于电视的节目主持人在数字媒体生态下遭遇到网红主播、数字虚拟人等崭新传播主体的挑战。深圳大学传播学院副教授战迪立足于数字技术生态论而非技术决定论的视角,对数字时空中名人过剩引发的明星主持传播焦虑展开探索,并提出,在“数字—物质纠缠”的全新语境下,主持人以整合性逻辑完成传播功能的重建。战迪副教授认为,杰出的主持传播主体作为表征时代文化的希望资源,以介入性姿态插入视听媒体时空,承担着技术祛魅的文化使命。主持传播从动员到共情的情感传播效能可以在最大程度上维系和建构起情感共同体,为视听媒体的宣传、传播事业做出贡献。媒体与传播正在迎来数字智能时代的变革,媒介的角色正在重新定义。在这个时代,数据不再是静态的数字,而是信息的创造者、影响者和决策依据,数据也不再神秘,任何人都能利用数据去创作与传播。广州体育学院助教吕忠旺深入探讨了数字智能时代中,数据在播音与主持专业中的关键作用,以及如何运用数据来创新内容创作和传播方式。

伴随着人工智能和通信技术的迅速发展,AIGC 作为互联网、大数据、人工智能等信息技术综合发展的结果,在主持传播方向应用不断增多的同时也进一步推进了主持传播的新变革。河南大学新闻与传播学院副教授钟倩、硕士生张丽君以 AIGC 技术对主持传播行业的具体影响与变革为例,指出在空间叙事理论的视域下,AIGC 如何影响传播的方式和主持传播的过程,探究如何更好地把握技术与人类主持人的互补与协作关系,造就主流舆论新格局。在 ChatGPT 语言处理技术和文本生成能力不断发展的加持下,AIGC 技术由线性的升级变成了横纵的升维,完善了媒介传播机制和内容生产方式。四川师范大学影视与传媒学院副教授米斯茹、硕士生张梦认为随着 AI 主播、AI 主持人的出现,传播主体身体在场的重要性逐渐被消解,主持人的不可替代性受到了质疑,反思了主持传播中传播主体具身化传播的重要性。武汉体育学院新闻传播学院副教授李菁、硕士生王时相宁从通感理论出发,阐述了在智媒环境下主持人语言、媒介内容和报道形式对"通感"的有效利用,以及"通感"在媒体平台的创新体现与发展。

自电子媒介诞生以来,"视觉霸权"愈演愈烈,诱发出语言贫瘠、听觉退化等社会现状。河北传媒学院硕士生王灏玺、陕西科技大学艺术与设计学院硕士生李鹏在麦克卢汉"声觉空间"既有的研究基础之上,通过勘察"Soul" App 所建构的匿名部落化听觉空间的未知地貌,将其划分为虚拟声觉空间、听觉交往空间、情感联结空间、语言学习空间、艺术展演空间、游戏互动空间 6 种类型,揭示了声音社交的创新方式、潜在用途以及四重困境忧思,拓宽了声音社交媒体领域的发展视野。口语语言是人类传播史上最漫长、最基本、最灵活的传播形态和传播手段,同时是一切人类传播行为的基础和"人猿相揖别"的重要标志。口语传播关注人类借"口说语言"或"言谈"产生影响的过程,其核心是人之"言谈"。数字时代中的计算机科学研究者利用语音合成技术生成人机对话,实现"类口语传播",催生数字口语传播文化,使得作为媒介的技术对口语传播及口语传播文化产生革命性影响。中国人民大学艺术学院硕士生刘亚龙认为,当代口语传播研究大多针对技术中的语音合成或中国口语传播的学术研究与教学创新,并未对"类口语传播"与口语传播的相互影响及口语传播的文化突围形成正确认识。他分析了“类口语传播”中的对话系统模块与自然语言处理,认为应结合“晓之以理”“动之以情”“服之以德”的中国传统口语传播文化助推当代口语传播实现类口语传播冲击下的人文主义创新。河北传媒学院硕士生张艺群、陕西科技大学硕士生李媇基于 SOR 模型与传播学理论搭建了一种新的中介效应的理论框架,深入研究了脱口秀节目主持人幽默言语和脱口秀观众参与度之间的关系。

三、审美范式的延展:时代语境的助推转型

媒介环境的快速发展,数字化媒介的广泛应用,对主持人在传播领域的要求也在不断提高。自我转型与突破是广播电视主持人适应新媒介发展、提升受众参与度、提高文化影响力的重要举措。广播电视主持人作为传统媒体的形象代表,通过自身的努力、创新与担当,加入了新兴的“网红”大军。他们借助自身的吸引力、感染力、渗透力、支配力,引导观众的文化接受并促进新旧媒体融合。上海戏剧学院电影学院副院长、教授董健紧扣“‘创造连接’与‘价值加权’:数智时代的主持传播知识体系转向”,分享了她的观点。河南大学新闻与传播学院副教授胡芃原、硕士生周佩醒深入探究了主流媒体所塑造的“网红”主持人的文化影响力,并分析其产生原因、呈现方式,以深入了解其对文化传播和接受的作用。

(一)重构:时代语域引领空间建构

四川日报报业集团党委副书记、总编辑李鹏在“建设智媒体,开启沉浸式智能传播”这一主题讲话中,深入探讨了新时代下的智能媒体传播。智媒时代下,技术发展创造了以真人(中之人)为驱动与以 AI 技术为驱动的虚拟主播。中之人驱动的主持传播主体本质也是人的意识与尺度的伸展,反映了人类传播文化生产力的进步。而以 AI 技术驱动的主持主体却是一种缺乏“右脑”的“残缺的、病态的主体”,是一个大数据与计算模型支持并控制下的“数字木偶”。但在由元宇宙技术所建构的场景中,两种虚拟主播都体现了对新场景、新技术传播的回应力,在一定程度上推动了网络主持传播实质性的“拓展”与“增维”。西藏民族大学新闻传播学院副教授王彪、讲师朱瑞臣认为,目前我们无法用主持传播模式来观察或评价元宇宙时空内虚拟主播的传播行为,其与主持传播本身存在着血脉与基因上的异质性,难以延续其与生俱来的人类社会身份与关系功能,也难以造就新的主持传播话语体系,只能称其为有着主持传播表征的“类主持传播”形态。

在媒体融合向着智能化、数字化、移动物联化方向迈进的同时,传统媒体既往的内容生产和传播优势逐渐式微。基于大数据分析的小众需求、分众传播、精准投喂正在消解着传统媒体信息传播主阵地的核心地位。西昌市融媒体中心主任播音员张金认为,面对如此困境,如何实现传统媒体的品牌再造与影响力重塑,实现传统媒体的有声语言传播新突破,需要从信息供给端进行结构性改革和创新,他从“输出+”思维出发,在创新传播方式与渠道的前提下寻找价值输出与正面舆论引导、精细化分传播赛道、场景拓展与创新思维表达等解题策略。重庆外语外事学院助教梁眉佳运用职业系统理论,分析传统媒体主持人职业边界失守的原因。她认为,职业外部系统中,技术的变革导致了“泛主持人化”和“去主持人化”现象的发生。在内部系统中,由国家意志牵头的媒体融合改革,学科理论合法性孱弱等因素也加速了主持人边界失守的发生。市场因素也或多或少地影响着主持人的职业边界。在未来,抽象知识的指导、具有高壁垒的专业等硬边界技能则是主持人在重塑职业边界上应该努力的方向。四川传媒学院讲师王瑞从补偿性媒介视角下探究了主持传播的危与机,元宇宙作为智能媒介,补偿了传统互联网媒介在互动、数字鉴权、感官艺术性上的多种缺陷,并以此带来了独特的传播优势。但是任何媒介都不是完美的,元宇宙亦然,二者形成竞合关系。

数字化和智能化时代的媒体变革深刻改变了传播方式和媒体生态。主持传播作为信息传播的重要一环,扮演着至关重要的角色。山东管理学院人文学院讲师崔宇杰深入探讨了数字化、智能化与主持传播之间错综复杂的联系,以多维度的视角,从理论、技术、角色、符号等层面,深刻探讨了主持传播的生产许可边界,剖析了新媒体理论的应用、数字技术和人工智能的深远影响、主持在数字时代的新定位以及主持传播对公众观念的重要塑造作用。北京体育大学新闻与传播学院硕士生郑雅文结合智媒时代背景,从时间、空间、身体三重维度入手,深入考察 AIGC 技术对主持传播活动的传播流程、传播结构、主播形象的发展革新。江西师范大学音乐学院讲师秦璨以文化类综艺节目为例探究了中华美学精神视域下主持传播的主体意识与话语策略。西北大学现代学院助教吕茜对我国 1992—2022 年节目主持人的话语及语言研究进行了可视化分析,探讨了节目主持人的语言研究在传播系统中的重要意义。

以“播客—新听觉文化的传播与实践”为主题的第二届“新声大会”由中国人民大学新闻学院、中国网络视听节目服务协会网络音频工作委员会、四川师范大学影视与传媒学院主办,北京冠声文化传播有限公司承办,中国传媒大学博士、冠声文化公司 CEO 杜远智主持。活动邀请了高校的专家学者针对“新声态”进行高峰对话,邀请了企业代表围绕“新声机”和“新声势”进行解读演讲,同时启动了“Z 世代国际播客节”。

专家学者和企业家代表们对新时代下的听觉传播与实践进行了深入探讨，以丰富的理论视角与实战经验为学界和相关从业者提供了新时代语域下的听觉文化前沿探究和思考。

（二）转型：产业发展拓宽理念策略

中国传媒大学电视学院教授、博士生导师张龙针对数字教育时代的语言传播教学创新进行了深入探析；陕西科技大学设计与艺术学院副教授李亚铭围绕“数字口语传播的概念”等问题进行了探究；四川师范大学影视与传媒学院教授杨小锋从理念、方法与路径的角度对师范类大学播音主持人才的培养实践进行了思考。党的二十大提纲挈领地指出，全面建设社会主义现代化国家，要始终坚持教育优先发展，加快建设人才强国，全面提高人才自主培养质量。2023年7月，中国高等院校影视学会播音主持专业委员会学术年会在北京召开，丁亚平会长强调，播音主持专家学者要凝聚核心力量，深耕播音主持学科内涵，在互动共生中坚守，不断突出学科优势与特色。学科发展，人才先行。新时代下培养播音主持专业人才应主动靠拢党的大政方针，全过程、浸入式打造人才培养新模式，以提振专业核心素养为侧重点，创新人才培养思路，拓展人才培养路径。安阳学院音乐与传媒学院教师王文斌、河北传媒学院新闻传播学院讲师张苗苗以多模态话语分析理论为抓手，围绕教学场景、实践场景、育人场景等三大场景分析播音主持人才培养路径。武汉体育学院新闻传播学院副教授郝斌、硕士生刘若雨认为，传统主持人知识体系的再审视与重构在人工智能时代显得尤为重要，人工智能在给主持传播带来挑战的同时也带来机遇，二者并存。

四川传媒学院有声语言艺术学院副教授姜玮玮、讲师罗永佳从新文科建设背景入手，探讨了播音与主持艺术专业的马克思主义新闻观教育，认为传统模式下针对本专业的马克思主义新闻观教育多以思政理论形式出现，与专业的融合不足，时代特征不够显著。新文科建设倡导学科的交叉融通，以满足社会新时代人才需求。因此，需要立足新时代、迎合新需求，突破桎梏，融合专业特性，使马克思主义新闻观中国化的实践经验在播音与主持艺术教育过程中发挥价值引领作用，以达成培养智媒时代的传播人才的教育目标。西安外事学院副教授李坤基于生成式人工智能时代背景，综合文献资料与深度访谈，运用了扎根理论的研究方法，总结出了基本职业素养、政治与伦理素养、跨媒体生产能力素养、技术与创新能力、社交与团队协作能力、项目成果与品牌建设能力6个维度，12项一级指标，构建出了播音主持人才评价指标体系。西北大学新闻传播学院讲师景琦从定位理论视角出发，构建了“时空—心智—资源”三维立体人才培养模式的定位逻辑与分析框架，多层次递进式探究定位理论视域下我国播音主持国际人才培养模式的理论演进与创新路径。南京传媒学院讲师杜洋以南京传媒学院播音人才培养体系为例,通过PBL播音主持教学模式,探索学科比赛之于传媒教学模式的融合创新。

传媒教育在宣传工作建设和对外传播实践中具有重要意义,其中播音与主持艺术专业又是传媒教育中堪当"喉舌"的主要组成部分之一。一方面,它在呼唤民族共识和民族团结的过程中起到基础性的动员作用;另一方面,少数民族地区的语言环境和边疆区位决定了传媒教育的特殊基因,尤其是为播音与主持艺术专业的发展带来新挑战也提供了新机遇。这要求在自治区从事传媒教育工作的一线教师和相关从业人员,充分认识自治区传媒教育的特殊性和重要性,进而探索出一条既适应于少数民族文化积淀,又包容于广泛民族文化认识之中的有效道路。广西大学新闻与传播学院讲师宋存杰以广西大学播音与主持艺术专业为例,通过多年的教学实践成果,探析了新时代传媒人才的培养路径。

传统媒体在互联网的冲击之下,以积极的融合寻求受众注意力的重新回归。在此背景下,播音主持院校也与时俱进,以包括秀场直播、视频博主、互联网营销师等多种职业在内的"网络主播"为主要方向,培养播音生的新媒体素养,让播音生能更好地从"主播台"走向"互联网"。中国传媒大学电视学院博士生温莫寒认为,在智能媒体时代下,播音生在自我要求和社会规训的期待中,对自己原本的职业形象生发了公共性与精英化的想象。然而,"主播"一词的污名化使他们在融入互联网的过程中存有种种顾虑,用主动的自我区隔彰显自己与"网络主播"身份的不同,在心理、专业、归属造成的区隔中保持自己对专业价值的坚守。最终,以"内容传播"为突破口,播音生开始尝试进行身份协商与自我和解,并找到了融入互联网的可行路径。

综上所述,本届论坛围绕主题"整合·突破:数智时代的主持传播",以多维的研究焦点激发专家学者们跨学科的思维碰撞,拓宽了数智时代主持传播研究的视野和视角,延伸和丰富了研究向度和维度,带来了多维动态的媒介认知与理性启示,既观照了话语主体的身体实践,也关注了交流情境的流动传播,助推了新时代语境下的主持传播空间建构以及人才培养理论策略的完善,本届论坛所带来的思想启迪,为数智时代的主持传播注入了新时代的鲜活血液,为未来的学术发展赋予了强劲的前进动力和引擎支撑。

图书在版编目(CIP)数据

中国主持传播研究.2024/杨小锋主编. --北京:中国传媒大学出版社, 2024.11.

ISBN 978-7-5657-3819-7

Ⅰ. G222.2-55

中国国家版本馆 CIP 数据核字第 2024BJ6591 号

中国主持传播研究(2024)

ZHONGGUO ZHUCHI CHUANBO YANJIU(2024)

主　　编　杨小锋

执行主编　卜晨光　薛　翔

责任编辑　黄松毅

责任印制　李志鹏

封面设计　拓美设计

出版发行　中国传媒大学出版社

社　　址　北京市朝阳区定福庄东街 1 号　　**邮　　编**　100024

电　　话　86-10-65450528　65450532　　**传　　真**　65779405

网　　址　http://cucp. cuc. edu. cn

经　　销　全国新华书店

印　　刷　唐山玺诚印务有限公司

开　　本　787mm×1092mm　1/16

印　　张　13.75

字　　数　253 千字

版　　次　2024 年 11 月第 1 版

印　　次　2024 年 11 月第 1 次印刷

书　　号　ISBN 978-7-5657-3819-7/G · 3819　　**定　　价**　68. 00 元